PROBLEM SOLVING ☜ PROBLEM SETTING ☜ PROBLEM FINDING

会社の問《もん》題《だい》発《はっ》見《けん》、課《か》題《だい》設《せっ》定《てい》、問《もん》題《だい》解《かい》決《けつ》

永《なが》井《い》恒《つね》男《お》
TSUNEO NAGAI
×
齋《さい》藤《とう》健《けん》太《た》
KENTA SAITO

CROSSMEDIA PUBLISHING

はじめに

読者のみなさまにとって、経営における問題とはなんですか？

様々な事柄が浮かぶでしょうが、それが問題だとしたらみなさまにはなんらか現状とは異なる理想の姿をお持ちではないでしょうか？

なんらか理想の姿を持っていて、それと現実になんらかのギャップがあるからこそ「問題がある」と感じるのだと思います。

例えば私（永井）は背が低いですが、特に理想的な身長のイメージがありませんので、私にとって背が低いことは問題ではありません。

一方、現在の私の体重は理想の姿を大きく超えていますので、私にとって問題です。日本人の平均身長に比べて、私の身長を問題視するのは馬鹿げています。また理想の体重を明確に定義せず、「太っているので痩せたい」とただ食事を少し我慢したり、運動を始めたりする「なんとなくダイエット」では減量はおぼつきません。減量した後、どのような好ましい変化が起きるのか？を想像したり、どのような体重、体型、健康状態が理想の状態なのか？をまず規定する必要があります。そして減量する体重量を決め、どうして理想状態より体重が多いのかを分析し、その解決方法を考え、実行するのが順当な流れです。

同様に、企業経営においても「なんとなくダイエット」のような状況をよく見かけます。この状態をそれこそ「問題」であると筆者は考えました。現在の経営には、理想の姿を掲げることと、しっかりした分析に基づいた問題解決が不足しています。


本書では、第1章から第3章までは、理想の将来像（ビジョン）を掲げることの重要性とその構築の仕方を提示しています。

ほとんどの企業には10年以上先の目標や計画がありません。代わりに中期経営計画がありますが、そこでは、過去の成長率をベースに3年後や5年後の目標を掲げています。

これでは、未来は過去の延長線上にしかありません。失われた10年をベースに成長率を規定してきたのですから、失われた20年、30年を迎えたことはなんら不思議ではありません。

筆者（永井）は、理想の将来像（ビジョン）は挑戦的に高いレベルが提示してあり、できるだけ詳細に具体的に描かれていて、かつ、関わる多くの人々にとって魅力的であることが重要だと考えています。こうした、野心的で人々をワクワクさせる理想の将来像（ビジョン）が、企業に質と量の成長をもたらすのです。

第4章以降は、理想の将来像を実現するために必要なデータ分析の仕方を提示しています。

企業には、過去から今まで積み上げてきた「実績」という様々なデータが蓄積されています。しかし、多くの企業は、データが持つ本来の意味や活用方法を理解し切れていません。

筆者（齋藤）は、データは過去の産物ではなく未来に活かすための道具として活用すべきだと考えています。そのためには、自社の経営にとってどんなデータが必要なのか、あるいは自社に蓄積されているデータを経営にどう活用できるのか、データと真剣に向き合うことが必要です。

データがあなたの会社の経営と結びついたとき、理想の将来像が「現実」のものになっているはずです。

実は、筆者（永井・齋藤）はある反省がベースとなって、本書の執筆をスタートしました。それは、理想の将来像（ビジョン）を考え、提示することが得意な方は必要なデータ分析や具体的な実行計画を軽視し、データ分析や計画策定が得意な方は現状の改善に意識が向かい、理想の将来像（ビジョン）を描くことを忘れる傾向があるということです。

異なる専門性を持った二人の筆者が共同で執筆することで、その理想の将来像（ビジョン）の提示と、それを実現するためのデータ分析と計画策定の両方をご理解いただこうと思い、筆を取りました。

本書では、みなさまとみなさまの組織の理想の将来像（ビジョン）を実現するための、本当の問題を発見し、解決していく方法を具体的事例も踏まえて説明していきます。

それでは、理想の経営を実現させていくための旅に出かけましょう。

会社の問題発見、課題設定、問題解決 目次

第1章 会社、チーム、スタッフは、何を目指すべきか？

第2章 どうやって理想の姿に到達するか？

第5章 現状分析

第6章 データ活用のポイント

第7章 具体的な事例でデータ分析をしてみる

第8章 問題解決プロジェクト

序　章

ビジョン
アプローチと
ギャップ
アプローチ

問題発見、課題設定、問題解決のための2つのスタイル

経営において、問題の発見から解決に至るスタイルには大きく分けると2つあります。「ビジョンアプローチ」と「ギャップアプローチ」です。

ビジョンアプローチ

ビジョンアプローチは、理想とする将来像を描き、それの実現に向けて組織構成員が主体的、前向きに推進していきます。理想とする将来像には多くのステークホルダーの理想的な状態が描かれています。一般的には5〜10年先の姿を絵本にするように具体的に詳細に描きます。単年度の目標は、その将来像を実現するように逆算して設定します。

図0-1：ビジョンアプローチとギャップアプローチ

	目指すもの	重視するステークホルダー	目標の立て方	組織文化
ビジョンアプローチ	理想の将来像（ビジョン）	・お客様 ・取引先 ・社員 ・株主 ・社会	バックキャスト	**自考自動・自分ごと** 仕事に価値を感じ、ビジョンに向かって近づく様を祝福する
ギャップアプローチ	定量的目標値	・社員 ・株主	フォーキャスト	**受動的・義務感** 様々なプレッシャーを感じながら、目標の達成を目指す

ギャップアプローチ

一方、ギャップアプローチは、定量的な目標（主に財務目標）を設定し、組織構成員をプレッシャーによって駆り立てていきます。

定量的な目標は、主に社員が目指すべきものであったり、株主に対するコミットメントとして示されます。また過去の延長線上に達成できそうな難易度で目標は設定されることが普通です。

過去の実績をベースに、将来の計画を立てるギャップアプローチが経営では通常のことだと思います。

「昨年は前年度から5％成長したから、今年度も5％ぐらいは成長できるだろう」、「過去5年間、平均年率3％成長したから、次の5

ギャップアプローチ

ビジョンアプローチ

年間は3％成長の計画を立てよう」といった感じだと思います。

もちろん外部環境を考慮し、過去の成長率にプラス・マイナス・アルファをするでしょうが。

90年代のバブル崩壊後、「失われた10年」が20年、30年と続いていますが、過去の延長線上に目標設定をしているのだから当然の帰結です。

バックキャスティング（未来からの発想法）

遠い未来のビジョンを考えてから、5年後はどうなっているのか？ 3年後はどうなっているのか？ 1年後はどうなっているの

図0-2：未来のビジョンから逆算して目標を立てる

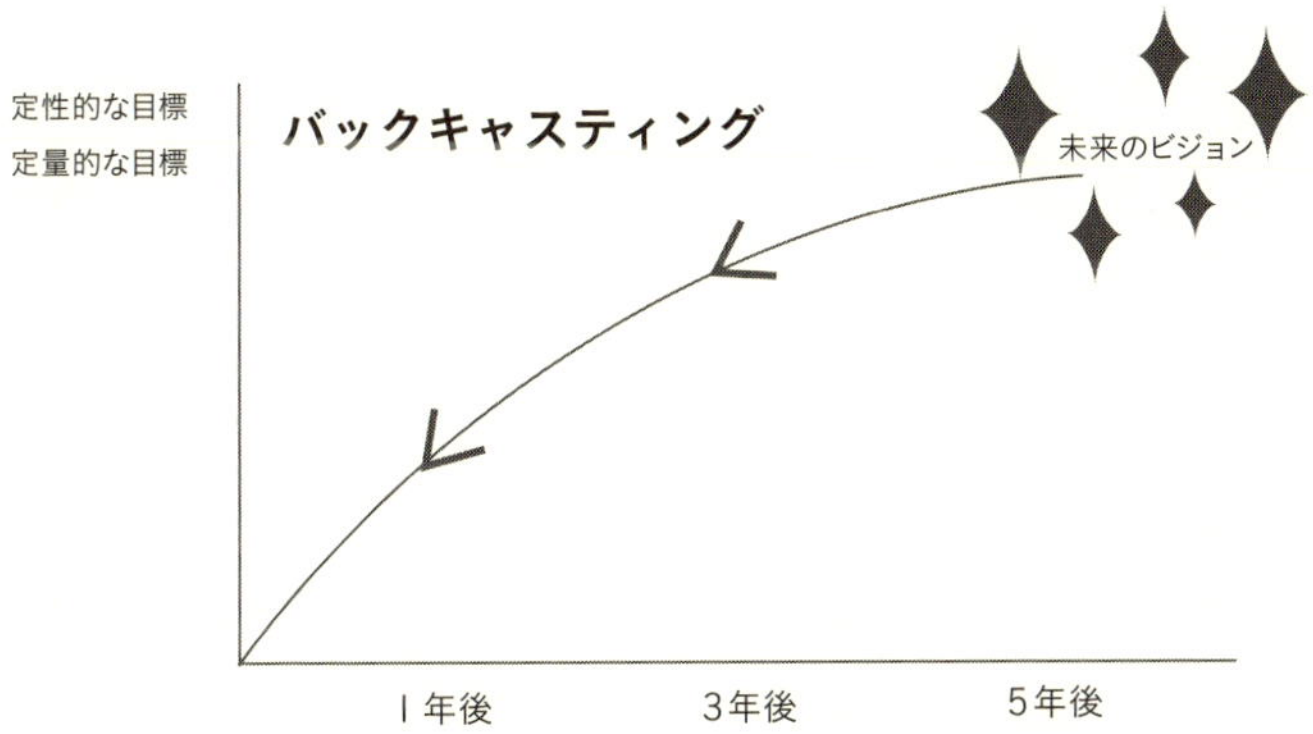

か？と逆算していかないと、いつまでたっても無難な目標を立て続ける状況になってしまいます。

まわりからは無謀と思われても、高い理想を掲げるからこそ質的にも量的にも成長があります。実際に低成長時代にも高い目標を立てて大きく成長している企業は数多く存在しています。

「来年急成長します」というのはよほどの根拠がない限り言い出せませんので、5年、10年単位の期間を置いて、高い目標（理想の将来像）を設定し、未来から逆算して、短期の目標を設定するバックキャスティングこそが、成長やイノベーションをもたらします。

未来を語る経営者

未来を語る経営者は数多くいます。
古くは昭和の前半から存在する企業、本田技研やソニーの創業者は、町工場の頃から、世界的な企業になることを周囲に話していました。

最近では、ソフトバンクは「新30年ビジョン」を発表していますが、実は「300年後の世界」も提示しています。ソフトバンクのPurpose（存在意義）は「情報革命で人々を幸せにしたい」ということ。300年後の世界では、「人間の脳から手足につながる微弱な電流を使って通信する機能を使い、時計やピアスに組み込まれたチップを付けた人間が、体をいわば通信媒体にして脳とコンピューターで相互通信を行う時代が必ず来るでしょう。〜300年後のソフトバンクグループは、携帯電話会社ではなく、テレパシー通信カンパニーになっているかもしれません。」と定義しています（新30年ビジョン 発表会サマリー、https://group.softbank/corp/about/philosophy/vision/next30/）。また、人間とコンピューターが共に様々な社会問題を解決する世界になっている将来像を提示し、ソフトバンクは人々を幸せにするために脳型コンピューター、情報革命を広めていきたいと夢を語っています。

別の例はパナソニックです。パナソニックは２０１７年に「環境ビジョン２０５０」を発表し、使用エネルギー量を減らし、使用エネルギーを超える量のエネルギーを創出すると宣言しています。その実現を目指して、創エネルギー・蓄エネルギー・省エネルギー・エネルギーマネジメントの４つの視点から燃料電池等の環境技術開発を進めています。そして２０１８年にパナソニックは１００周年を迎え、次の１００年で家電の会社から「暮らしアップデート業」の会社になると津賀社長は宣言しています（CROSS-VALUE INNOVATION FORUM 2018における基調講演、https://channel.panasonic.com/jp/special/panasonic100th/）。

必ずしもアップグレードされた家電を提供するのではなく、様々な価値観を持つ消費者の各シーンで最適なモノやサービスを提供するために、共創やアジャイルな事業開発を具体的なチャレンジとしていくことを事例を交えて発表しています。人々の暮らしをより良くしていくこと、より暮らしやすい社会を作り上げることがパナソニックの存在意義であると述べ、「人の幸福から離れて、生き残れる会社はありません」とプレゼンテーションを締めくくっています。このように遠い未来の世界をイメージした上で、チャレンジをしている企業は無数に存在しています。

筆者は経営者向けのエグゼクティブコーチングを仕事としているので、そうしたビジョナリーな経営者の方々のお話をお伺いする貴重な機会を数多くいただいています。

例えば、サイボウズの青野慶久社長は10年以上前に「日本人はメジャーリーグでは通用しないと言われていたが、今は何人も活躍している。同じように日本のＩＴサービスはアメリカへの進出が難しいと言われているが、当社が先鞭を打つ！」と語っていました。現在、サイボウズ社はkintoneというクラウドサービスで見事アメリカ進出しています。２０１８年度末時点においてアメリカで同社サービスを導入した企業は２７０社（前期比６０％増）となりました。同時に中国事業では、１０００社以上、東南アジアでは４００社以上（前年比１３５％増）が同社サービスを導入しています。これはグローバルビジネス展開という観点で大手ＩＴ企業に比べても素晴らしい成果です。

太陽ホールディングス社の佐藤英志社長は、８年前の売上が約４００億円の頃から、売上を数倍に伸ばすことと、単一事業の化学メーカーから医療・医薬品事業等も事業領域とする総合化学企業へと変わっていく夢を語っていました。佐藤社長の個人的好みが理由ではなく、化学を勉強してきた自社の理系人材との対話を通じて、多くの人が製薬事業に関わることを理想としていることを知ったからです。
その後太陽ホールディングス社は、医療・医薬品事業を第二の柱となる事業に成長させるため、2017年に中外製薬及びF. Hoffmann-La Roche Ltdとの間で長期収載品13製品の製造販売承認譲渡について合意し、医薬品事業に参入しました。また2019年には第一三共プロファーマから高槻工場を取得し、積極的に事業を展開しています。太陽ホールディングス社の2019年3月期の売上は600億円に届く勢いです。

ホテル業界の風雲児、カンデオ・ホスピタリティ・マネジメントの穂積輝明社長は、まだホテルが5つほどしかなかった頃、新橋の居酒屋で「永井さん、今ホテルって高級なシティホテルと手頃なビジネスホテルの2種類しかないじゃないですか。10年後、世の中のホテルはシティホテルとビジネスホテルの真ん中にもう一つカテゴリーができています。そのカテゴリーを業界ではカンデオホテルズって呼ぶようになるんですよ!」と言っていました。現在、シティホテルとビジネスホテルの間のカテゴリーは「ライフスタイルホテル」と呼ばれて、多数の同業者が参入する注目されているカテゴリーです。もちろん、カンデオ・ホスピタリティ・マネジメント社はそのカテゴリーを牽引しています。

目標達成のためのギャップアプローチ、ビジョンアプローチ

多くの組織では、目標管理が行われています。

営業のように個人の成績が比較的簡単に算定できる業務では、個人の業績が一覧できるように管理しています。そういった組織では、目標の数値と一人一人がその目標にどのくらい達したかを示す表やグラフが存在しています。月次で管理されていたり、評価の時間軸に合わせて、半期ごとに管理されています。

人々が気になるのは自分が目標をどれだけ達成したかです。あなたがもし目標を達成していれば一安心です。自身の評価も維持できるでしょう。

次に気になるのは組織内での順位、他人との比較です。昇進・昇格やボーナスの多寡は相対評価で決まるのですから当然です。もしあなたが目標に到達していなくても、大丈夫。他の人も今月は目標を達成できなかったようです。恥ずかしい思いをすることはないでしょう。

自分の成績と目標を比べ、さらに他人と比べ続けるこうした状況が続くと、人はギャップアプローチのマインドセットになっていきます。

月々の目標達成が仕事における大きな関心事となり、目標への到達度合いや同僚との比較がとても気になります。水がコップの半分入っている状態において、空の部分が気になり、「コップを満たすためには残り半分なんとかしなくてはならない」というマインドセットが生まれます。このマインドセットがギャップアプローチの特徴です。

組織内で順位が生まれ、上位の社員は自分が誇らしく優越感を感じますが、下位の社員は目標達成できないことに落胆、恥、申し訳

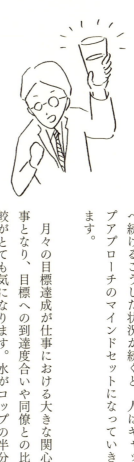

図0-3：ギャップアプローチによる目標管理のイメージ

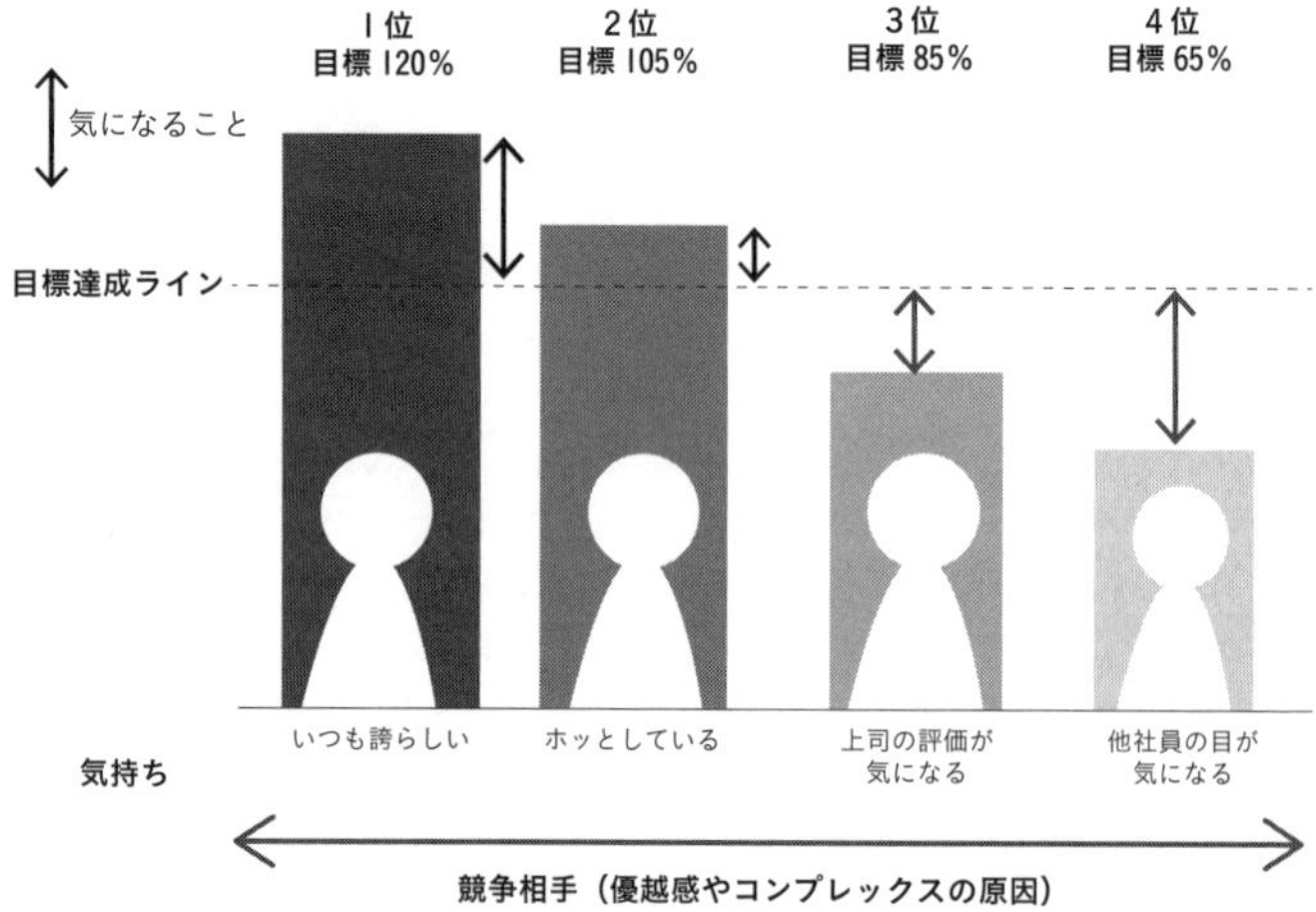

図0-4：ビジョンアプローチによる目標管理のイメージ

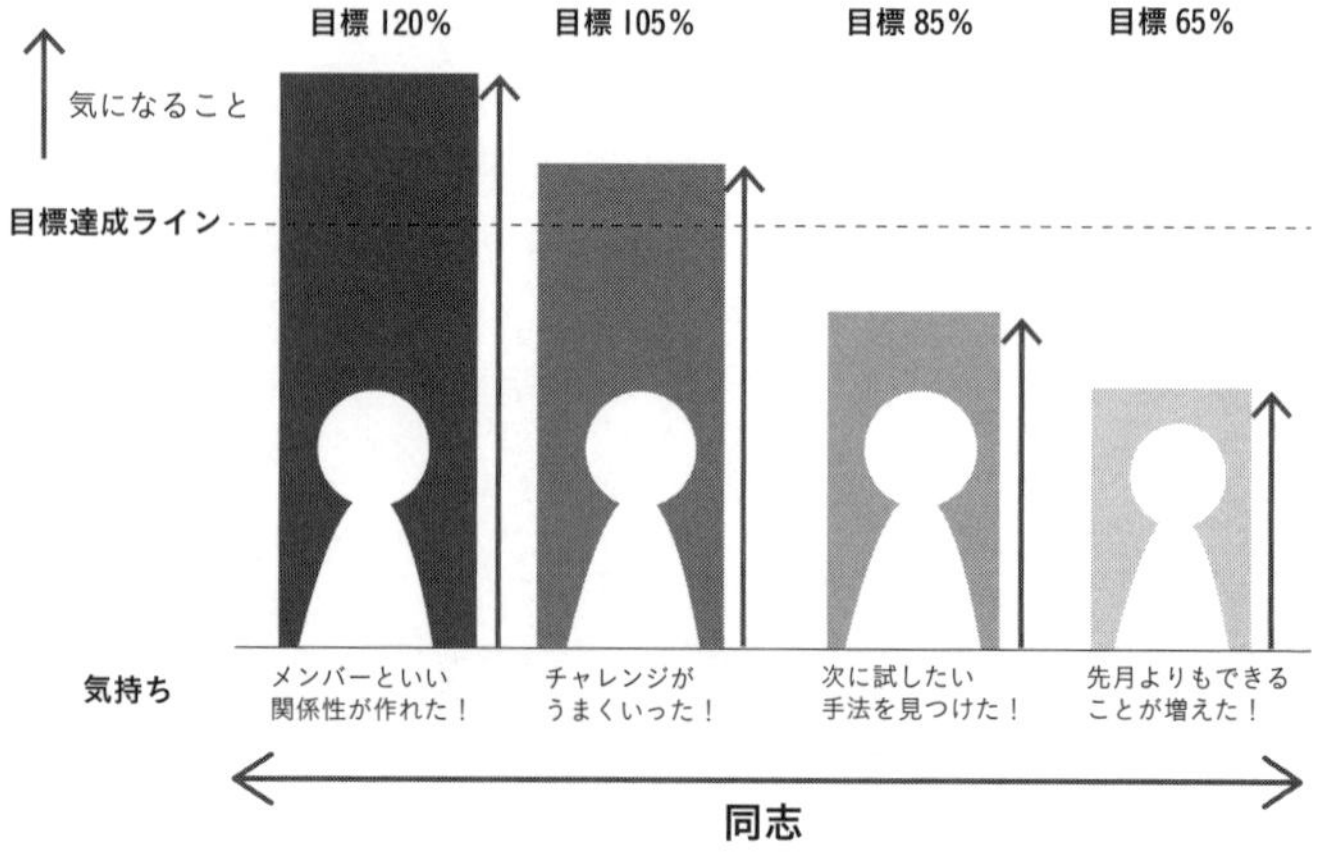

なさを感じます。この場合、同僚は競争相手であり、不安やコンプレックスの原因です。協力関係が作りにくい状況であるとも言えます。

一方、ビジョンアプローチでは、ゼロをベースに理想の姿に向かってどれだけ進んだか？に注目します。水がコップの半分入っている状態において「水が半分も入っている」と喜ぶことができるのが、ビジョンアプローチの特徴です。

このマインドセットでは、他人と比較するのではなく、以前の自分と比較します。先月、昨年の自分と比べるとどれだけ自分は将来像に向かって進んだのか？を考えます。目標へのギャップを追求するのではなく、目標達成を祝うマネジメントが必要になります。

例えば、個人のノルマを作らないとか、チーム全体で目標を設定するといったような工夫があります。他人と比較するわけではないので、同僚は競争相手ではなく、理想の将来像を目指す同志です。

ギャップアプローチの影響

ギャップアプローチは多くの企業で見受けられます。多くの企業では中期経営計画を策定していますが、その多くが5ヶ年計画です。最近は3ヶ年計画であることも多いと思います。多くの中期経営計画は業績の計画と重点施策が記載してあります。社員や株主に対して自社の戦略を提示するのが目的だと思います。

ギャップアプローチの影響はメンバーの関係にも大きな影響をもたらします。

筆者の経験をお話しします。

筆者は約20年間大企業のある本部に所属しコンサルティングの仕事をしていました。毎年、全社の業績予算があり、各本部にそれが配賦されます。本部には約10の部があり、人員数に応じて業績目標が配賦されます。会社に入って数年はあまり予算を意識していなかったと記憶しています。若手は予算の達成よりもコンサルタントとして腕前を上げることが重視されていました。

私は幸運にも早くに管理職になりました。管理職になると一人当たりの業績予算が割り振られます。そして、その達成度合いに応じて賞与が決められます。もちろん業績以外の仕事ぶりも加点や減点の要因になります。昇級も主に予算の達成度合いに応じて決定されます。管理職になった私はさらに幸運に恵まれ、毎年好業績を上げました。半期毎の評価では自分の職級の中で常に上位の成績を上げ、職級が上がり続けました。私は毎期前半にはその期に必要な業績を上げるためにクライアントに提案し、相応の受注をいただいていました。上期中にはその期の予算を達成する見込みがあり、だいたい最終の四半期には来期の営業活動を行なっていました。

職級が上がると、予算も上がりますが、なんとか毎年必要な予算を達成していました。他部署の予算のデータは開示されていたので、毎回の評価の時期には、自分の予算の達成度合いとまわりとの比較で自分がトップの評価を受けることがわかっていました。毎回良い評価をいただいていましたが、うれしかったのは最初のうちだけ。いつの日か喜びよりも「ホッとする」感覚の方が大きくなったのです。

給料はすでに十分な金額をいただいていましたが、一度上位の評価をいただくと、それを維持したいと思うようになりました。そのため、日常的に意識するのは目標との差分です。毎年とにかく早く終わらせてしまいたいという気持ちで一杯でした。

さらに問題なのは、社員同士の関係です。各職級で部内では誰が上位で下位かは固定的になっていました。さらに言えば本部全体で職級が上になればなるほど固定的になっていました。ある年に私と同じ職級の後輩が異動をしました。噂では私と同じ部にいると高い評価を得ることができないから、別の部へ自ら希望して異動したとのことでした。私はそういった意思決定もあるだろうなと納得したと同時に、年も近くよく飲みに行っていた後輩だったので、一抹の寂しさを感じていました。

評価のためだけに仕事をしているわけではないので、職場は和気あいあいとしていましたが、職級の近い社員同士はなんとなく競争相手であるという意識が強く、必ずしも協力し合う関係ではありませんでした。職級の近い社員同士は、アイドルグループのナンバーワン争いをしている人同士の関係といった感じでしょうか。その分、上司部下や先輩後輩の関係はとても良好だったと思います。

そうして数年が経つと課長になり、部長とともに部員を評価する立場になりました。評価をする側になってさらに理解したことは、目標達成度合いはマクロ環境によって変わりますが、評価の順位はだいたい固定的であるということです。

異動がなければ、一度所属した部内ではその人の評価は毎年ほとんど変わらないということになります。全員が基本的に一生懸命努力するような環境であればなおさらです。

キャリアの最初のうちに上位（20％）、普通（60％）、下位（20％）が決まり、自身の部署異動や転入・転出がない限り、その分類は緩やかに継続します。

上位の社員は長期的には昇級し、給料も上がっていきますが、単年度で考えると昨年の1割か2割多く仕事をすれば十分高い評価を得ることができます（もちろん、それには相応の努力が必要です）。決して2倍、3倍の成果は必要ありません。また、たとえ2倍、3倍の成果を出しても、それに報いるように報酬制度は設計されていません。1年で「二階級特進」のような極端な抜擢人事はほとんどありません。

次に、中位の社員は余程の高い成果を出さないと上位に食い込めませんし、余程のことがなければ下位に落ちることもありません（稀にそういったこともあります）。そして下位の社員が中位、上位へと逆転するには通常の2倍、3倍の成果を出す必要があります。

また、たとえ下位に居続けてもクビになることはありません。その結果、「できる社員」もそうでない人も全体の予算の増加分程度の努力しかしないようになるのです。

ちなみに筆者は、日本企業の停滞の原因の一つがこうした「正規分布型」で「格差の少ない」の評価制度によるパフォーマンスと評価の固定化にあると考えています。

ビジョンアプローチの影響

社員が同じビジョンを目指す「同志」の関係になるのがビジョンアプローチです。

当社では、まずは理想の将来像（ビジョン）をしっかりと共有するために、理想の将来像（ビジョン）に関する進捗の確認と理想の将来像（ビジョン）に向かって仕事を進めることの再確認のために四半期に2日間の合宿を行っています。そこではお互いの成果や業務上の悩みも共有します。

また、社員にそれぞれ異なる目標と評価制度があり、高い給料を得るために他の社員と競争する必要はまったくありません。各自の報酬制度と金額、業務上のミッションは全体にオープンであり、一年に一度見直しを申請することができます。万が一、自分の報酬についてはもちろん、他人の報酬に意見がある場合にも申し立てることができますが、決まったら全員でお互いの業務上のミッションの達成を支援することになっています。

成果連動ボーナスは、最低限のレベルを超えたら上限なく得ることができます。こうして目標とのギャップを気にするのではなく、ビジョンに向かってどれだけ達成したかに意識が向くようになっています。

また、会社全体の利益予算を超えた場合は超過分を全社員で追加ボーナスとして分け合います。全体最適を考えることが個人の利益にもつながる仕組みです。毎週行われるその週の達成を祝うミーティングや、四半期ごとに実施されるお祝いの飲み会も、理想の将来像（ビジョン）へ近づくことに意識を向けることを助長しています。

当社が小さい企業だからできるのかもしれませんが、大きな会社でも小さな組織ごとにユニークなマネジメントを認め、マネージャーに裁量を与えれば同じことはできると思います。

最近は外資系企業を中心に、年度単位の業績に応じて社員をA、B、Cなどとランク付けする年次評価制度（レイティング）を廃止し、「ノーレイティング」を採用する企業も増えています。そうした企業では、従来の「結果に対する評価をなくす」ということではなく、評価者と被評価者が丁寧な対話を通して目標を設定し、その成果をフィードバックします。そのため、1on1等、評価者と被評価者が対話できる場を増やし、頻繁にコミュニケーションを行うことで、信頼関係を構築しています。その結果、組織全体の心理的安全性を高めることにもつながります。

より高い理想を実現すると同時に、組織の一体感やメンバーの高いモチベーションを醸成するビジョンアプローチについて、この後一緒に探求を深めていきましょう。

ビジョンアプローチ

自らが理想とする将来の姿に向かって、日常的にその理想像へ近づくことを喜びながら進んでいく状態。将来像には財務的な目標だけでなく、定性的にステークホルダー全体の理想的な姿が描かれている。自らの強みや過去に発揮された特徴をベースに、将来の理想的な姿を描き、理想的な未来の姿から現在取り組むことをバックキャスティングし、戦略や行動を考えるアプローチ。自らの強みをベースに考えているため、理想像は社員にとって信憑性とエンゲージメントが高く、そこから具体化した直近の目標に対するコミットメントも高い。日常的には理想像に近づくための業務や努力自体にやりがいや楽しみを感じる。また、目標に対する不足ではなく、目標にいかに近づいたかを祝福する気持ちを持つ。

ただし、論理的思考や定量分析が不足した場合、実現が難しい。不適切なビジョンが設定されるリスクがある。

ギャップアプローチ

過去からの延長線上にある目標に向かって迅速に行動する状態。目標は財務的、定量的な表現が多い。短期的には合意が取りやすく、目標はわかりやすく、達成したかどうかも明確に判断がしやすい。

ただし、ギャップアプローチのみで行動したり組織運営を行うと、その目標を達成しても安堵感が強く、高い満足や充足を味わうことが少ない。また、目標は前年度等過去の延長で決まることが多く、分かりやすいが、人のモチベーションの向上には達成後のリワードの丁寧な設計が必要となる。長期的にはその目標だけでは、人のモチベーションを上げることが少ない。

そして、達成するまではストレスや焦燥感が強く、常に目標までの不足分に意識が向かっている。

第1章

会社、チーム、
スタッフは、
何を目指すべきか?

数字以外の魅力的な目標を示そう

中期経営計画と長期ビジョン

多くの企業が中期経営計画を定めています。リーマンショックや東日本大震災以降、「先が読めない」と痛感した企業の一部は、中期経営計画の期間を5ヵ年から3ヵ年に短縮しました。

中期経営計画は株主に対するコミットメントでもあるので、達成できることを目標として設定することになります。10年後の夢なら自由に語ることができますが、来年、再来年の目標を語るとなると実現可能性を重視せざるを得ません。

経営は中期経営計画を実現するための年度予算や重点施策を策定するので、毎年の企業活動は「達成できそうな目標」に向かって経営されているのが現状です。

現状、多くの企業は「長期」経営計画を持っていません。もしかしたら、みなさんの中には、経営者や経営企画部が長期の経営ビジョンを作っていると思っている方がいるかもしれませんが、一般的にはそれは幻想です。多くの経営者は漠然と「こんな会社にしたい！」

と思いを馳せていますが、それがアウトプットされていることはほとんどありません。経営企画部が社長の指示もないのに独自で長期のありたい姿を考えているということは、職務分掌から見てもあり得ません。

中期経営計画の策定こそが長期的なビジョンを考え、経営陣、全社で対話する機会なのです。しかし、中期経営計画策定プロセスですら、大きな夢を描いたり、理想の会社や社会の姿を考えたりする機会は少ないというのが実情です。

魅力的な夢と未来を描く

現在、多くの企業の中期経営計画等で描かれている目標は、財務的なKPIとそれを実現するための施策となっています。そのような目標に関心があるのは、株主と社員ぐらいでしょう。就職活動している学生やその企業とビジネスをしようと思っている人たちも関心を持っているでしょうが、一般の人たちにとってはどうでもいいことだと思います。

企業の理念やミッション、社是を見ると、ほとんどが「より良い社会づくり」や「社会への貢献」を謳っています。そして、社員の方々は日々良い商品、サービスを提供するために邁進しています。せっかくですから、もっと多くのステークホルダーにとって魅力的な夢を描きましょう、というのが筆者の主張です。

財務的なＫＰＩで「売上・利益○○億円」や「業界ナンバーワン」を目指すのではなく、お客様や社会にどのような変化や価値を提供するのかを示すのがビジョンアプローチです。

例えば、不動産業界（特にディベロッパー）を例にご説明します。

多くの企業が「より良い街づくり」に取り組んでいますが、「具体的により良い街とはどのようなものか？」、「どのような街を作りたいのか？」を提示している企業は多くはありません。筆者が知っている例としては、森ビル株式会社の都市のビジョン「Vertical Garden City - 立体緑園都市」があります。森ビルのホームページには次のように描かれています。

「都心の空と地下を有効に活用し、そこに職、住、遊、商、学、憩、文化、交流などの多彩な都市機能を立体的重層的に組み込むことによって、徒歩で暮らせるコンパクトシティを実現しようというものです。

土地を増やすことはできませんが、建物を超高層化し、地下も活用していけば、空間は増やせます。そこに都市機能を縦に集約すれば、移動時間は減り、自由に使える時間が倍増します。人生の選択肢や日々のゆとりも増えるでしょう。徒歩で暮らせる街は、子供や高齢者も暮らしやすく働きやすいはず。このほうが知識情報社会、少子高齢化社会に合っ

図1-1：森ビルの理想の都市の姿（森ビルホームページより）

ていると思いませんか。
空と地下を活用することによって、地上は緑と人に開放できます。公園や広場、森はもちろん、川や池、ゴルフのショートコース、フットサルのコート、都会の小牧場だってできるかもしれません。
こんな都市が実現したらわくわくしませんか。街づくりと一緒に、鉄道、道路などのインフラもつくりかえて耐震化し、建物の間隔も広くとれば、災害に強い都市構造になります。都市の中心部をこのような形で立体活用すれば、周辺部や郊外の自然も残すことができるのです。」

もう一つの例は戸田建設です。戸田建設は2017年に中期経営計画において業績目標

図1-2：『未来の歩き方　戸田建設が考える30年後の建築』より一部抜粋

や事業方針、そして目指す姿を発表しています。目指す姿に関しては、別途『未来の歩き方』という30年後の戸田建設の姿を描いています。

『未来の歩き方』は現時点で6部作となっていて、建設業の将来像、建築の将来像、組織、人材、働き方の将来像、最後に戸田建設の事業全体の将来像等が詳細に描かれています。

例えば建設業編では、「できるはずの技術」を活用した、近未来の夢ある社会生活や建設現場の姿を「入社2年目の建築社員」「入社5年目の土木社員」「入社12年目の建築主任社員」「入社11年目の機械社員」という4人を主人公としたストーリーで紹介しています。機械社員まで描かれている事には驚きます。

また海外事業編では、今後世界や日本で発

生する社会課題を、戸田建設の海外事業が世界と日本をつなぐ架け橋となって解決し、「持続可能な開発目標（ＳＤＧｓ）」の実現に貢献できるような未来の姿を描いています。ブラジルで自給自足型のまちづくりを行ったり、北米や欧州にはイノベーションセンターを設立している将来を描いています。

設計編では、医療、教育などの建物用途ごとに展開した30年後の新しいビジネスモデルが描かれています。例えば、食糧問題を解決するために、地上・地下や都市空間を有効活用した第6次産業を都市に構築することなどが描かれていて、筆者もワクワクします。

このようにビジョンアプローチによる理想の将来像は、目指す姿を具体的に表現します。

森ビルの『立体緑園都市』や戸田建設の『未来の歩き方』で提示された将来像に対して、評価は人それぞれだと思いますが、共感し、応援したいと思う人も多く存在すると思います。ビジョンアプローチによる理想の将来像は人も巻き込む影響力があります。

小売業でも素晴らしい例があります。丸井グループです。

丸井グループは「丸井グループ　ビジョン２０５０」を作成し、「ビジネスを通じてあらゆる二項対立を乗り越える世界を創る」というビジョンを発表しています。

丸井グループは社員や役員との約一年間の議論を通じてこのビジョンを策定しました。

図1-3：『丸井グループ ビジョンブック2050』より一部抜粋

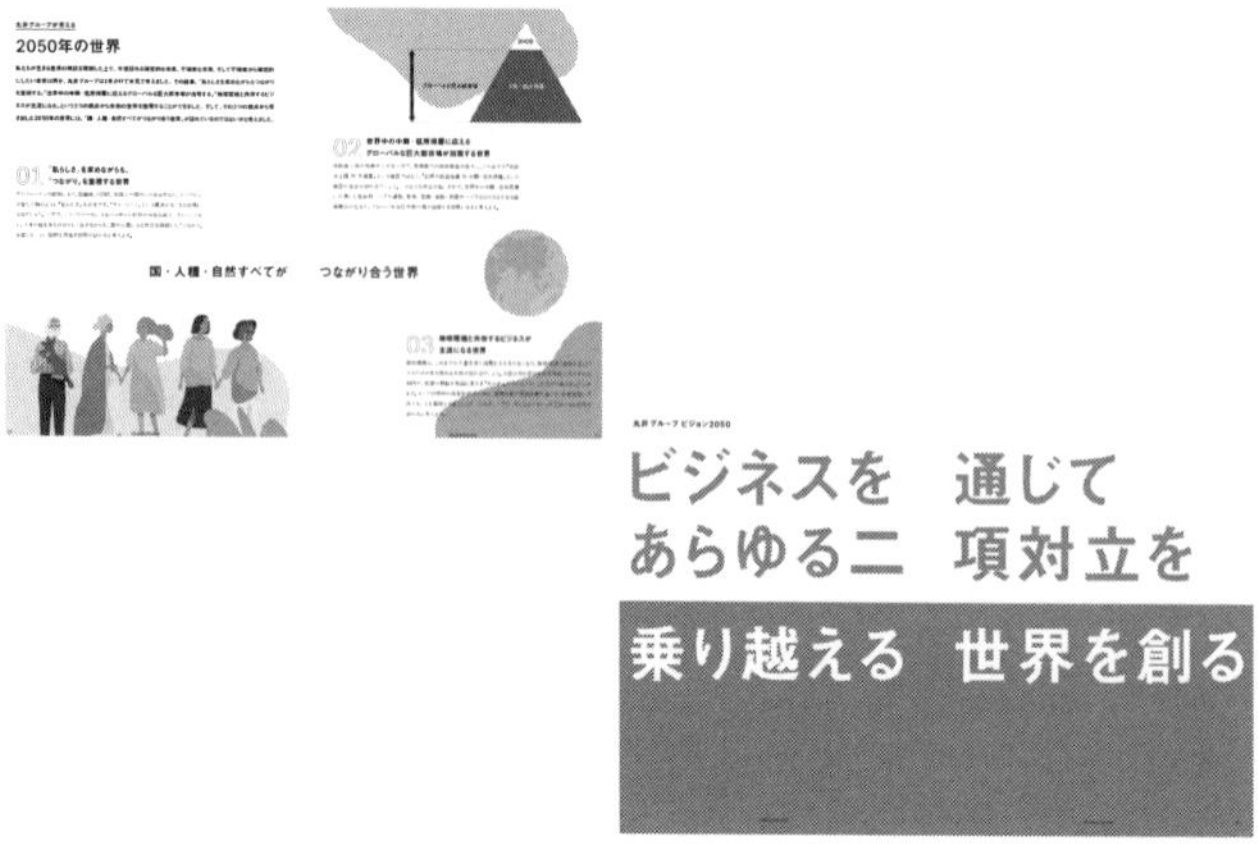

丸井グループは世界の現状を理解した上で、2050年には「国・人種・自然すべてがつながり合う世界」が訪れているであろうと述べています。

具体的には、1.「『私らしさ』を求めながらも、『つながり』を重視する世界」、2.「世界中の中間・低所得層に応えるグローバルな巨大新市場が出現する世界」、3.「地球環境と共存するビジネスが主流になる世界」としています。

筆者の理解では、丸井グループがLGBTの学生に向けて就活スーツセミナーを実施したり、衣類の下取りを行なっているのはこうした理想の世界の姿を実現するためであると思います。

丸井グループは2016年ごろから

ＥＳＧにも熱心に取り組んでいますが、直近の5年間（２０１３年3月期末から２０１８年3月期末まで）で株価は2・2倍になっています。

小売業界の中でも輝く存在であるのは、消費者を含むステークホルダーが丸井グループが標榜する世界のありたい姿に共感している人が多いからではないでしょうか。考えてみればある企業が「売上を伸ばし、業界でトップになる」と宣言しても、多くの市民、消費者にとってはどうでもよいことです。それが「より良い世界を作るために頑張っています」ということならば話は別です。そうした企業を応援したいという人も現れるでしょう。

より多くのステークホルダーを巻き込んだ理想の将来像こそ、より多くの人々をインスパイアすると筆者は考えています。

5年後のビジョンを描いてみる

理想の将来像（ビジョン）の策定方法

挑戦的で人々の共感を生む理想の将来像（ビジョン）の策定を筆者はこの手順で策定を行っています。

①強み・価値を発見する
②どうありたいか、最大限の可能性を描く
③実現したい状態を共有する
④新しい挑戦を始める

①強み・価値を発見する

理想の将来像を描く時、まず最初に必要なのは、自分と組織の強みを知ることです。ビジョンを描く際に大切なのは「ＹＤ感」、「やればできる感覚」です。それが無ければ、明るい未来なんて考えることはできません。

強みを簡単に探るためには、ｗｅｂで診断できる様々なツールを活用することが有効です。「Strengths Finder」や「Strength Developper」は代表的なもので、30分程度で自分の強みが診断されます。当社では、診断された全員の強みを壁に貼って、相互理解や業務のアサインメントにも活用しています（図１‐４）。また、過去の成功体験を詳細に思い出し、そこで発揮された自分の強みや特徴は何なのか、を分析するということもオススメです。

問1：あなたが今までで最も望ましい成果を上げたと思う体験を思い出してください。まずは、具体的にどんなシーンで、どんな登場人物があなたのまわりにいたのか、そしてあなたはどんな準備や用意をして、実際に何をしたのか？　じっくり思い出し

図1-4：当社メンバーの強み

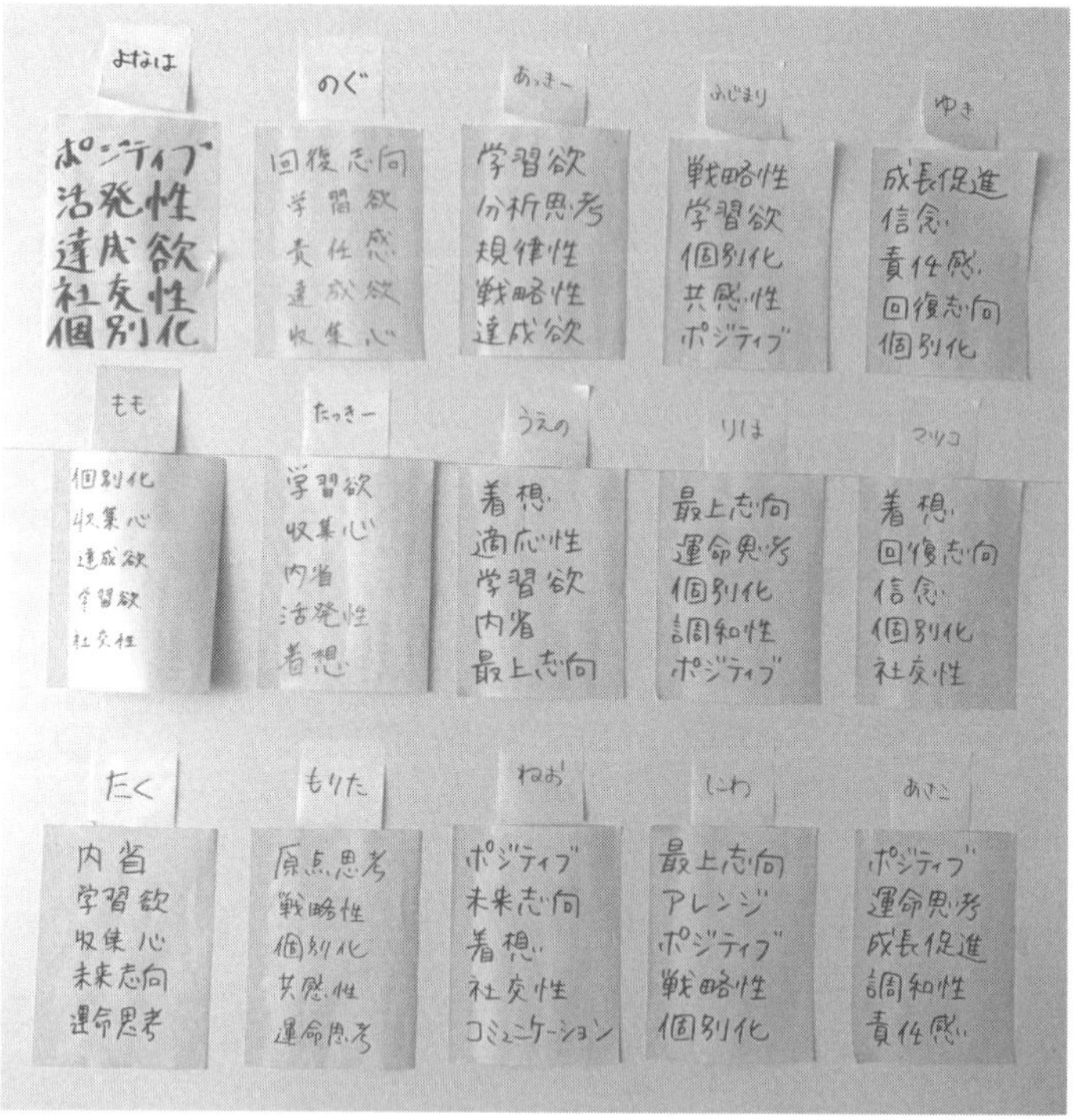

てください。その上で、その体験において発揮されていたあなたの特徴や強みは何ですか？

どうでしょう。うまく思い出すことができましたか。もしうまく自分の強みが発見できなかった場合は、次の質問にもお答えください。

問2：その時、あなたのまわりの人たちは、あなたのことをどのような人だと言っていましたか（もしくは思っていたと想像されますか）？また、まわりの人があなたに感謝していたり、何らか高く評価しているとしたら、どのような理由だったと思いますか？

これでもうまく思い出せない方のために、もう一つ質問を用意しました。

問3：あなたのことをよく理解している方を思い出してください。その方に、問1のストーリーをお話ししたと想像してください。そしてその方に、あなたの特徴や強みを聞いたとしたら、その方は何とコメントをすると思いますか？

それでも浮かばないという方には、実際に親しい人に訊いて教えてもらいましょう。コツは他人と比べて何が強いのかを考えるのではなく、自分の特徴として何があるのかを考えることです。

組織の強みを言語化する

小さなチームであれば、個人の強みを集計して、数が多いモノが組織の強みになります。当社がチームビルディングのワークショップを実施する場合、次のような流れで実施することもあります。

❶個人の強みを前述した流れで抽出する。
❷個人が自分の強みを思い起こしながら、自分の強みをブロックで表現する。
❸自分の強みをブロックになぞらえて説明する。
❹チーム全体で❶を集計し、トップ3～5を選定する。
❺チーム全体でブロックを統合し、❹で選定した強みを1つのオブジェとして表現する。

事例：東急不動産ホールディングス株式会社
グループ企画戦略部の強みの発見

東急不動産ホールディングス株式会社のグループ企画戦略部は、3つのチームが統合されたばかりで、業務内容の共有のみならず、お互いのことを「知る」ことが最優先課題でした。また、各チームの壁を超えて打ち解けることで、業務上もより効率的に情報共有やナレッジの活用が円滑に進むことも、チームビルディング・ワークショップ実施に向けた期待でした。お互いのチームのこれまでの業務内容の紹介は行ってきましたが、さらにチーム感を醸成していく取り組みが求められていました。このような背景の中、3時間のオフサイトミーティングにてチームビルディングを行うこととなりました。

オフサイトミーティングでは3つのチームを「統合」していくことを目的としたため、個人の強みを表現したブロックを、チームの強みとして統合し、最後にはグループ企画戦略部の強みを表現する作品を創り上げていきました。

①自分の強みを表現する

診断テストから見えた自分自身の強みを思い起こしながら、自分の強みをブロックで表現していきます。その後、チーム内で自分の強みを製作した作品になぞ

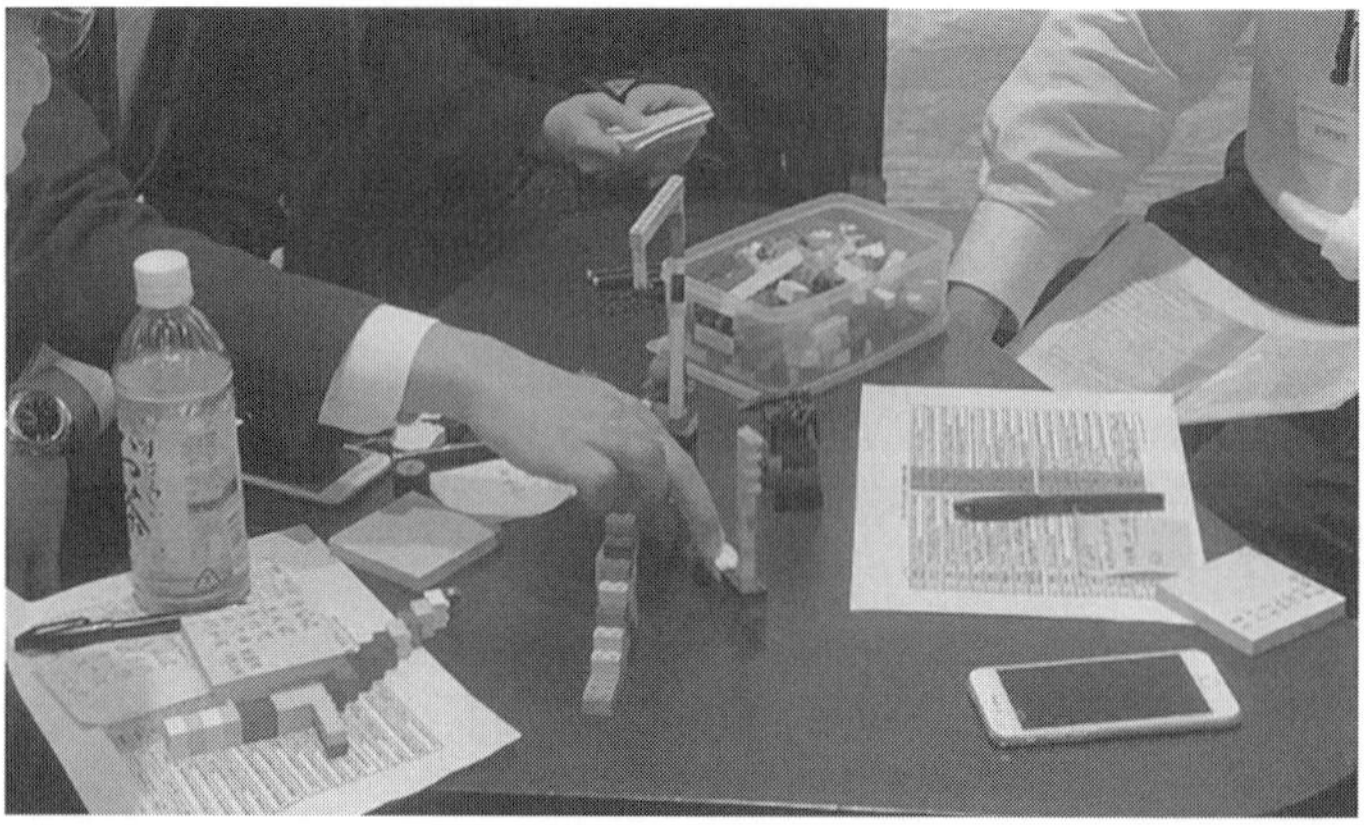

らえて発表しました。数少ないブロックでシンプルな形を作る人もいれば、様々な形のブロックで複雑なオブジェを作る人も見受けられ、それぞれの個性が垣間見えるワークとなりました。

②チームの強みを表現する

チームメンバーの強みを集計し、トップ5を抽出します。また、個人でつくったブロックを、今度は各チームで統合し、チームの強みをオブジェとして表現します。ワークの中では「〇〇さんは、正確さでチームを支えることが得意だから……」など、個人のチーム内での役割も言語化される場面が見受けられました。

最後にチームの強みに名前をつけます。

参加者の方々からは、「思っていたよりも共通項が多く、一つの方向に向かって行けそう」とか、「個性豊かなメンバーのそれぞれの強みを合わせられれば、大きな可能性をもっているチームだと気付いた」というような声がありました。お互いの共通項と違いを同時に見つけるとともに、チームとして方向性が同じであることを確認できる機会になりました。また、強みや違いを認識した上で、日常業務の助け合いにつながる可能性が見えたという声も複数上がっていました。

自分の強みを人前で語るのは、謙虚さを大事にする日本のカルチャーでは抵抗がある方もいます。そのため、一度ブロ

ックを使って客体化し、人ごとのように語ることでスムーズに対話が進みます。ブロックは子供の頃から慣れ親しんでいる方が多いおもちゃなので、とっつきやすく、また、元々パーツ同士を接続して何かを作るものですので、チームメンバー同士の強みを統合することに適したツールです。

図1-5：会社の歴史のイメージ

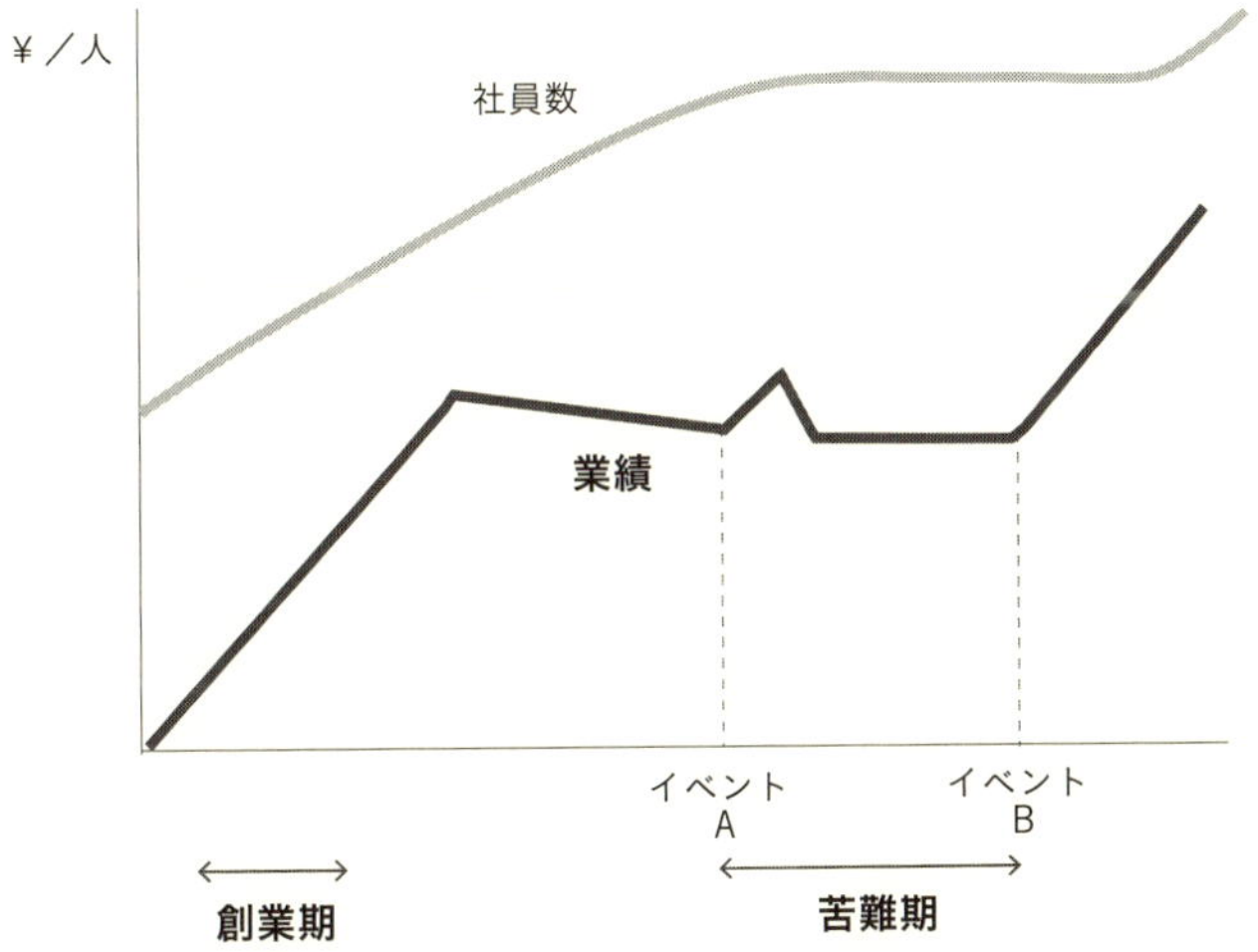

しかしながら、この方法は1000人を超える大きな組織で実施しようとすると、何となくしっくりきません。「法人」という言葉が示す通り、ある程度大きな組織になると、組織は個人の集合体以上のパーソナリティーを持つようです。「社風」といってもいいかもしれません。

そんな時には、お客様や他社からの意見を聞き、他社と比べた自社の特徴や強みを特定できるかもしれません。私どものオススメは、その組織の歴史を紐解くことです。横軸に創業から現在の時間を置き、社員数や業績等のグラフを描きます。

図表1-5「会社の歴史のイメージ」の例であれば、創業期、イベントAとBの間、業績が伸び悩み辞める人もいる中、残った社員

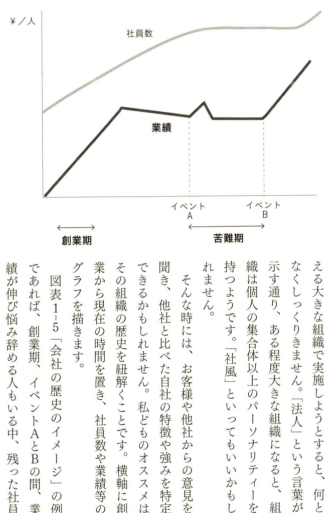

で地道な活動をした時期、などにその組織の強みと特徴が現れていると思います。その頃のことを知っている社員に当時のエピソードを聞き、その頃発揮されたであろう自社の強みと特徴を抽出するのが具体的な作業です。

このプロセスは、遠慮せず、謙虚さを忘れ、思いっきり自慢する姿勢で取り組むことが大切です。「業界トップ企業と比べると当社には大した強みはありません……」という姿勢では上手くいきません。「当社比」で構わないので、まずはたくさんの強みや特徴を挙げましょう。

例えば私の会社は、まだ創業5年目の創業期です。大企業に所属していた私を含め、創業メンバーが「より社会のために役立つ様々なことにチャレンジしたい」「自分たちの事業に責任と権限を持って取り組みたい」という想いをもとに創業しました。

元々得意であった経営者向けエグゼクティブコーチングとビジョンやPurposeの策定、そして、その実現のためのコンサルティングに加えて、新社長向けのプレゼンテーション等の研修サービス、経営者向けのファッションの提案サービス。また、データを活用した1on1のサポートや学習プラットフォーム事業といった新規事業を進めてきました。それらは、博報堂、三越伊勢丹、ユナイテッドアローズ、ITベンチャー等とのコラボレーションによって迅速に立ち上がっています。

また、会社経営に関してもイノベーティブに行いたいという想いから、社員の約半分が在宅や兼業であるような多様な働き方を推進したり、役職名や給料も社員自らが決めることになっています。

また、社会貢献の意味合いから、NPO等への資金援助や寄付、ボランティアの推奨を行い、私を含め経営陣はNPOの理事も兼務しています。こうした体験から、自社の強みとして、戦略思考、社会性、クリエイティビティ、自由とセルフマネジメント、多様性、等が挙げられます。みなさんの組織でも、一度自らの歴史をふり返り、強みを再発見してください。

②どうありたいか、最大限の可能性を描く

次のステップとして、自分がどうありたいか、最大限の可能性を描いていきますが、その上でPurposeを明確にすることが重要になります。

自分（達）の〝価値観〟と〝社会的意義〟を表現するPurpose

まずは、「Purpose」（パーパス）の定義を明確にしていきます。

Purposeという英単語は、「目的」と翻訳されることが一般的です。それも間違いではないのですが、今回の文脈では「存在意義」という訳の方がしっくりときます。

Purposeとは、自分たちの組織がなぜ存在しているのかを表現することです。「この組織は何のために存在しているのか？」という問いへのシンプルな答えをPurposeで表します。

Purposeがあることによって一貫性のある戦略を描くことができ、組織に一体感が生まれます。また、Purposeに共感した社員が高いモチベーションでその能力と創造性を発揮

図1-6：自分の Purposeと組織のPurpose

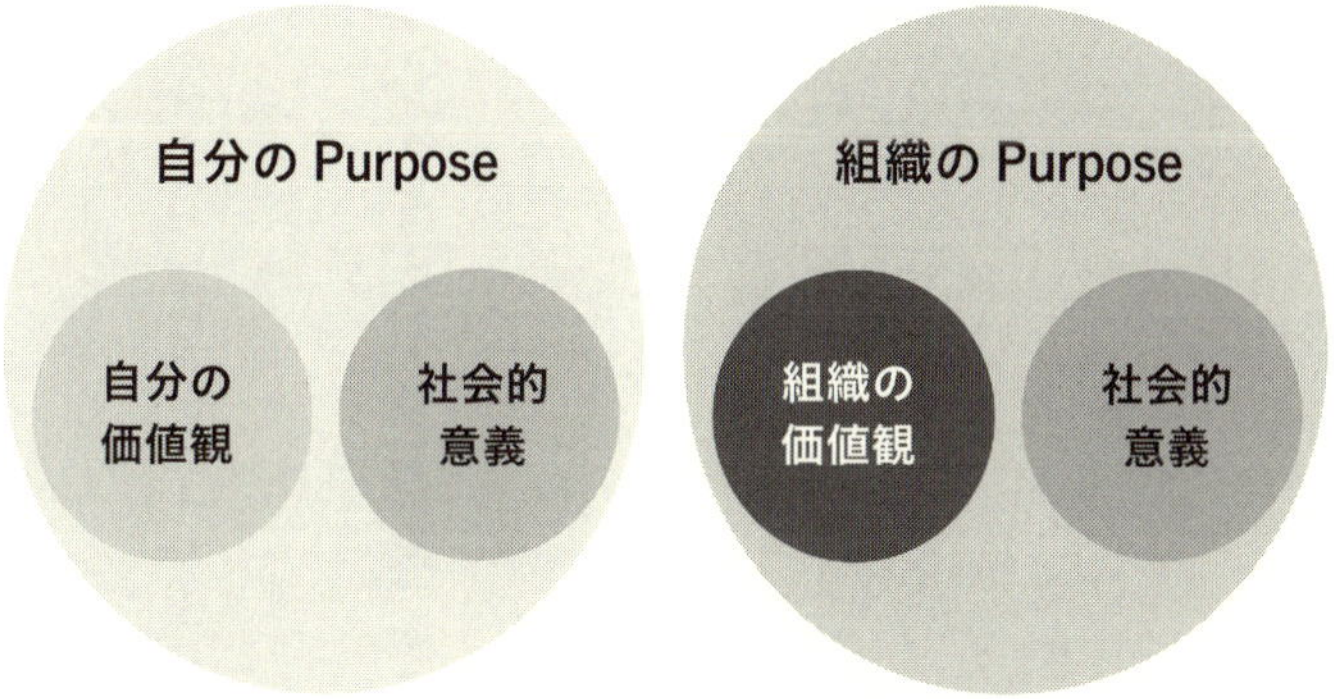

することで、大きな価値を生むことができます。さらに、Purposeから生まれた商品・サービスが顧客の共感や支持を生み、それが売上・利益となり、企業の持続的な繁栄をもたらします。

Purposeには、「その組織の価値観」と「社会的な意義」が含まれている必要があります。人からのお仕着せではなく、自分達が心から信じられることが重要なので、組織の価値観に沿っていなくてはなりません。また、自分達の利益や成功の追求だけでなく、社会にとっての利益を追求するので社会的な意義も含まれているべきです。

Purposeが注目されるようになり、組織の価値観を表現する組織は増えてきました。しかし、「社会的な意義」まで具体的に表現できていない組織が多いように感じています。

・自分たちが活動することで、世の中にどんな良い影響を与えたいのか？

・自分たちは世界のどんな課題を解決するのか？

このような要素が入っていることが、Purposeにとって必要不可欠となります。

Purposeとミッション、ビジョンとの違い

ここまでPurposeについて説明しました。では、ミッションやビジョンとはどのような違いがあるのでしょうか。

「ビジョン」とは、ある時点において実現していたい理想的な状態の具体的な描写のことです。

「今から10年後の2029年には、このような事業を行っていて、お客様からはこんなことを言われていて、社員はこんな風に働いていて、社会に対してはこんなインパクトをもたらしている」というように、企業として目指す具体的なシーンを「ビジョン」と呼びます。そして、それは関わる多くのステークホルダーが登場する紙芝居や絵本のようでもあります。実際に演劇で未来のワンシーンとして表現することもあります。当社がお客様のビジョンづくりをサポートする場合には、アウトプットとして10年後の経済雑誌でお客様の会

図1-7：ビジョンとパーパス

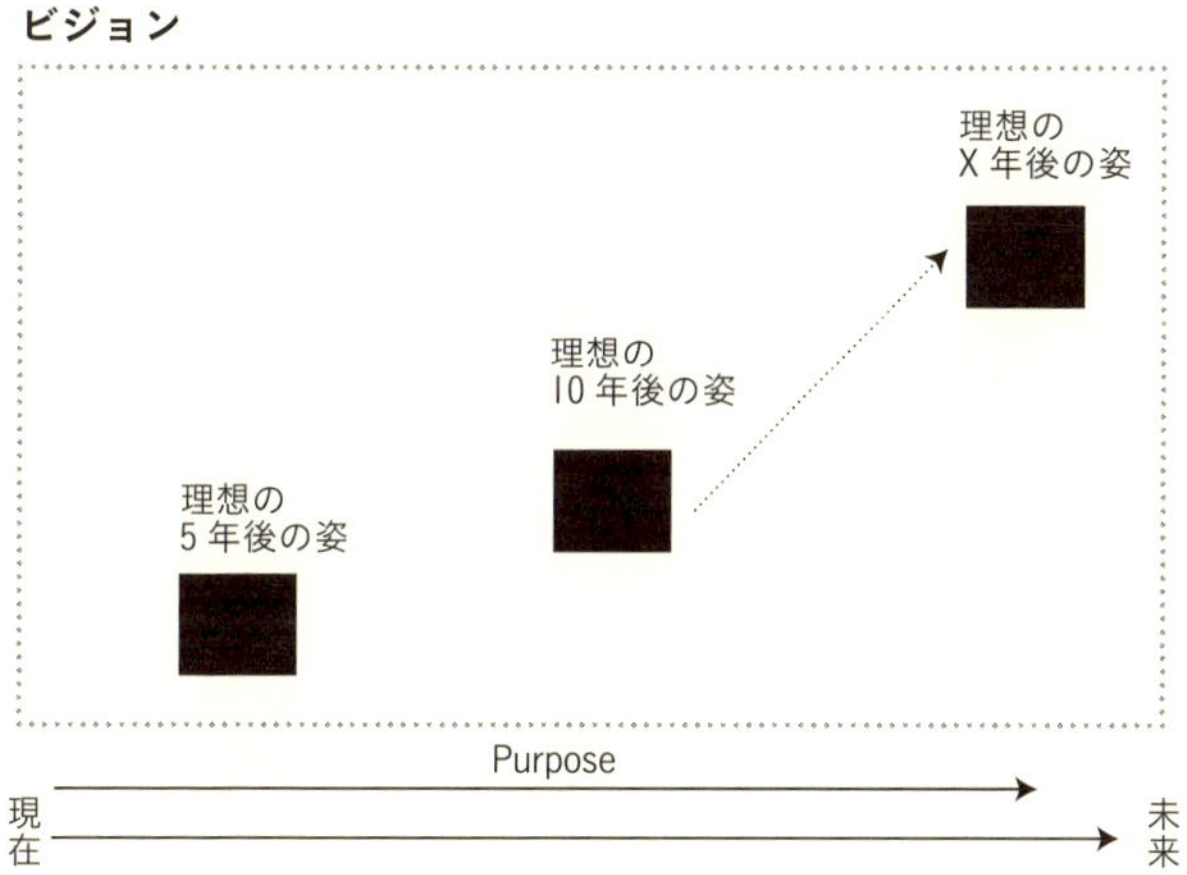

社のことが特集されている記事を想像して描いていただいてます。とにかく具体的に表現することが重要です。

「自分たちは何者でありたいか」を表現するミッションは、「自分たちは何のために存在しているのか（存在意義）」を表すPurposeと同じニュアンスを含みます。しかし、「業界でナンバーワン企業になる」「〇〇億円企業になる」というミッションは、Purposeとは異なります。お客様や社会に対する影響が不明確だからです。

また、「ミッション」という言葉には神から与えられた高尚なものであったり、映画『ミッション：インポッシブル』のように上層部から指示された難しい仕事というニュアンスが含まれますが、Purposeは自身の価値観、夢や志をベースに構成されます。けっして高尚である必要はありません。これもPurposeとミッションが異なる点です。

Purposeは、

- **社会的意義（社会に何を働きかけていきたいのか）が含まれている**
- **誰かから与えられるものではなく、自分ごととして捉えられている（自身の価値観や夢、志から構成される）**

ことが重要だと考えています。逆に言えば、これらの要素を含んでいるミッションの場合は、Purposeと同一であるということです。

自分のPurposeと組織のPurposeを言語化する

筆者は基本的に、人も組織も何らかPurposeを持っているという考えを持っています。ただし、一般的には言語化されていなかったり、一度言語化されても時間の経過とともに変化することがあるので、定期的に見直し、言語化することが重要です。

図1-8

価値観リスト

ユーモア	健康	前進	伝統	つながり	養育
バランス	自由	正直	名声	友情	歓び
率直	集中	安全	成長	軽快さ	美
思いやり	ロマンス	落ち着き	信頼	精神性	真実
コミュニティ	承認	成功	参加	エンパワーメント	リスクをとる
生産性	調和	正確性	成果	自己表現	平和
奉仕	達成感	冒険	協力	誠実	優雅
貢献	規則正しさ	ありのまま	自力	創造性	活力
卓越	忍耐力	熱意	選択	独立	感謝

一般的に個人のPurposeと組織のPurposeの重なりが大きい方が効率的ですし、より実現性が高まりますので、個人と組織のPurposeの両方を探求する必要があります。自分のPurposeがない人が組織のPurposeを考えたとしたら、また自分のPurposeと相反する組織のPurposeを策定したとしたら、人々はあまりそのPurposeを信じることができません。信憑性に欠けると判断するからです。そのため、組織のPurposeを策定する前に、まずは自分のPurposeを探ることから始めましょう。

最初に、図表1-8「価値観リスト」の中から、自分が大事にしている価値観を8個選んでください。できればメモ用紙8枚にそれぞれを記載してください。必要であれば、リストにないものでも自分の言葉で表してください。

図1-9

Purposeを見つけるヒントとなる「もしも」

①もしも広告塔を借りれたら …

大きな街の人通りの多い目立つ場所に、大きな広告塔があります。もしもあなたがその広告塔に好きなメッセージや画像を流せるとしたら、何を流しますか？ どんなメッセージを伝えたいですか？

②もしも法律を作れたら …

もしもあなたが自由に法律を作れたとしたら、どんな法律を作りたいですか？

③もしも世界を変える力があったら …

もしもあなたに世界を変える力があったら、どんな世界をつくりたいですか？

④もしも死を迎えたら …

あなたはもうすぐ死を迎えます。あなたは、あなたの親しい人から「どんな人だった」と表現してもらいたいでしょうか？

次に、より重要であると感じる5つを残し、残りの3枚の紙をゴミ箱に捨ててください。

さらに、より重要であると感じる3つを残し、残りの2枚の紙をゴミ箱に捨ててください。

この作業を繰り返し、3つの重要な価値観を選定してください。筆者の場合は、「自由」「貢献」「冒険」の3枚の紙が残りました。

次に、図表1-9「Purposeを見つけるヒントとなる〝もしも〟」に取り組んでください。

例えば筆者であれば、「③もしも世界を変える力があったら」には、次のようなことを書きます。

- **世界が平和で、人々が楽しい人生を送る。**
- **貧困や環境問題の解決、健康寿命の延伸。**
- **組織が組織構成員の自由を尊重し、社員の才能と情熱を最大限に活かすようになる。**

・イノベーションが日本中でおこり、雇用が創出され、働く人の平均収入が増える。
・企業が様々な社会問題を解決し、企業や企業経営者が尊敬される存在になる。

実際には私たち個人にはこんなことを実現する力はないかもしれません。それでも私たち個人がそれぞれ「こんな世界を実現したい！」という思いを持って日々生きていくことが重要だと思っています。そういった意味で、筆者のPurposeは「世界平和とイノベーションを推進する」であると定義しています。

次に組織のPurposeはどのように考えれば良いでしょうか？

私がエグゼクティブコーチングの中で経営者に問いかけるのは次のようなものです。

問1：あなたのお客様、もしくはお客様の企業や組織のどのような課題を解決していますか？　お客様、もしくはお客様の企業や組織に対して、御社はどのような価値を提供していますか？

問2：その価値を提供することを通じて、あなたの組織は社会全体にどのような影響を与えたいですか？　与えようとしていますか？

問3：もしあなたの会社がなくなってしまったら、世の中にはどのような影響があるでしょうか？（もしうまくイメージできなかった場合）あなたの会社がなくなったと仮定してください。あなたの会社がなくなってしまったせいで、どのような悪影響が出た、とお客様や社会から思われたいですか？

問4：もしも資金もリソースも十二分にあったら、社会やお客様、社員に対してどのような貢献をしたいですか？

問5：あなたの会社が存在する意義や目的はなんですか？なんのためにあなたの会社は存在していますか？

当社は小さなコンサルティングファームです。問1に答えるとすると、お仕事の機会をいただければ、とにかくお客様が目指す理想の将来像を実現するためにお役に立てることはなんでも提供しています。それが生業です。
また、問2であれば、良い会社を増やし、幸せな社員を増やし、良い商品・サービスを世に送り出し、より良い社会を作りたい、と思っています。

問3は少し悩みます。当社がなくなればお客様は他のコンサルティングファームに仕事を依頼するでしょうし、単に自社だけでなんとかするだけかもしれません。ただし自分の想いとしては、「アイディール・リーダーズ がいないと、他に頼める会社がないな」と思われたいです。

当社は明るく楽しい企業変革を標榜しているので、当社がなければ世の中には暗く厳しい企業変革だらけになってしまい、「変革疲れ」の企業が増えるでしょう。また、当社は、企業は関わるステークホルダー全員を幸福にすることを一番に考えるべきだと思っています。必ずしもすべてのコンサルティングファームが同じ考えを持っていませんので、当社がなくなれば、社会に貢献する企業はほんの少しですが減るかもしれません。

問4は、将来の可能性や思いを探る問いです。当社であれば、社員やお客様の幸福度合いをリアルタイムで測り、それを企業経営に活かすサービスを生み出したり、日本版のダボス会議を運営し、企業によるより良い社会づくりを推進したいと思っています。ここまで思考を深めるとPurposeそのものを考える問5にも答えやすくなります。

当社はより良い社会づくりに企業がより貢献することを推進したいと思っています。GDPのうち多くは企業活動に由来します。従来は公共セクターが提供していたサービスも民営化されたり、企業が担っている傾向が強まっています。そして、多くの人々が企業

図1-10：アイディール・リーダーズ社のパーパスと私のパーパス

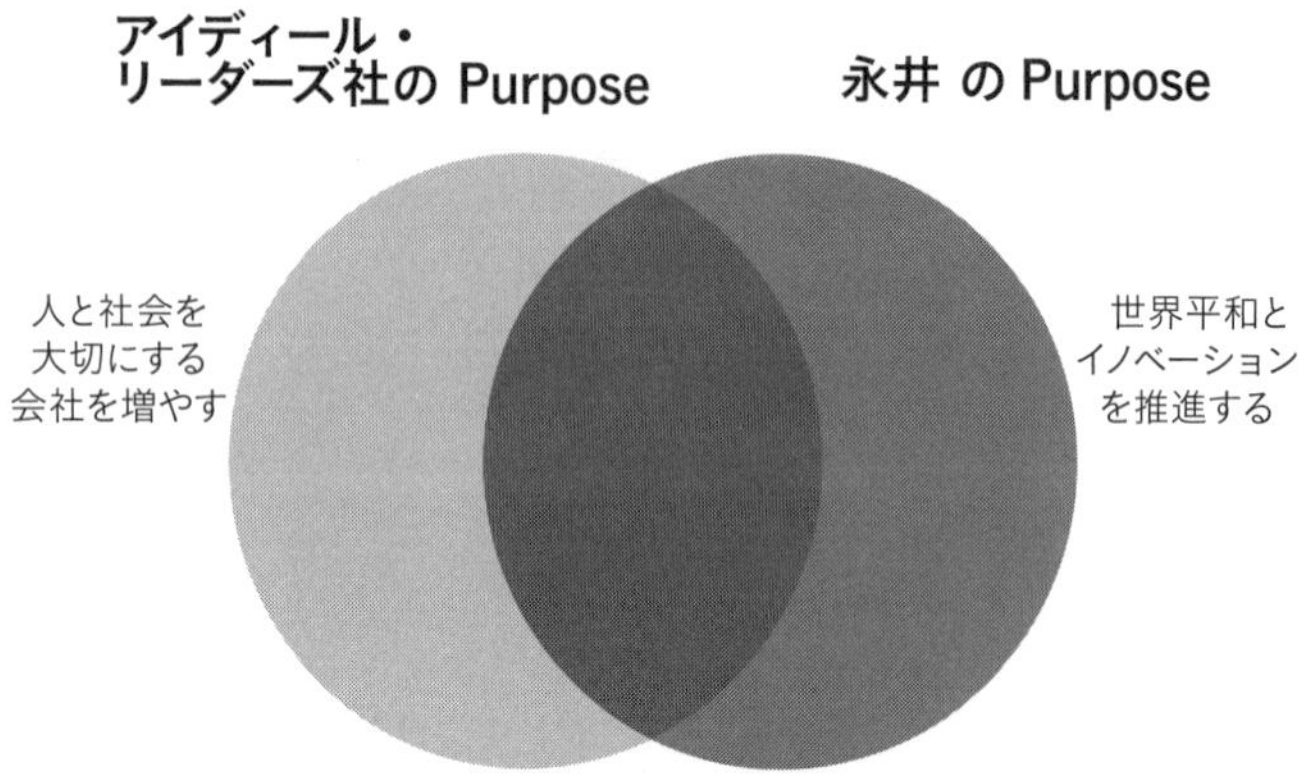

図1-11：アイディール・リーダーズ社のパーパスと社員（一部）のパーパス

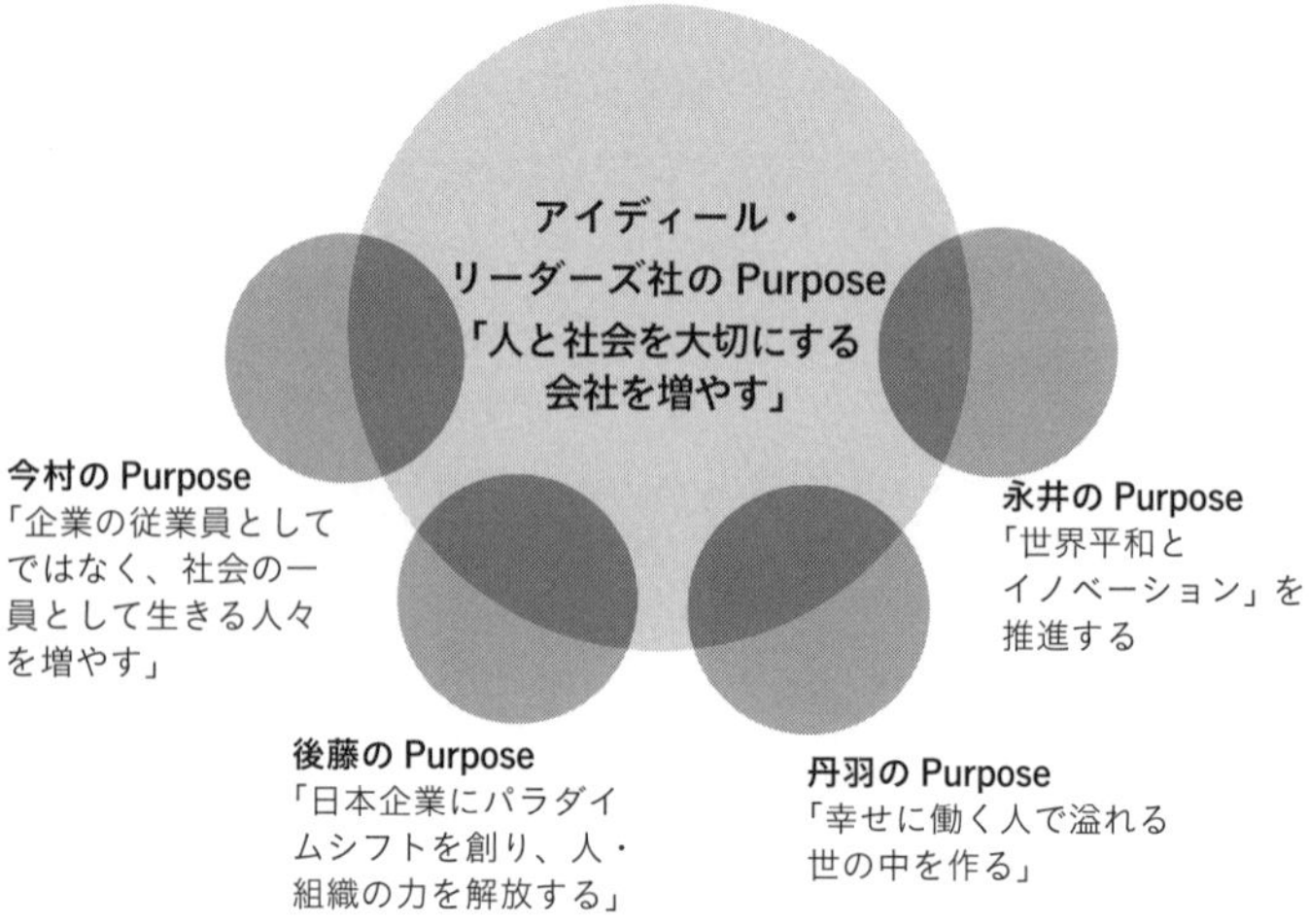

で働いている現状を鑑みると、より良い社会づくりは企業の力を活かさなくては実現不可能です。また企業が純粋に成長を目指したとしても、社会との共存はもちろん、積極的に社会課題の解決に取り組むことが必要になっていくと考えています。国連がＳＤＧｓを定めたのも企業による社会課題の解決に取り組むことを推進するためです。

当社はお客様である企業がさらに社員やお客様を大切に扱うようになること、さらには、一般市民や社会全体に対して行う貢献を高め、より尊敬される存在になるようにとコンサルティングサービスを提供しています。文章に落とすならば、「人と社会を大切にする企業を増やす」ことが当社のPurposeです。これは私個人の「世界平和とイノベーションを推進する」というPurposeと重複する部分が大きいと感じています（図１－10）。

これは私が創業者だからというだけではありません。一般的に個人のPurposeと組織のPurposeの重なりが大きい方が、個人としても組織としてもパフォーマンスが高いので、当社では個人と組織双方のPurposeを大切にしています。多くの社員がその重なりを実感しています（図１－11）。

③実現したい状態を共有する

強みを活かし、Purposeを実現した将来像を描く

理想の将来像（ビジョン）を描くには、「組織の強みが十分発揮されたとしたら、Purposeを実現した5年後や10年後の姿はどのようなものになるでしょうか？」という問いに答えます。

各ステークホルダーごとに、なるべく具体的な人を思い浮かべて、その人が将来どのようになっているのか？　何をしていて、どんなことを話しているのか？　詳細にイメージします（図1-12）。

このプロセスは組織の全員かなるべく多くのメンバーに関わってもらうことをオススメします。そうすることの一番のメリットは、理想の姿の共有が同時にできることです。

また、「社員の理想の姿」を考えるのは、経営者ではなく社員自身が行った方が的を射たものになりますし、お客様や取引先の理想の姿も、実際に接している人が考えた方がリアリティの高いものになります。

図1-12：ビジョン策定ワークシート

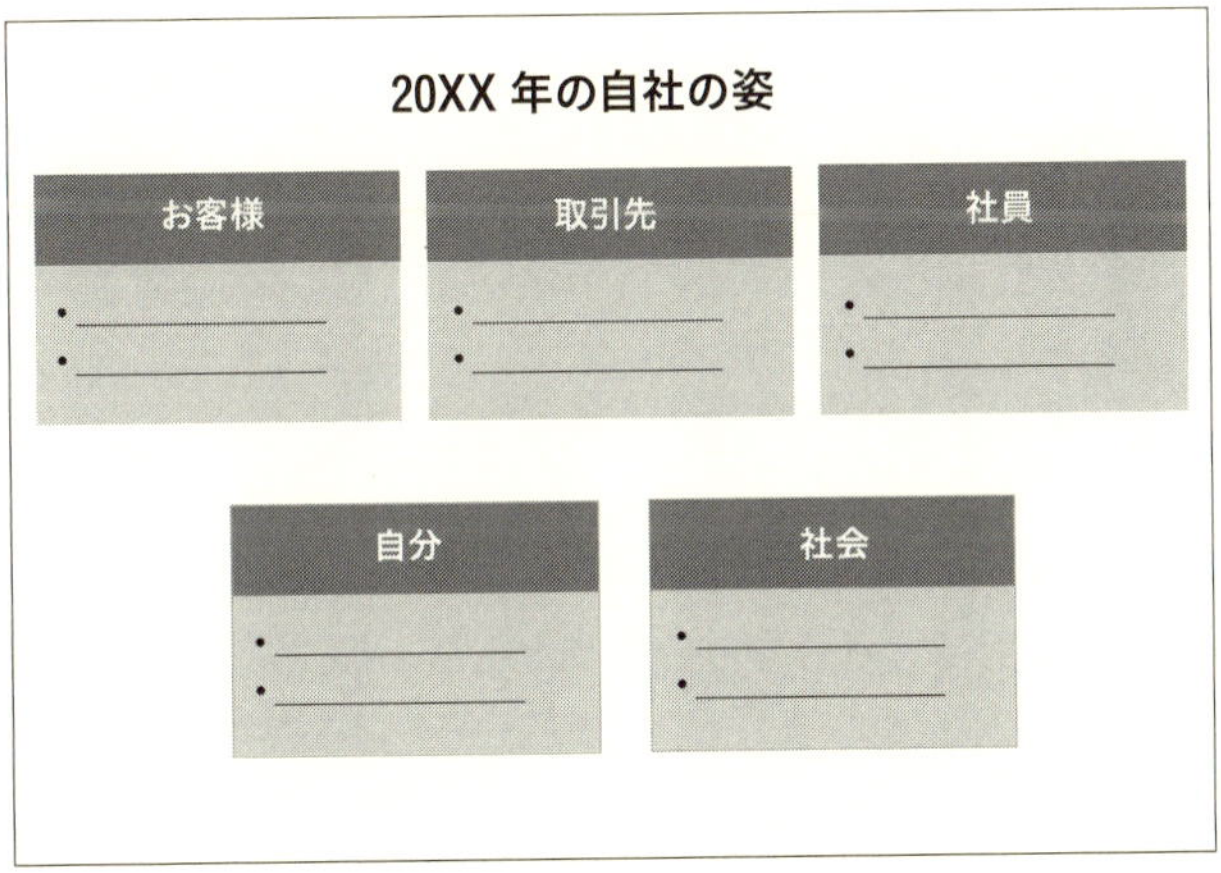

会社の理想の将来像は、経営陣やビジョンを策定するプロジェクトチーム等がつくるケースが多いです。その場合には、まずは作成された理想の将来像を発表し、社員に理想の将来像が実現されたX年後に、自分の身の回りはどのような状況になっているかをイメージしてもらうことが重要です。

このとき、ワークシートは同じものを使うことになります。このプロセスを内面化と言います。理想の将来像を理解し、それが実現した世界での自分をイメージすることにより、自分の中に受け入れることになります。

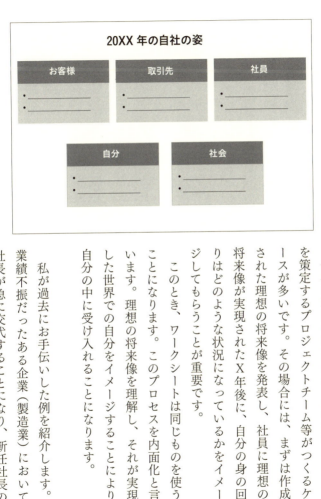

私が過去にお手伝いした例を紹介します。

業績不振だったある企業（製造業）において社長が急に交代することになり、新任社長の

図1-13：ある企業（製造業）の10年後の理想の将来像（原案）

お客様との関係
・お客様との一体化、共創、
共感ができている
・お客様の成長をサポートする
・やっている人の話を聞いて商品が
企画されている
（インターンシップ、web活用）
・お客様と一緒に楽しいこと、
嬉しいことを目指す
・お客様の笑顔、成長を想像／創造して
働いている
・次の商品を楽しみにしている
・女性の方にも共感されている
・商品に憧れを持っている
・○○に未来を相談する
・ブランドイメージ調査で、未来＝ ○○

ビジネスパートナーとの関係
・ビジネスパートナー（xx等）から
信頼されている
・ビジネスパートナー/VB、
に将来性と一緒にやる楽しさを
感じてもらえている

会議
・本音で話し合う会議
・前向きな楽しい会議
・時間が短く感じる会議
・誰でも発言できる
・結論が明確な会議
・ビジョンアプローチの会議が増える

社内の風土・マネジメント
・迅速に勇気を持って決断し、実行する
・失敗を恐れず高い目標にチャレンジする
・自由な発想を推進する
・マネジメントの裁量範囲が広い
・気持ち、時間に余裕が持てている
・ありたい姿実現への取組が
人事評価制度に反映されている
・事業の目先の利益く社員の成長
（新しいことへの取組み→会社から移動）
・上司、部下がお互いに関係を超えて
信頼しあえている、なんでも話し合える
⇒会社から移動

商品に対する評価
・かっこいい、デザインがいい、音がいい
・未来（＝未だみんなが気づいていない
近い将来）を提案している
・今の延長ではない（ex,切り口を変える）
モノ、サービスを出している
・笑顔/楽しさ/夢中/成長/幸せ、
などの価値ドメインを大切にしている
・使う人の成長がサポートされる
・様々な生活のシーンにフィットする
・発売日には行列ができる
・みんなが欲しいと思う/人気がある/
人に見せたくなる

会社・社員・家族の状態
・夢中で楽しく仕事をしている
・会社にいくのが楽しい
・皆が誇りを持って仕事をしている
・チャレンジ精神に満ちている
・楽しいアイディアに溢れている
・お客様からの声に自由に動ける
・自分の楽しみ、成長が会社の成長に
繋がっている
・「楽しさ」の提供を自分たちの役割と
思っている
・家族が○○で働いていることを誇りに思う
・世界中の多様な社員が仲間と感じている
・組織を超えて協力し合っている

街（家・車）のなかでの存在感
・○○の商品（&宣伝）が溢れている
※i-Pod（のようなもの）を○○が出している
・小さなことでも色々と世に問うている
・さりげない日常のちょっとした
愉しい時間・空間にある
・新しい日常、新しい文化を生んでいる

チャネル・販売
・販売店が次の商品やサービスを
楽しみにしている
・お店で目立っている（存在感がある）
・○○関連の情報がWebのあちこちに溢れてる
・○○ショップでダイレクト販売

もと、どのように業績を盛り返すかという議論が繰り返されていました。私はコンサルタントとして、その企業の経営陣の合宿のファシリテーションをビジョンアプローチで実施しました。本部長以上の経営陣、約20人が集まり、各ステークホルダーが5年後にどのようになっているのが理想的な姿か？についてブレストを行いました。

図1－13はその成果物の一部です。まずはポストイットでそれぞれが理想とする状態を自由に書きます。それを大きな会議室の壁一面にカテゴリー毎に張り出します。この後精査して、集約したものを理想の将来像と定義して、社内外に発表しています。

経営幹部の一人がお話ししていて、印象的だった話があります。

その企業は80年代、90年代とヒット商品を世に出していました。毎年一回社員が自社の製品を割引価格で購入する社員販売会のようなものがあり、その時期になると友人、親戚、家族の友人たちから商品の購入を依頼されていたそうです。それがいつしか、商品を家に持ち帰っても誰からも喜ばれなくなってしまったのです。

「誰もが欲しがるような商品を世に出したい」という強い想いがそのストーリーには込められており、合宿の参加メンバーの何人かが同様のストーリーを発表していました。

その後、その会社は一丸となって商品開発に取り組み、ニッチな分野でお客様の自己実現をサポートするような商品を市場に出していきました。理想の将来像が社員の共感を呼び、実際の行動に落とし込まれていったのです。

もう一つの例はＩＴシステムの会社です。

この企業は長らく一つのサービスが安定して収益を上げてきた、技術が強みの会社です。同時に更なる成長のきっかけをつかめずに多少の閉塞感がありました。

未来に向けたさらなる成長のため、全社一丸となって目指すことができるゴールが必要でした。二日間のビジョン策定合宿を経て、自社の強みとPurpose「ＩＴ技術で世の中の便利さを最大化する」を再確認した上で、10年後の将来像を描きました（図１－14）。技術を伸ばし、営業利益で競合に打ち勝つことや、お客様と社員が今以上に満足する姿が描か

図1－14：あるIT企業の「5年後の理想の将来像」

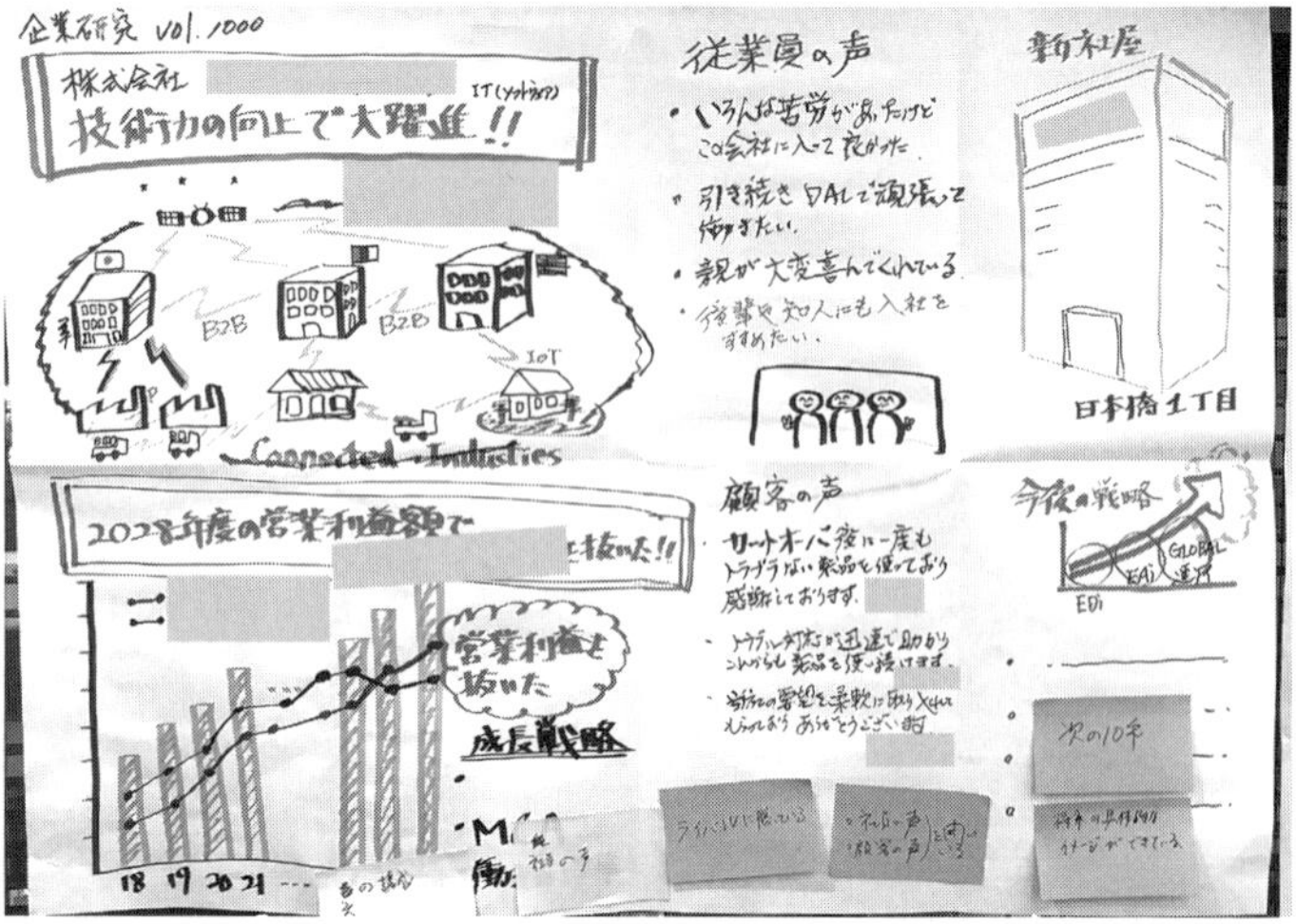

れました。

この会社は以前も自社の強みや、ビジネスの外部環境に関するデータを集め、その分析から経営の方向性を検討していたのですが、どこかしっくりこない感覚が残っていました。

そのため、当社はビジョンアプローチを用いて、ありたい姿を描き、社員が「腹落ちするビジョンを作る」ことを目指しました。

参加した取締役は「一緒に参加した経営陣それぞれの考えに対する理解が生まれ、チーム内の距離が縮まり、様々なディスカッションを通して導き出したビジョンを軸に、お互いの共通理解が生まれたと感じます。〃社長がこう決めた〃ではなく、〃我々がこう決めた〃に変わったからでしょう」とおっしゃっていました。

その後、その会社は技術開発力を高めることを新しい挑戦と決め、R&D機能を充実するために増員し、新しいセンターを立ち上げることになりました。


ところで、あまり多いケースではないと思いますが、ビジョンが既に策定してある場合にはどうしたら良いでしょうか？

冒頭で説明した森ビルや戸田建設のように理想の将来像（ビジョン）が描かれている場合には、社員がそのビジョンを十分理解しているかどうかの確認から始めます。

多くのケースでは、それなりには内容を理解していて、共感や行動が伴っていないという状況です。一人一人が理想の将来像が実現された時に、自分の部署や仕事はどのようになっているのかを想像し、理想の将来像を自分ごと化することが大切なプロセスです。

ビジョンの策定メンバーやビジョンが自分ごとになっている管理職が中心になって、ビジョンの策定プロセスや内容、そして自分が何にワクワクしているかを話すことから始めます。

次に、社員が自分や自社の強み、Purposeを探り、その上で自分の部署や仕事の理想の将来像を策定します。そうして初めて、社員も自分ごととしてビジョンを実現しようという気になるのです。

④新しい挑戦を始める

理想の将来像を描いたら、その実現のために何ができるのか？を考えます。既にX年後の姿を明確にイメージしているので、新しいことを始めるモチベーションが高まっています。具体的には、プロジェクトチームを作って、検討、実行と進めていくことが多いです。

では、理想の将来像を実現するためのチャレンジを考えましょう、と言うと急に現実的になり、こじんまりしたことを考えたくなるのが人情ですが、それではいけません。チャレンジする分野を大枠決めたら、X年後にどうなっているか？を具体的に考え、それを実現するためにこの1年間何をするかを考えなくてはなりません。

KPI（数値目標）を設定することも有効です。例えば、新規事業を立ち上げるというのであれば、最低でも新規事業のテーマや事業領域を決め、目標とする事業規模を決めましょう。自社の売上や利益の10％ぐらいの規模を目指さないとチャレンジとは言えません。そうして、そのためには3年後どうなっているのか？1年後どうなっているのか？とバックキャスティングして思いを馳せれば、自ずとこの数ヶ月に何をやるべきか決まると思います。

あるBtoCの飲食業では、自社のセントラルキッチンを活用して介護施設に対する食事の提供や中食向けの惣菜事業を展開しようと決め、最初の3ヶ月で想定するお客様10社に対してインタビューを実施すると決めました。

また、あるIT企業では、自社の技術を活用した新しいパッケージ商品を作るために若手のエース級を集めたプロジェクトチームを発足し、半年間で有望な領域を探索することにしました。

眼高手低。目標は高く、はじめに手をつけることは現実的なレベルからで大丈夫です。常にうまくいくとは限りませんが、まずは一歩を踏み出すことによって、大きな変化が生まれます。

前述の飲食業では、インタビューを実施した結果、残念ながら介護施設向けビジネスとしては質が合わず、惣菜事業としてはコストが合いませんでした。そのため、新規事業は難しいという判断に至りました。その後改めて、セントラルキッチンの質とコストを改善しようということになり、大きな成果を出しました。

一方、前述のIT企業では、半年間の新分野の探索ではあまり斬新な発見はありませんでしたが、1年後にR＆Dを担当する課が新設され、翌年には小さいながらも新しいパッケージ商品を世に出しています。

クリエイティブにチームを動かす

新しい挑戦を始める際に、ギャップアプローチの世界観であれば、つい関連する部署に指示を出し、挑戦を行わせたくなると思います。しかし、X年後にはその部署があるかどうかわかりませんし、テーマに関心のある人が取り組むのが何よりです。

理想の将来像を描いたら、メンバーが主体的に活動することを経営としてはデザインします。極力強制せず、やりたいメンバーを募り、プロジェクトを組成します。ただし、いつまでに何をやるかは宣言させて、必要な支援があれば全体に呼びかけて協力を得ます。

例えば、前述のセントラルキッチンを活用した新規事業であれば、主体的に集まったメンバーの中に中食について詳しいメンバーがいなければ、ノウハウのある人の協力を得ます。ビジョンを策定した後には新しいチャレンジに取り組むプロジェクトを複数立ち上げ、四半期ごとにプロジェクトのメンバーが一堂に会し、進捗を共有することで相互にサポートすることで、プロジェクトの成功に繋がるのです。

ケーススタディ
ビジョンづくりのエグゼクティブコーチング事例：製造業、H社長の例

エグゼクティブコーチングのクライアントである製造業G社のH社長に初めてお会いしたのは、H社長が社長に就任した年でした。

G社は業界トップの地位を長く保持していましたが、近年は利益率の低さと、新しい分野への投資の遅れが課題でした。

H社長は長年主力工場の工場長を務め、製造を中心としたものづくりの分野で功績があり、人望も厚く、社長就任は社内外で順当な人事であると思われていました。コーチング開始に際して目的を確認すると、「自社の利益の向上のために大ナタを振るいたい。それについて対話したい」とのことでした。

まず筆者は行動レベルや仕組みレベルでの内省を促すことを始めました。現状の課題や、H社長が考える変革について質問を繰り返しましたが、なかなか内省が深まりませんでした。課題だと思われることは既に何らかの対策を打っていましたし、利益を増やすための大ナタといっても直近に何かできそうなことは簡単には見つからなかったからです。

筆者は対話の方向性を変え、Ｈ社長の強みを自覚してもらうことにしました。まずＨ社長の成功体験についてお伺いしました。

Ｈ社長が「大した話はないですが……」と話し始めたのは、Ｇ社の主力工場の一つである愛知工場の変革のストーリーでした。15年前にＨ社長が新工場長として赴任した愛知工場は、全社で最も採算性が低い工場でした。Ｈ社長はまず現状を把握するため製造現場に赴き、各ライン責任者はもちろん、パート社員を含む全社員との車座の対話を実施しました。

そこで見えてきたのは、大口の顧客企業の要望に応えるためのカスタマイズの多さと、その結果として常に短くなる納期を必死で守ることに汲々としている工場の姿でした。

それまでの工場長と比較して珍しかったのですが、Ｈ社長は工場に隣接しているＲ＆Ｄセンターの所長や東京にある営業部門の役員とも積極的に意見交換を行いました。さらに役員の肩書きを利用して他業界の工場長とも情報交換を行いました。

半年後、Ｈ社長は一つの仮説を見つけたのです。「10年後を考えると、このままでは愛知工場の社員の雇用を守ることはできない」。

それまで国内製造にこだわっていた顧客企業を含む多くの業界では、工場の海外移転が進んでいました。一方G社は業界トップの地位による甘えから危機感不足が蔓延。しかし「業界トップだろうが、業界そのものがなくなってしまえば何の意味もない」という危機感がH社長にはあったのです。

H社長は「工数ハーフ、コストハーフ」と名付けた業務改革を開始しました。工数ハーフでは作業工程と時間の見直しだけでなく、製造する製品が変更された際のライン変更の時間の短縮に重点が置かれました。H社長には、他業界の製造においてい取り組みが始まったばかりの多品種小ロット生産の流れが自社にも早晩訪れるという確信があったのです。

数年後、愛知工場では、ライン変更の時間が実際に半分になりました。その後、多くの社員が複数の製造ラインに対応するように訓練を重ねました。

それから10年以上たった2009年。リーマンショックにより、製造ラインの大幅変更が頻発しましたが、ほとんどの社員が全ての製造ラインに対応できるため雇用調整が全くいらない状態に変貌していました。

「すっかり聞き入ってしまいました。まさに大ナタをふるい企業変革をされたご体験ですね」。一通りの話を聞いた後、筆者は言いました。

「愛知工場での日々は私としては当然のことをやっていただけで、企業変革を行なっているという大げさな認識はありませんでした。まあ大ナタを振るったと言えばそうなのかもしれません」

内省のプロセスとして解説すると、自らの成功体験を語ることにより、自身が当たり前だと思っていた日常の体験が、客観的に見ると特別な体験であるという「保留」が起きたことになります。自分にとって当たり前のことが保留されることにより、自らの強みの発見へと繋がったのです。

「静岡工場時代に発揮されたH社長の強みや特徴はなんでしょうか?」

次に筆者はH社長の強みを探る質問をしました。

H社長は、環境に対応して自ら柔軟に素早く変わる（変化対応力）、変革への強い意志、現場を巻き込む力、社員の将来を考える（共感性）などを挙げました。

これらは、以前H社長にお伺いした強みからは少々変わっていました。追加・削除されたものもあれば、変化対応力等は「環境変化を察して、それに対応して、自ら柔軟に素早く変わる力」というように、より詳細に描かれました。自分が成長の過程の中で構築してきた自分の強み（自分というものに対する見方）を見つめ直し、再認識する内省が行われたのです。

次に筆者はH社長に引退時のイメージを聞きました。

「H社長もいずれかの時点では引退なさいますよね？ その際にH社長はどんな社長であったと評されるようになりたいでしょうか？ もしくは誰にどんな価値を提供した経営者だと言われたいでしょうか？」

H社長はしばらく考え、答えました。

「日本の製造業が合併を行い、規模を追求したり、工場を海外に出したりして、生き残りを探っています。しかし、そこには社員の雇用を守るという観点が不在だと思います。私は入社して数年、工場技術者として製造現場の社員と寝食を共にしました。10歳以上年上の技術者から指導を受けたり、時に彼らと真剣に侃侃諤諤議論して新しい技術を導入してもらったりしながら信頼関係を作ってきました。夜勤明けに朝日を浴びながら自転車で寮まで帰る際には、よく朝練に向かう中高生のグループとすれ違いました。そんな日は寮に帰ってもすぐには眠れません。ビールを飲みながら本を読み、ようやくウトウトしてきます。そんな日々が私の原風景です。私は別に誰の記憶に残らなくても構いませんが、当社の雇用を守った経営者だと自負したいと思います」。そして力強く最後に言いました。「やはり私は将来の社員のために持続的成長の基盤を作る経営者でありたいと思います」。

「この将来像を表現しているH社長は、一言でいうとどんな風に表現することができるでしょうか?」。筆者は尋ねました。

H社長はしばらく考え、「社員の環境適応を促し、会社を持続的に成長させるために厳しいこともやりきる経営者といった感じでしょうか。それからあまり目立たない感じですね」と言いました。

それから対話を重ね、H社長は「旅人のために暗い夜道に照らす月のような経営者」というフレーズを策定しました。意味合いとしては、「成長が低迷している時期に新しい方向性を示す」「厳しい意思決定であってもやりきる」「正しいと信じることを貫く」といったことが含まれます。

次に私は経営者として理想の将来像を思い描いてもらうことにしました。

「これから引退まで、ご自身の強みが最大限に発揮されたと仮定してください。そして〝旅人のために暗い夜道に照らす月のような経営者〟として、持続的成長の基盤を作り続けたとします。将来ご自身の引退時に、各ステークホルダーがどのようになっているのが理想の将来像ですか?」

H社長は自らステークホルダーを6つ選び、それぞれがどんな状態か?どんなことをやっているか?言っているか?を話してくださった。

ここでいう経営者としての理想の将来像は、「ビジョン」とも表現できます。「自らの強みが毎日十分に発揮され、自身のPurposeを遂行したとしたら、将来はどんな素晴らしい状態になるでしょうか?」と問いかけるのが鍵です。

H社長の場合はステークホルダーごとに想像していただきましたが、表現の方法も会話表現だけでなく、情景の描写であることもあります。情景描写であれば「社員は約100人いて、3割以上の社員が情報処理技術者を取得している」や「全社員がいきいきと働き、役職に関わらず率直に自分の思った意見を表明し、議論しあっている」といった表現になります。

それから2週間後に次回のセッションが予定されていましたが、急な出張ということで直前に延期されました。その直後筆者は経済紙の一面に目を見張ることになります。「G社子会社を競合企業に売却」という記事があったのです。

こうしたH社長との対話は、まさにH社長が成長の過程の中で構築してきた世界観、人間観を見直し、再構築する行為（内省）そのものでした。筆者はこれをPurposeやビジョンのバージョンアップと呼んでいます。決して過去の自分を否定するのではありません。過去の体験において発揮された強みを十分に活かして、新しい自分を迎え入れるのです。

同時にPurposeやビジョンレベルでの内省は、「未来から見た自分」の探求とも言えます。

H社長は、理想の将来像をイメージし、その実現のために自分はどうあるべきかを定義したのです。理想の将来のイメージから日々の意思決定や行動をバージョンアップしたことにより、子会社の売却という大鉈を振るうことになりました。この子会社は歴史も長く、赤字続きでしたが、全社の売上の20％を占める規模。かつ競合に事業を売却することへの心理的抵抗から、社内の反対を押し切る意思決定でした。

後日、H社長に本件についてお伺いしました。「よくご決断いたしましたね」。「現場の社員の雇用を、残念ながら当社では守ることができません。彼らが定年まで働き続けるにはどうしたらいいのかと考えれば売却するしかないと結論を出しました」

Ｈ社長は毎月月末に1日かけてその子会社の工場の改善活動に参加していました。売却を決断してから、正式に移管されるまでの半年間もそれは続き、正式な移管の数日前にもＨ社長は現場に足を運びました。Ｈ社長は「当社は吸収される側ですから、なるべく製造技術を上げて、『さすがＧ社の工場はすごい！』と思われないと社員が冷遇されてしまいますからね」とおっしゃいました。

「お忙しいのに大変ですね」と軽口をきいたことを筆者は大変恥ずかしく思いました。少しはにかんだＨ社長の表情を思い出すと今でも温かい気持ちになります。

第2章

どうやって
理想の姿に
到達するか？

あなたの理想の将来像（ビジョン）は魅力的か？

第1章では理想の将来像（ビジョン）を描くことの重要性をお伝えしました。筆者は理想の将来像（ビジョン）には関わるステークホルダーがなるべく多く含まれていることが重要であると考えています。社員や株主だけでなく、社員の家族や取引先、お客様、一般消費者、社会全体のことが描かれて欲しいのです。2019年8月、米国大手企業のCEOらが所属する団体「ビジネス・ラウンドテーブル」は株主第一主義を見直し、顧客や従業員、サプライヤー、地域社会、株主など全てのステークホルダーを重視する方針を表明しました。アマゾンやアップル、ジョンソン・エンド・ジョンソン等の名だたるアメリカ企業のCEO達が、長期的価値を生み出すためには株主だけでなく、顧客を最優先し、社員や地域社会に投資をするべきだと宣言しています。それが企業と社会が持続的に共に、豊かになっていく最も有効な方法であるということです。

またビジョンは理想の将来像ですので、具体的に表現されていることが重要です。もし具体性に欠ける場合は、さらに想像力を発揮して詳細に描きましょう。

X年後のお客様の姿、社員の姿を想像してください。筆者がお手伝いする際には、ビジョンがいったん完成したら、参加者全員に「このビジョンを見て、あなたはどのくらいワクワクしますか？ または他の社員はどのくらいワクワクすると思いますか？」とお伺いします。仮に100点満点で80点を超えないようであれば改善をお願いします。

財務目標ではなく非財務目標を立てるのは、社員をワクワクさせるためです。例えば、大企業で売上を2倍にするという目標を立てても、もし打ち手が海外企業をM＆Aするという場合、多くの社員は、自分たちの努力も不要ですし、給料も変わらず、ワクワクすることはありません。目標が財務目標だけでは、人はワクワクせず、一緒に働いてくれる仲間の士気を高めることはできないのです。特に若い世代はお金よりも意義を大切にする人が多いようです。そういった若い世代にとって、自社の業績や自分の給料が2倍になることを目指すことは全く魅力的な話ではありません。また理想の将来像により多くのステークホルダーの状態を描くのは、より多くのステークホルダーがワクワクする未来であることによって、その状態を望む人が増え、実現可能性が高まるからです。お客様がワクワクする姿の実現に向けて企業活動を行うのであれば、お客様は御社の製品・サービスを購入するでしょう。一般市民がワクワクする社会を実現するのであれば、より多くの人々が御社

図2-1：理想の将来像（ビジョン）のチェックリスト

チェックポイント	
● 定量的、定性的な表現がされているか？	Yes / No
● 十分に挑戦的、野心的な変化が描かれているか？	Yes / No
● 多くのステークホルダーについて記載されているか？	Yes / No
● 多くのステークホルダーにとって価値や意味があるか？	Yes / No
● ステークホルダー（最低でも社員）がワクワクするか？ ステークホルダーを触発するか？	Yes / No
● 組織の進む方向、進化や成長の方向性が類推できるか？	Yes / No
● 自分がその将来像の中にいることが想像できるか？ ワクワクするか？	Yes / No

を陰に陽に支援することでしょう。そうした姿を詳細に描くことによって、次の挑戦が明確になります。

参考までに、図２－１のチェックリストであなたが作った理想の将来像（ビジョン）を確認してみましょう。

ビジョンを絵に描いた餅にしない

単年度の予算を今までの延長線上で設定していたら成長はおぼつきません。長期的な理想の将来像（ビジョン）を描いた後に予算を設定しましょう、とお伝えしました。

しかしながら、ビジョンを策定した後にそれをしっかり実現できる組織は多くはありません。

その理由は、

①短期の計画にビジョンを反映するのが遅くなる
②ビジョンについて必要なメンバーへの共有が十分行われない
③ビジョン実現のための具体的なチャレンジを設定しない

等が挙げられます。

①短期の計画にビジョンを反映するのが遅くなる

X年後の理想の姿を描いたら、それをバックキャスティングして、単年度の理想の姿を描きます。そして、それを単年度の計画に落としこむ必要があります。

ビジョンを年度の計画に落とすには、次の中期経営計画や年度予算を策定する半年前から取り組むことを勧めています。もし来年1月には中期経営計画を発表するなら、その策定に3ヶ月かかるとして9月には策定開始する必要があり、その半年前からビジョンづくりをスタートするので、3月に策定開始しなくてはなりません。

逆にビジョンづくりを以前から考えていたものの、ようやく重い腰を上げて今月スタートしたとします。ビジョンができた頃には既に中期経営計画や年次の予算策定の時期には間に合わず、それらの計画に反映されるのが次のタイミングになってしまいます。理想の将来像（ビジョン）を検討するのは、「来期は中計策定の年だな」と思った頃がそのタイミングです。

②ビジョンについて必要なメンバーへの共有が十分行われない

理想の将来像（ビジョン）ができたら、社内への説明は各組織長を通じて現場で実施されるのが一般的です。組織長がビジョンづくりのメンバーでない場合、ビジョンに対する情熱が少ないので現場の理解や共感度合いが下がります。

本来はビジョンづくりに関わったメンバーが熱く語る必要があります。理想的には、経営者が自分の言葉で現場に語りかけることが望ましいです。自分の言葉で語るだけではなく、自分のパーソナルヒストリーや価値観、Purpose（存在意義）も交えて、このビジョンを達成することがいかに自分にとって重要かを語る必要があります。メンバーはリーダーの本気度を敏感に感じ取ります。リーダーが本気で語りかけなくては絶対に共感は生まれません。そもそも「なぜ今ビジョンが必要なのか？」から語る必要があります。

経営者には何らかビジョンが必要だと思わせる問題意識があるし、ビジョンを策定し共有するプロセスによって「会社にこうなってほしい」というイメージがあるはずです。またビジョンは、コンテンツ（内容）だけでなく、コンテクスト（文脈、バックグランド）も同時に伝わらなくてはならないのです。

　メンバーにとっては、ビジョンが伝えられても急には自分ごとにはなりません。組織の理想的な将来像であるビジョンが実現した時に、自分自身や職場がどう変わるのかがイメージできて、その姿が望ましいものでなければ、メンバーにとってはいつまでたっても他人ごとです。

　例えば、ある企業ではグローバル展開がビジョンの中心に据えられましたが、ほとんどの社員にとっては全くの他人ごとです。グローバル展開することで自分にとってどのようなメリットがあるのか？　また、自分の仕事はどう変わるのか？　が不明瞭なのです。

　私がよく経営者に対して、「会社の業績が2倍になると言っても、自分たちの給料が2倍にならなければ、それは社員にとってはどうでもいいことですよ」とお伝えしています。ビジョンが実現されるかどうかは、何人のメンバーが共感し、行動してくれるかにかかっています（図2－2）。

　リーダーは、ビジョンを正確に伝えたり、その正しさを論理的に説明すればメンバーにも伝わると思いがちです。1章で行われたプロセスを思い出し、メンバーにも①強み・価値を発見する、②どうありたいか、最大限の可能性を描く、というプロセスを体験してもらうことが重要です。最低でも数日間は参加型のワークショップを行い、ビジョン策定のプロセスを追体験してもらうことが望ましいのです。

図2-2：ビジョンが自分ごと化するプロセス

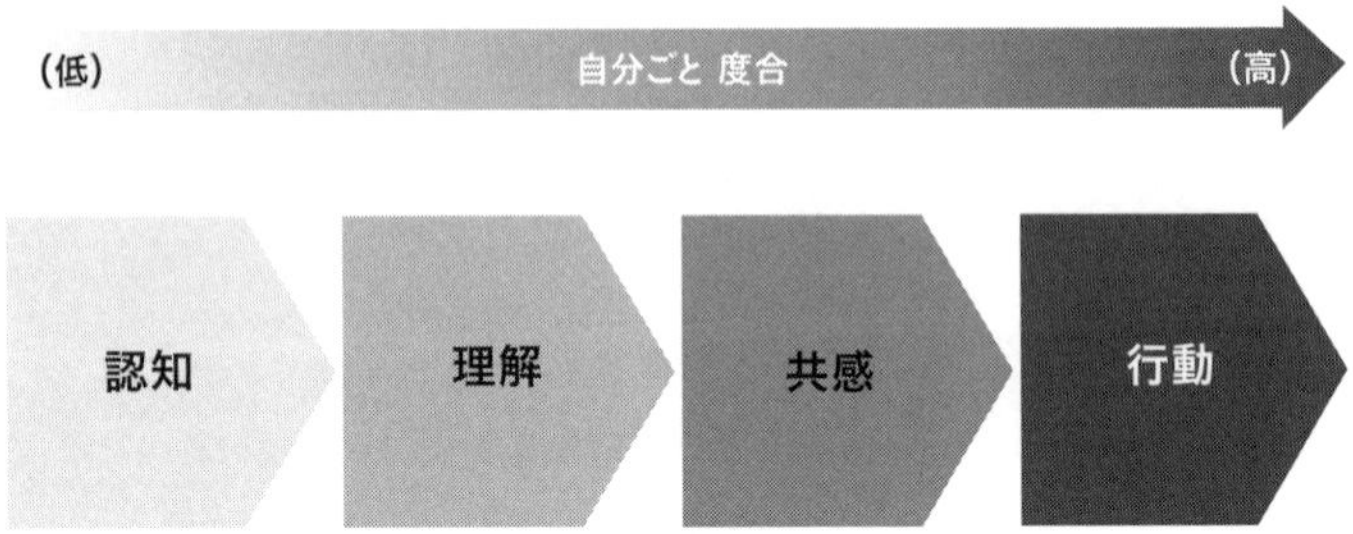

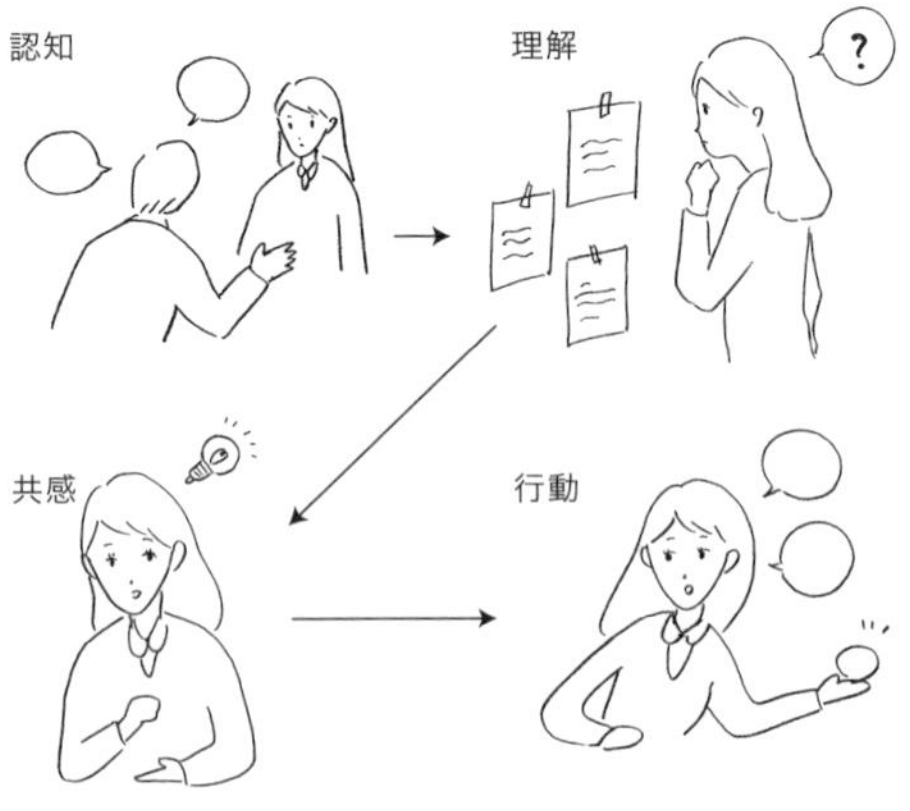

③ビジョン実現のための具体的なチャレンジを設定しない

ビジョンへの共感が会社全体で高まったとしても、そのエネルギーが向かう新たな取り組みがなければ、今まで通りの仕事を今まで通りのやり方で一生懸命やるだけになります。そのため、ビジョンを実現する象徴的な取り組みが必要です。

1章の「④新しい挑戦を始める」にあるように、新規事業に取り組むことがその一つです。またチャレンジングなKPIを設定することも有効です。単純に高い目標というだけでなく、仕事の仕方が変わりビジョンに近づいていることを実感できるものがオススメです。例えば、「お客様に最も貢献するサプライヤーになる」という理想の将来像を実現するのであれば、お客様の中での自社のシェアを上げる取り組みや、業界トップの企業をベンチマークし、そこに勝つためにはどうしたらいいかを研究し、その企業とのコンペの勝率を上げる取り組み、コスト競争力を上げるための取り組み（1章の事例G社の「工数ハーフ、コストハーフ」）などが挙げられます。

みなさんのビジョンには、社内の風土や社員の幸福に関しても理想の将来像を描いていると思います。企業風土（コーポレートカルチャー）は財務諸表には載らない重要な資産です。ある企業では、ビジョンに沿って自社の良い風土と変えるべき風土の両方を見出す社員参加型の合宿を実施し、理想の企業風土に近づける取り組みをビジョンを受けて始めました。同時に、社員が自身の可能性を広げるためにどのような制度があるといいかを検討する部会も立ち上がり、研修制度の見直しや、上長が部員のやりたいことを支援するための1on1のような面談を実施することになりました。

新しいビジョンを策定すると、社外との関わりについても「社外とのコラボレーションを経て商品開発がされている」とか「社員の家族が当社で働いていることを誇りに思っている」等が理想の将来像として表現されていると思います。これについても、あるメーカーではビジョンを受けて、スポーツチームと組んで新商品開発をスタートしました。別の企業では、社員の家族を会社に招待するファミリーデイを実施することを決めました。「社会貢献に熱心な企業である」という理想の将来像の実現のために、障害者スポーツ支援を始めた企業もあります。

このように具体的に理想の将来像を描けば、具体的な取り組みは無限に実施することができます。自分ごと化が進むために、なるべく社員が主体的に動くように経営は支援することが重要です。

コラム　ゴール設定のコツ「ＳＭＡＲＴ」

第1章では、「④新しい挑戦を始める」として、X年後を具体的に考え、その実現のために直近の1年に何をすべきかを考えることをオススメしました。

その挑戦に関しては、達成したかどうかが明確にわかるようにゴールを設定するべきです。筆者はゴール設定について、「ＳＭＡＲＴ」の各頭文字で表された5つの要素を大切にしています。

◆要素1：Specific（具体的な）

・明確で具体的な表現や言葉を使います。例えば「ビジョンの実現に邁進します」等の表現では何をやるのかがわかりません。

◆要素2：Measurable（測定可能な）

・目標の達成度合いが判断できるように定量化して表現します。

◆要素3：Achievable（達成可能な）

・本当に達成可能だと信じられることをゴールとします。

◆要素4：Related（上位概念や大きな目的に沿っている）

・理想とする将来像、もしくは会社の存在意義（Purpose）や経営方針に沿ったゴールを設定します。

◆要素5：Time-bound（期限）

・明確な期限を示します。

「理想」で終わらせないためには

ビジョンアプローチを組織で実践しながら、着実にビジョンに近づくマネジメント手法をご紹介します。

当社では5年後のビジョンを策定しています。それは未来の雑誌の特集記事という形で表現していて、オフィスに貼ってあります。常にビジュアル情報としてメンバーの目に入ることが必要です。そこに書いてあることに最近取り組んでいないなと気づいて行動を起こすこともあります。そして、目標を設定するときにはそのビジョンを参照します。

当社が行なっているビジョンアプローチのマネジメント手法は具体的には次の3つです。

①ビジョンをベースにした短期のPDCA（OKR）

X年後の理想の将来像をバックキャスティングして、5年後、3年後、1年後の姿を逆算します。それらをベースに、今度は四半期の重点目標（Objective）を立てます。

図2-3：アイディール・リーダーズのビジョン

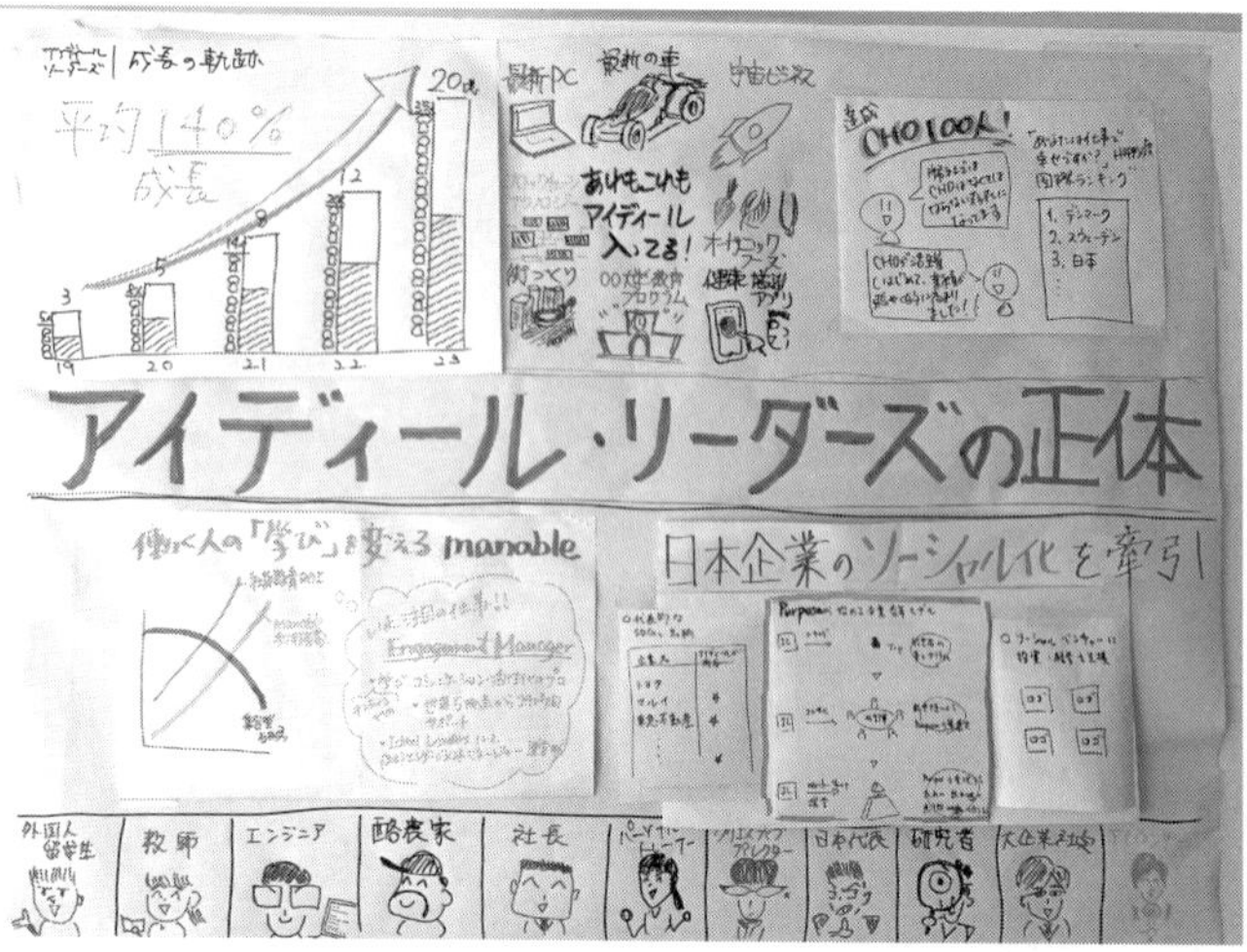

Objectiveは具体的な数値目標は必要なく、抽象的な表現で構いません。

次に、四半期の重点目標には、それぞれ進捗が判断できるように3つの具体的なKey Result（KR）を設定します。KRは達成する自信が50％（5／10）のレベルになるように設定します。1／10であれば、まず達成することは難しく、10／10であれば絶対に達成できるというレベルです。

例えば、当社であれば「人と社会を大切にする会社を増やすために、企業としての収益の基盤を構築する」というのが直近のObjectiveです。そのために、3つのKRを設定します。

その一つに「セミナーを実施し、そこから提案の機会を作る」というものがあります。

そこで達成する自信が5／10になるように、セミナーを4回実施し、そのうち8社に提案を実施する」と数字を入れます。

セミナーは通常はある程度努力して月に1回ペースの実施なので、この四半期は1ヶ月目にセミナーの内容を企画し、次の2ヶ月で通常の2倍、4回の実施としました。相応に努力してもセミナーを一回実施した際にコンサルティングの提案を行うのは一社程度です。その2倍の2社に対して提案を行うとして、4回のセミナーを実施後は8社に提案を実施すると設定しました。

次にKR毎に月次のプロジェクトを設定し、週次の具体的なアクションを設定します。例えば、当社のセミナーのKRに関しては、月次のプロジェクトとしては、「セミナーの企画と告知完了」とし、週次のアクションとしては「セミナー4回分の企画」を設定しました。次週は「優先的にお声がけするお客様のリスト策定」や「セミナー会場の予約」がアクションとして設定されるイメージです。

OKRを運用するときに大切なのは、Objectiveはもちろん、週次のアクションに至るまで、ビジョンに沿ったものであることを確認することです。多少の拡大解釈はあっても、ビジョンやPurposeに関連しない事柄はOKRには設定されてはいけません。企業活動は本来全てビジョンやPurposeに沿ったものであるべきだからです。特に、規模の小さい会社や成長企業は、突然降ってわいた楽しそうなこと、儲かりそうなことに飛びつきがちですが、大きな目標に集中するべきです。そのために当社は5年後の姿を描いた模造紙をオフィスに貼ってあります。

ＯＫＲは20人ぐらいまでの組織であれば運用ができると思います。大企業であれば部署毎に実施することになるでしょう。大きな組織であっても、長期的な取り組みが多い上に突発事項が多く集中してそれに取り組むことができない経営陣や経営企画部署にはＯＫＲは有効です。普段バラバラに活動している人達ほど、ＯＫＲによって個人の活動の情報共有が格段に進みます。会社全体の方向性やそれに向かう活動が自分ごととして達成していく様を喜ぶことができます。

※ＯＫＲについて詳しく知りたい方は『ＯＫＲ シリコンバレー式で大胆な目標を達成する方法』（クリスティーナ・ウォドキー著、日経ＢＰ）をお勧めします。

②Accomplishment Session（振り返りの機会）

ＯＫＲに含まれている活動ですが、当社では月曜日に週次の活動目標を設定するだけでなく、その週の金曜日、17～18時にはその達成を祝う会（Accomplishment Session）を行います。その際には上手くいったことのみを共有し、できなかったことの反省は次の週の月曜日のミーティングで取り扱います。とにかく、その週の最後はビジョンへ1週間分近づいたことを祝福します。

また、OKRで設定はしていなくても、本人として嬉しかったことや一生懸命やったことを共有します。当社は1時間、アルコールを飲みながら行なっています。

1週間の振り返りを実施する機会なので、改善点などを話したくなることもあります。その場合には、メモだけ残し、月曜日のキックオフミーティングで取り扱います。

ルーティンにすれば、月曜日のキックオフミーティングも金曜日のAccomplishment Sessionもなくてはならないものですが、最初は私もメンバーも「そんなに時間取れないよ」という感じでした。OKR自体の運用もそうですが、Accomplishment Sessionはチームの一体感の向上に大きな効果があります。当社のように、様々な働き方の社員が別々のプロジェクトを通じて様々なお客様にサービスを提供している会社であっても、各自がビジョンに向かって一緒に努力しているという感覚が高まり、お互いに助け合うきっかけが生まれやすい仕組みです。

また四半期に一度はOKRを見直します。四半期末には一日かけてこの四半期の振り返り、そしてもう一日かけて次の四半期のOKR設定を行います。振り返りに関しては業績

図2-4：ビジョンを実現するためのOKR

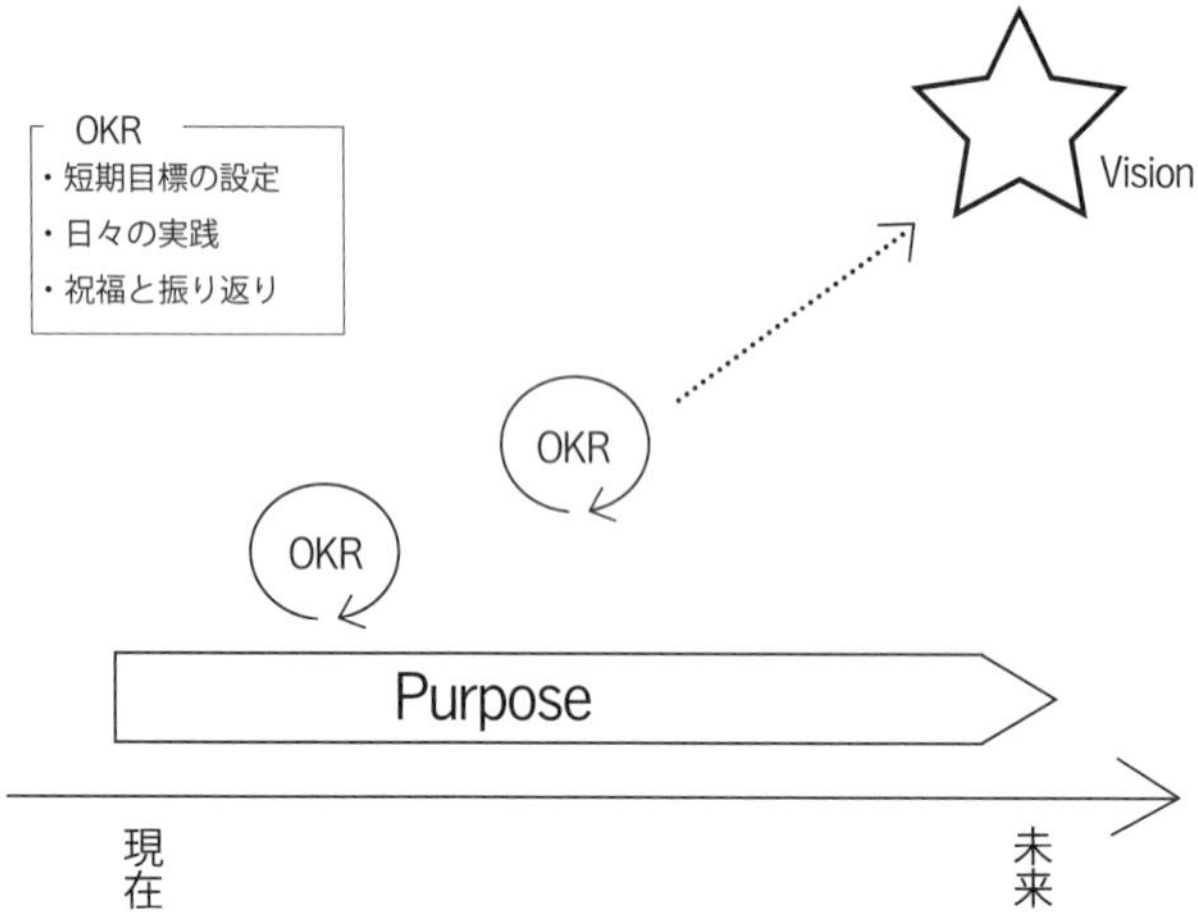

のことよりも、Objectiveの達成、すなわちKRの達成度合いをベースに勝因、敗因を明確にして、維持すること、さらに伸ばすことと改善することを話し合います。また、結果よりもプロセスについて振り返ることになります。

KRは達成の自信が5／10で設定してあるので、それを上回ることが多いと思います。そのため目標へのギャップよりも、達成度合いに意識が向くようです。ただの期待値コントロールのようですが、大きな違いを生んでいます。

また、ビジョンに照らし合わせてこの四半期の活動はどうだったかを振り返ることも必須です。メンバー各自に対する良かったことと改善してほしいことの相互Feedbackも行います。当社ではGoodとMottoと呼んでいます。

個人の仕事振りに焦点を当てるのではなく、組織全体として結果から学んでいこうということを目的としています。一般的に反省会というと、何だかうまく行かなかったことと改善について語られることが多いと思いますが、うまく行ったことをしっかり認識し、そこからも学ぼうという姿勢もビジョンアプローチの鍵です。

確認ですが、OKRにおける四半期ごとの重点目標であるObjectiveは、Purposeに沿ったものであり、ビジョンからバックキャスティングしたものでなければなりません。OKRはビジョンを実現するためのアクションを日常に組み込む仕組みなのです。

③働くメンバーのコンディションのモニタリングと改善

業務上必要な機械には保守が必須であるように、仕事をするのは人間ですから、働く人のコンディションをモニタリングし、改善することは当然だと思います。業務上の成果だけを見て、働く人のコンディションを軽視すると、結局業務上の成果に影響が出ます。

筆者は、財務諸表に記載されていないが大切なことが現在の経営において軽視されていると危惧しています。例えば、従業員の心身の健康、感情、社員とお客様の幸福度、明るく前向きな組織風土、相互サポートする関係、等です。これらの状態を確認するために、従業員満足度（ＥＳ）を測ることや１on１を実施している企業も多いでしょう。

当社では、毎週社員が自分の状態を自己申告するようにしています。社員が幸福であることが望ましいのですが、目的は全員がＨａｐｐｙの欄にポストイットを貼ることではなく、心理的状態をオープンにし、相互サポートができるようにすることです。

当社はコーチングが得意なメンバーも多いので、必要であればコーチングを実施します。また１on１も実施していますが、業務の状況だけでなく、自分たちの幸福度を上げるために何ができるかも話し合っています。

理想の将来像（ビジョン）には、だいたい社員や社員の家族の幸福や自社で働きたいという人が大勢存在する、といったことが表現されていると思いますが、それらについてもしっかりと実現するための取り組みがされなくてはなりません。

図2-5：ムードボード

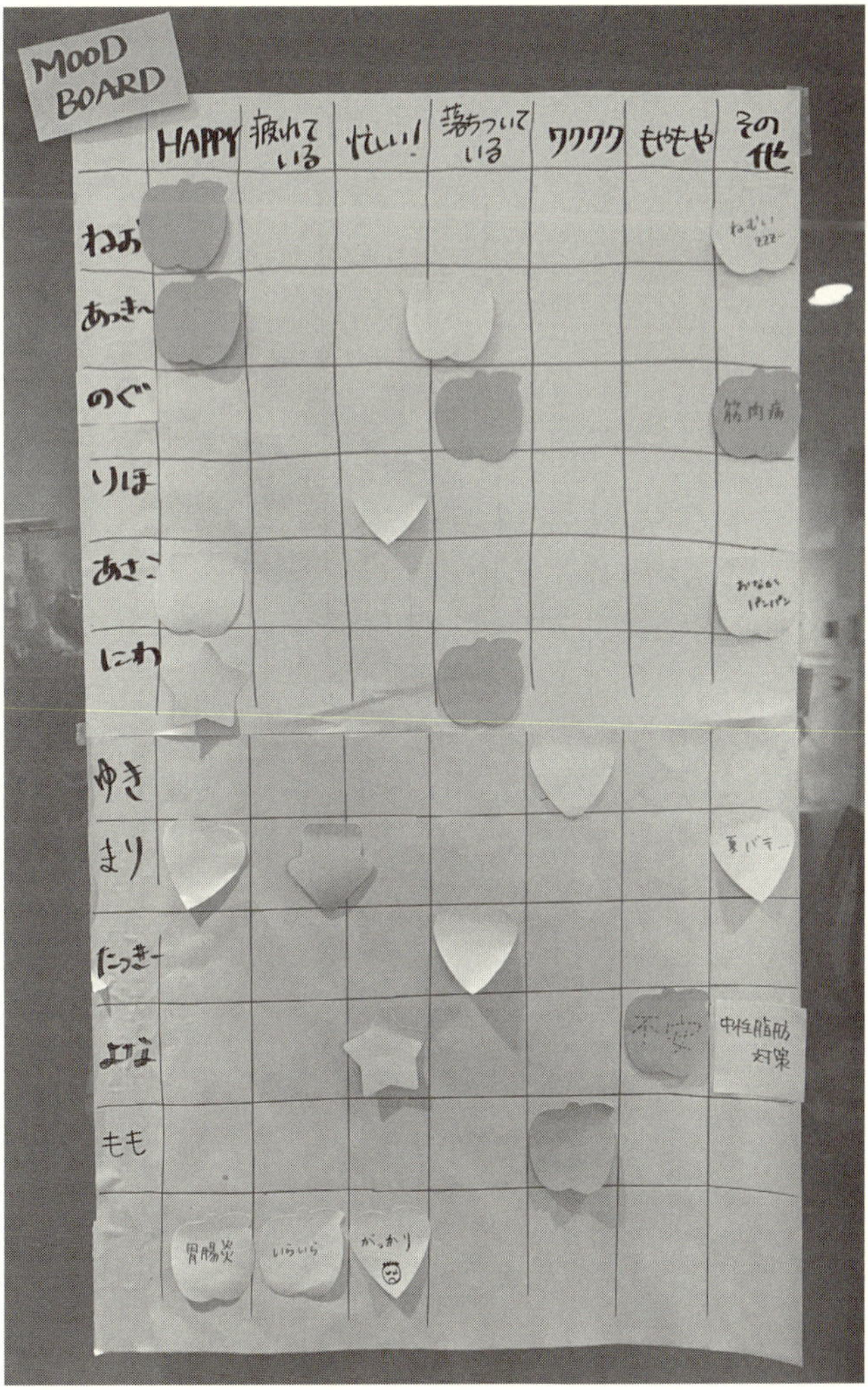
MOOD BOARD
HAPPY
疲れている
忙しい!
落ちついている
ワクワク
もやもや
その他
ねお
あっきー
のぐ
りほ
あさこ
にわ
ゆき
まり
たつきー
よな
もも
筋肉痛
夏バテ…
不安
中性脂肪対策
胃腸炎
いらいら
がっかり

共に進化し続ける理想の将来像（ビジョン）とPurpose

理想の将来像（ビジョン）はX年後の姿ですから、想定よりも早く達成したり、想定以上に実現に時間がかかったりすることがあります。そのため、数年後には書き換える必要があります。

毎年変えてしまうと目標がなし崩し的に下がってしまいますので、例えば、5年後の姿を描いたのであれば、5年間はそのビジョンに向かって努力し続けることをオススメしています。

それに比べるとPurposeはより普遍的であり、最低でも10年以上はじっくりと取り組むことが一般的であると思います。

『ティール組織』（2018年 英治出版）の著者であるフレデリック・ラルー氏はティール組織の重要な3つの要素のうち、一番最初にEvolutionary Purpose（進化し続ける目的）を挙げています。ラルー氏はPurposeとは文章で固定するものではなく、Purposeは常に感

図2-6：共進化するビジョンとPurpose

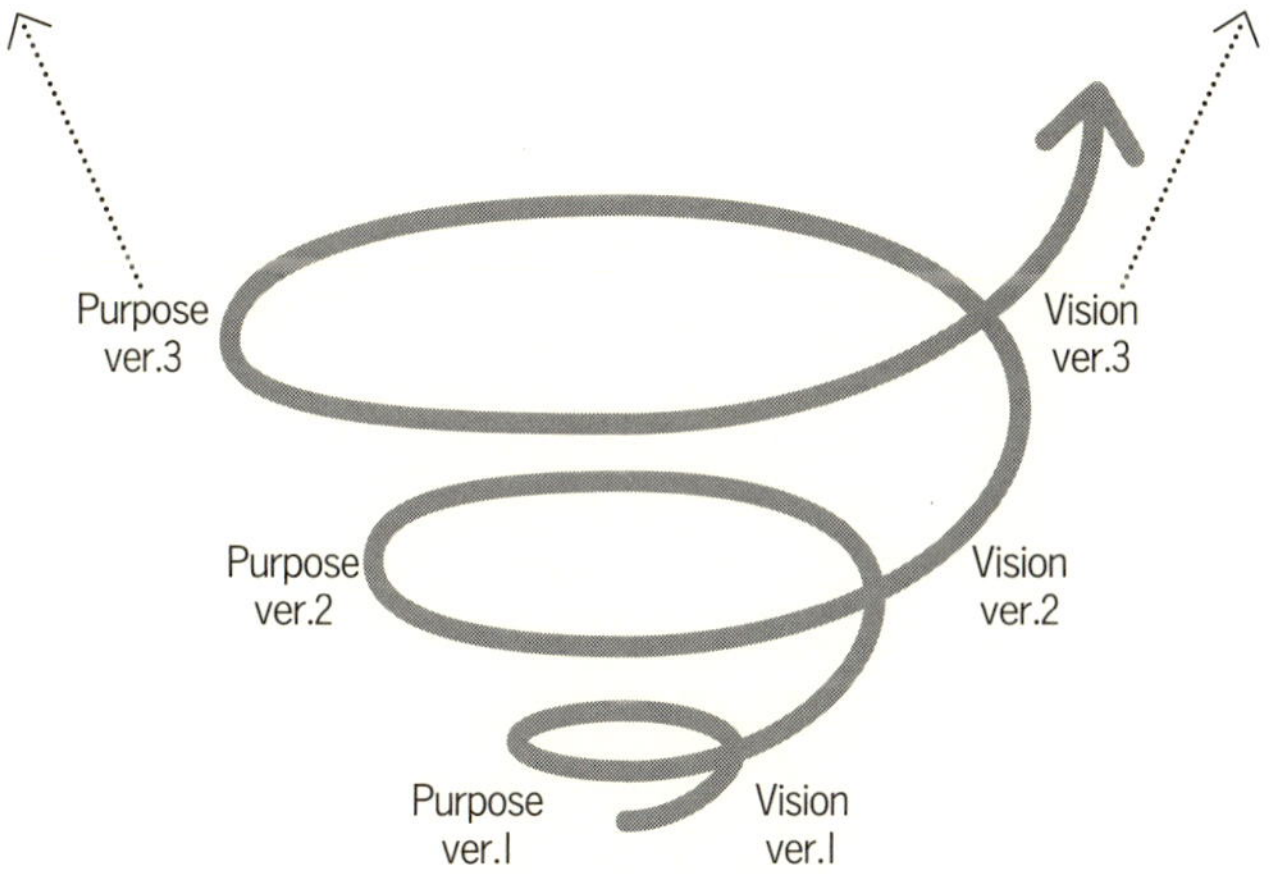

じ、体現し続けるものだと考えています。「この組織（もしくは自分）はこれからどんなPurposeを体現しようとしているのだろうか？」と互いに感じながら、話し合いながら進んでいくのがティール組織です。

筆者はPurposeもビジョンも一度文章等で表現し、固定化するものの、常にそれに対してワクワクするか？を確認しながら、必要に応じて変えていくことを推奨しています。

強みを活かして、Purposeを体現し続けたら、理想の将来像はどのようになるでしょうか？と考えた結果がビジョンです。その理想の将来像（ビジョン）を成し遂げた時、また新しいPurposeが見つかるかもしれません。

例えば、日本一を目指し、それを達成した時、自ずと世界を目指すような感じです。

　また、すでにミッションやPurposeがある組織に対して、理想の将来像（ビジョン）の策定を支援するケースでは、ビジョンができた時に自らのミッションやPurposeを見直したくなることがあります。そんな素晴らしい理想の将来像（ビジョン）を目指す自分たちのPurposeは今までの表現では不十分に感じるのです。

　例えば、「世界において斬新な製品を生み出す」というミッションを持つ家電メーカーがビジョンを策定した際に、「自社の製品を使った人々が自由で豊かな自己表現をしている」という理想の将来像（ビジョン）を作りました。その時、その場にいたある役員は斬新さにこだわるのではなく、「豊かな自己表現をサポートする」ことが自社のPurposeなのではないかと内省しました。その時はビジョンを策定するのに手一杯で、Purposeの検討まで至らなかったのですが、あの時新しいPurposeができていたら、今頃は全く異なる企業になっていたのではないかと考えることがあります。

　このように経営のプロセスとしては、理想の将来像（ビジョン）とPurposeは互いに影響しながら、常に進化し続けます。

客観的事実をもとに論理的に解決していく

ビジョンアプローチでも、日々様々な問題が発生し、それに対して論理的に解決策を作っていくことには変わりありません。

①問題を特定する、②原因を分析する、③解決方法を検討する、④問題解決のアクションを考えていく、のは当然です。ただし、ビジョンアプローチでは、問題や原因を短絡的に分析、特定せずに、全体的長期的観点で捉えるように心がけます。そのためにはシステムシンキングが有効です。

「システムシンキング」は、ロジカルシンキングと同様に思考の方法です。

個別の事象を見て短絡的に解決策を考えるのではなく、各事象同士の影響と相互作用を探り、真の課題と効果的な打ち手を発見します。

また、全体像をより広範に長期的に捉えることも特徴です。

例えば、渋滞問題にシステムシンキングを使って取り組むとしましょう。渋滞問題は道路のキャパシティに対して通行する自動車の数が多いのですから、すぐに思いつくのは道路の建設、車線の増加でしょう。実際に東京では新しい道路が常に建設されていますが、渋滞は緩和されたでしょうか？ 道路が便利になれば、自動車を使う人が増えます。圏央道ができて、都心を通過せずに郊外から郊外に行くことができるようになりましたが、同時に郊外から都心に行きやすくなったとも言えます。

渋滞問題は「道路のキャパシティに対して通行する自動車の数が多い」のであって、「道路のキャパシティが少ない」のではありません。単純に「道路のキャパシティ」と「走行する自動車の数」を比較し、道路を建設するのではなく、なぜ自動車の数が多いのか？ も考える必要があります。

自動車を利用することの魅力が高い、公共交通の魅力が低い、自動車一台当たりの利用者数が少ない、などの理由があると思います。有料道路の渋滞問題に限れば、有料道路の利用料金が利便性の割に、もしくは他の代替手段に比べて安いとも言えます。

おそらく原因は一つではないので、様々な解決方法があり得ます。

例えば、ロンドンでは市内を通行する自動車へのCongestion Charge（混雑課金）があります。平日の午前7時から午後6時まで適用されています。車種によって違うようです。またアメリカの高速道路ではHigh-Occupancy Vehiclesレーンという複数人で乗車している車のみが走れる専用レーンがあり、できるだけ相乗りを推進することで、走行する自動車の数を減らそうという取り組みがあります。その中からコスト等を鑑みてアクションを決めることになります。

当社でも例えばビジョンを実現する上で一人当たりの業績が低いという状況において、単純にインセンティブ設計の不備や最もパフォーマンスが低い社員の存在が問題であると特定するのは短絡的であり、もっと全体像や仕組みに注目することにしています。

システムシンキングを使って分析すれば、売りやすいサービスがないことや、会社の知名度の低さ、ナレッジマネジメントの不足や各コンサルタントの時間の非効率な使い方等があり得ます。

客観的事実を元に論理的に分析すれば単純に各社員に目標を配賦して、業績連動型インセンティブと行動管理でプレッシャーをかけるというのは大変非合理的な方法だと思います。

ロジカルにチームを動かす

ビジョンアプローチであっても、ロジカルであることは大変重要です。理想の将来像を描く際も環境分析を行い、業界の将来に対する洞察を常に高めなくてはなりません。

例えば当社は現在データを活用したコンサルティングサービスの開発に取り組んでいます。これは当社の理想の姿にも描かれていますが、決して願望や思いつきではありません。

１９９０年代以降、成長領域はＩＴであり、成長するベンチャーはＩＴ企業と呼ばれていました。２０１０年以降、ビックデータやＩｏＴ、ＡＩの経営における活用がメディアでも頻繁に取り上げられています。

ＧＡＦＡと呼ばれるアメリカの巨大企業も基本的にはＩＴ関連企業であり、データを活用した経営が特徴でもあります。

ここ数年では「ＤＸ（デジタルトランスフォーメーション）」、最近は「データドリブン経営」というトピックが着目されています。当社も創業当時からＩＴ等の新技術を活用したビジネスを何かできないか？　と考えてきました。数年前にようやくデータを活用したコンサルティングサービスが当社が取り組むべき事業であると意思決定がされ、いくつかの取り組みをスタートしています。

筆者は様々なデータを提示して、メンバーに問題意識を伝えてきました。コンサルティング業界における競争の激化と低価格化、またＩＴ企業が主導してコンサルティング会社と組んでビジネスを展開するケースが増えてきていること、先進的なコンサルティング会社はデータを活用したサービスを次々と世に出している現状を伝えてきました。

弁護士や会計士といった高度サービス業種もＩＴ化によって淘汰が進んでいる状況も共有しました。例えば、アメリカであれば離婚に関することであれば弁護士に相談しなくてもネット上で大体のこと（親権や慰謝料の金額等）がわかります。また、日本でもクラウド型の会計サービスによって会計士の仕事は減っていると思います。その中でもクラウド型会計サービスと組んで、仕事を増やしている会計士もいます。当社も社員にＩＴ技術に置き換われてしまうコンサルタントになるのか？　それともＩＴ技術を活用し付加価値を高めるコンサルタントになるのか？　と問い、幸いにも全員が後者を選びました。

筆者のビジョンや想いだけではなく、ロジカルにチームを動かすことは重要です。

さて、みなさんの会社では新しい技術の活用はどのように進んでいますか？

２０１５年５月21日、経済産業省は『中間取りまとめ　～ＣＰＳによるデータ駆動型社会の到来を見据えた変革～』の中でこう述べています。

「我が国企業は、これまで、競争領域への資源の集中に失敗するとともに、協調領域での他企業との連携にも失敗し、『ものづくりで勝って商売で負ける』ケースを数多く経験してきた。例えば、モバイルにおいては、機器はコモディティ化し、付加価値の源泉が機器単体の性能からサービスへと移行した。アップルやＧｏｏｇｌｅは、端末とサービスをつなぐレイヤーであるモバイルＯＳのプラットフォームを構築し、市場を寡占化している。このような国際的な競争環境の変化に対し、我が国企業は、未だにＩＴやデータは業務効率化の手段という守りの意識が強く、それらを経営上戦略的に活用して競争力を最大化する攻めのビジネスモデルへの転換が遅れるなど、時代に応じた大胆かつ機敏な事業の選択と集中が進んでいない」

そして図2-7にあるように日本企業が他国の企業に比べてＩＴ技術をイノベーションに活用していない状況がグラフで示されています。

図2-7：イノベーションにデータ活用をしていると回答した企業の割合

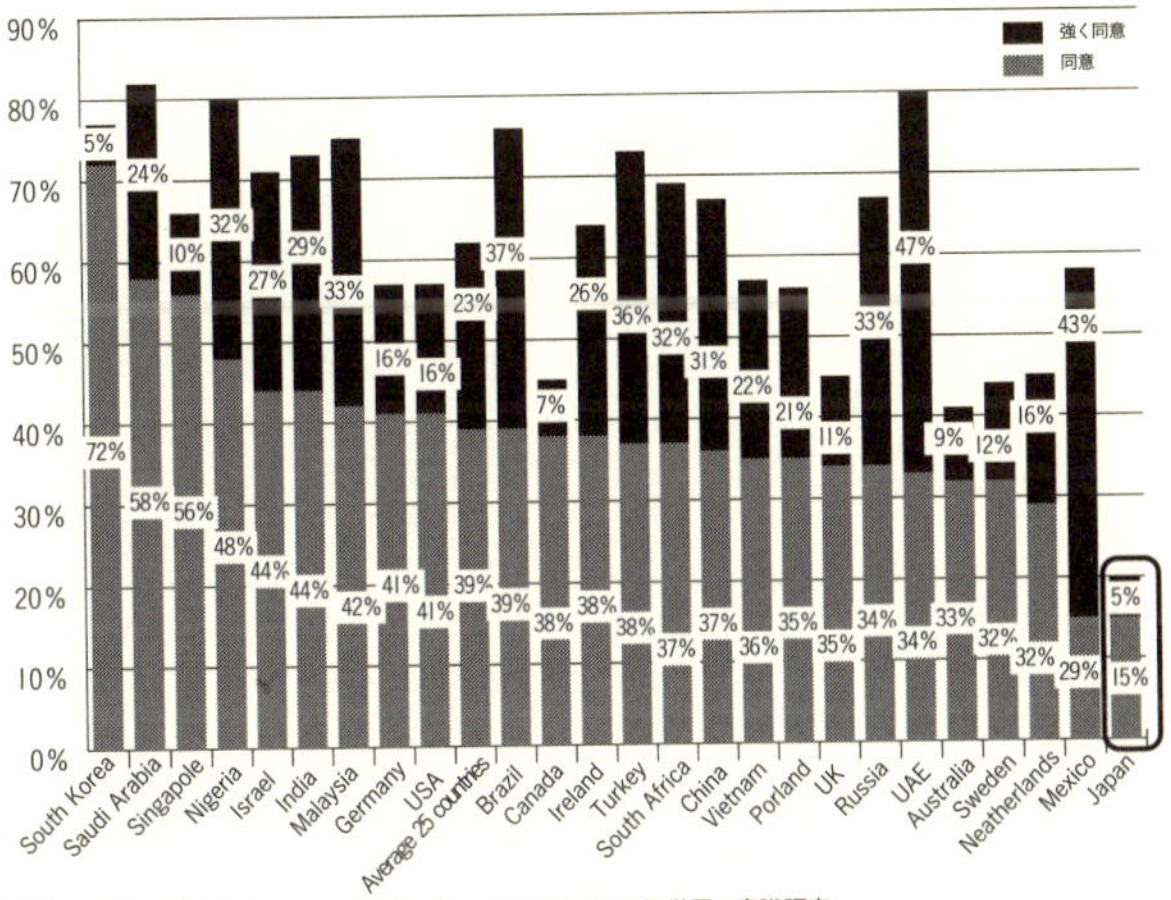

出典：『GE グローバル・イノベーション・バロメーター　2013年世界の経営層の意識調査』

こうした主張はこの10年間、様々なメディアでも繰り返し取り上げられています。ビジネスリーダーであればこうしたデータを知っていて、問題意識を持ち、ビジネスの革新に取り組むべきです。現代は様々な情報に溢れています。明確なビジョンを持っているとさらに有用な情報が飛び込んできます。実は理想の将来像（ビジョン）を明確に持つと、自らの情報感度が高まり、自ずと多くの情報が入ってきます。

ビジネスリーダーであれば当然のことながら、自社の業績等数値の変化に常に敏感でなければなりません。

自分から問題意識を持って、データを取り、分析し、有効に活用する必要があります。当社であれば全体の業績（売上とコスト）はもちろんのこと、一社当たりの受注金額（新規顧客、既存顧客別）、新規の顧客数、営業訪問数、契約更新率、取材依頼の数、セミナー参加者数、Ｆａｃｅｂｏｏｋの「いいね」の数、クライアントの株価や業績、１on１の実施、社内勉強会の実施回数と参加者数、コスト予算の進捗、等々を定期的にウォッチして、必要な打ち手を打っています。

また、理想の将来像によって特に注目する定量データは変わります。例えば、当社の理想の将来像としてはお客様の会社の様々な課題を解決し、成長に貢献するというものがありますので、一社当たりの仕事の量、継続的な契約の割合、その企業の業績等の変化を見続けています。

第3章

理想の姿を実現する組織文化とは

経営ビジョンと企業業績の関連性

直感的に考えれば企業が明確な理想の将来像（ビジョン）を持つことは、自社のPurpose（存在意義）を再確認することともあいまって、組織としての結束力や社員のモチベーションを上げることに繋がることは容易に想像がつくと思います。またビジョン策定に伴い、理想の将来像（ビジョン）に向かった具体的なチャレンジや変革プランを検討することも行いますので、様々な成果が出ることになります。よりお客様に支持される商品・サービスが生まれ、お客様に喜ばれる機会が増え、業績にも好影響をもたらします。

長期的ビジョンと業績の関係がまだしっくりこない読者のためにいくつかの研究を提示しましょう。

大和総研の吉田信之氏の研究では、ビジョンと業績の相関を示唆しています（『企業の成長に経営ビジョンは必要か?』２０１４年8月13日 https://www.dir.co.jp/report/consulting/vision/20140813_008814.html）。２００９年度から２０１３年度の5年間、連続して営

図3-1：好業績企業はビジョンを示している

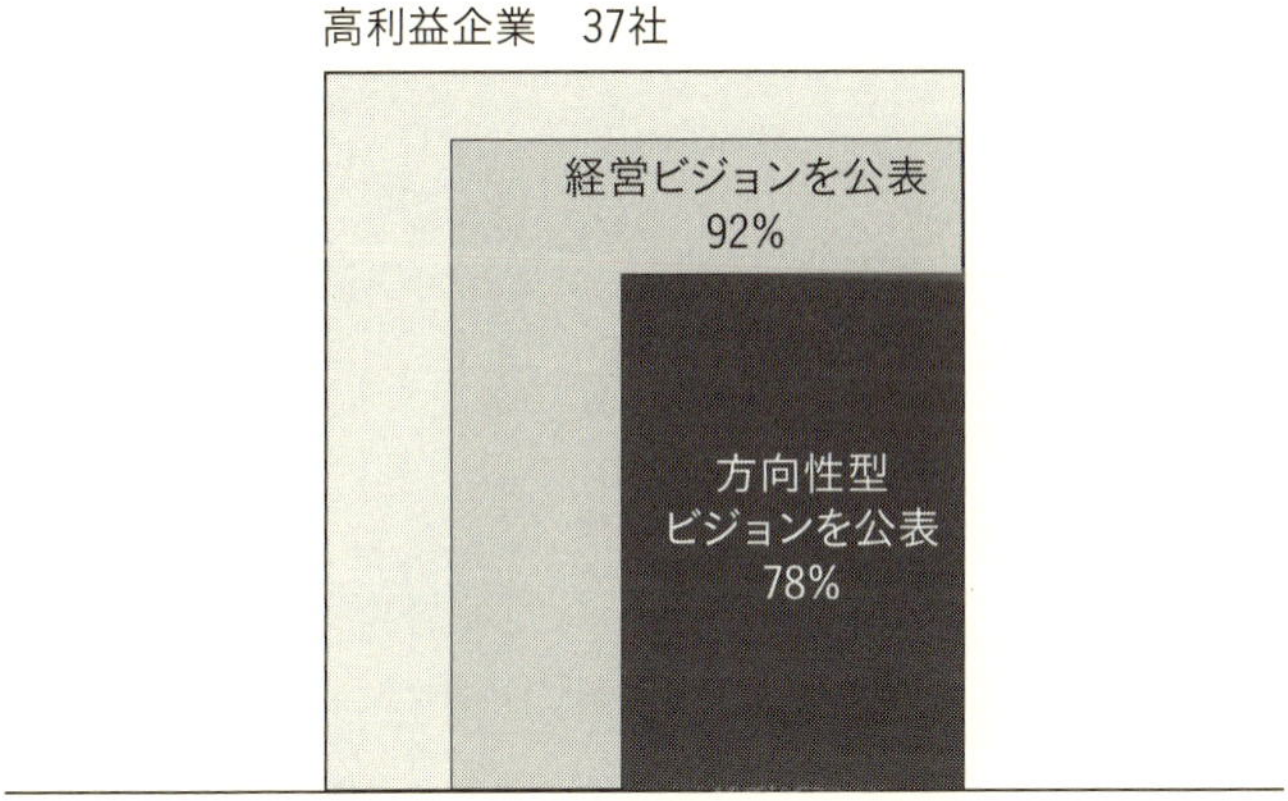

出典：大和総研グループ「企業の成長に経営ビジョンは必要か？」
記事　コンサルティング第二部　主任コンサルタント 吉田信之（2014）より筆者作成

業利益の増加率が10％を超える企業は全上場企業のうち37社（エムスリー等）、そのうち33社（92％）がホームページ（HP）上で経営ビジョンを公表しています。吉田氏によると、経営ビジョンには、行動憲章、社是、社訓といった経営者・社員の姿勢や行動を自戒する性格のもの（自戒型）と企業理念、経営方針、ミッションといった企業の方向性を定める性格のもの（方向性型）の2つがありますが、先述の37社のうち、78％が方向性型のビジョンを提示しているといいます。特に方向性を示すビジョンは業績にプラスに寄与するということです。

　くり返しになりますが、上場企業のうち、営業利益の成長が高い企業の78％が、企業の方向性を定めるタイプの経営ビジョンを示しているということになります（図3－1）。

同じく大和総研の枝廣龍人氏のレポート（『企業業績を高める経営ビジョンとは』2014年2月19日、https://www.dir.co.jp/report/consulting/vision/20140219_008231.pdf）では、カナダのマクマスター大学経営大学院のクリストファー・バート教授の研究を紹介しています。バート教授はマクマスター大学における企業エグゼクティブ向け教育プログラムを提供するディレクターズカレッジの初代学長を10年間務めた経営ビジョンの研究における第一人者です。バート教授は大企業83社（米国23社＆カナダ60社）を対象としたアンケート調査から、ミッションステートメントが企業業績に対して影響を与えるプロセスを見出しました(A model of the impact of mission statements on firm performance, Christopher K. Bart, Management Decision 39(1):19-35・February 2001)。

ここでいうミッションステートメントとは、ゴールと手段を示すものです。ゴールは、①何を目指すのか?、②財務および非財務的ゴール、③望ましいポジショニング、が含まれ、手段とは、①コンピテンシー、②競争戦略、③社員の幸福に対する気づかい、が含まれます。ミッションステートメントは「ゴール」と「手段」が含まれていることが重要です。

1つ目のプロセスは、ゴールと手段がミッションステートメントに対する満足度や納得感を上げ、ミッションステートメントに対するコミットメントを高めます。その結果、行動が変わり、パフォーマンスが上がります。

2つ目のプロセスは、ミッションステートメントに沿って、様々な経営の仕組み(予算策定、業務プロセス、採用・登用、報酬体系、人材育成等)が変わっていきます。その結果、社員の行動が変わり、パフォーマンスが高まるという流れです(図3-2)。

筆者が主張している理想の将来像(ビジョン)は、バート教授が述べているように企業のゴールを明確にするものです。また、筆者は理想の将来像(ビジョン)の中で、社員や組織風土のことも描くように主張していますが、同様にバート教授は「手段」である③「社員の幸福に対する気づかい」の重要性を述べています。加えて、筆者は理想の将来像(ビジョン)を描く際に自社の強みを再確認することを主張していますが、これはバート教授が述べている「手段」の①「コンピテンシー」を明確にすることに該当します。バート教授の研究から分かるのは、筆者が唱える理想の将来像(ビジョン)と具体的な挑戦や行動計画を策定することに加え、継続的に経営の仕組みを理想の将来像(ビジョン)に沿って変えていくことが社員のパフォーマンスを変えるということです。筆者も全く同じ考えです。

筆者が理想の将来像(ビジョン)を策定するお手伝いをする際には、少なくとも数ヶ月の

図3-2：ミッションステートメント（MS）が企業業績に影響を与えるプロセス

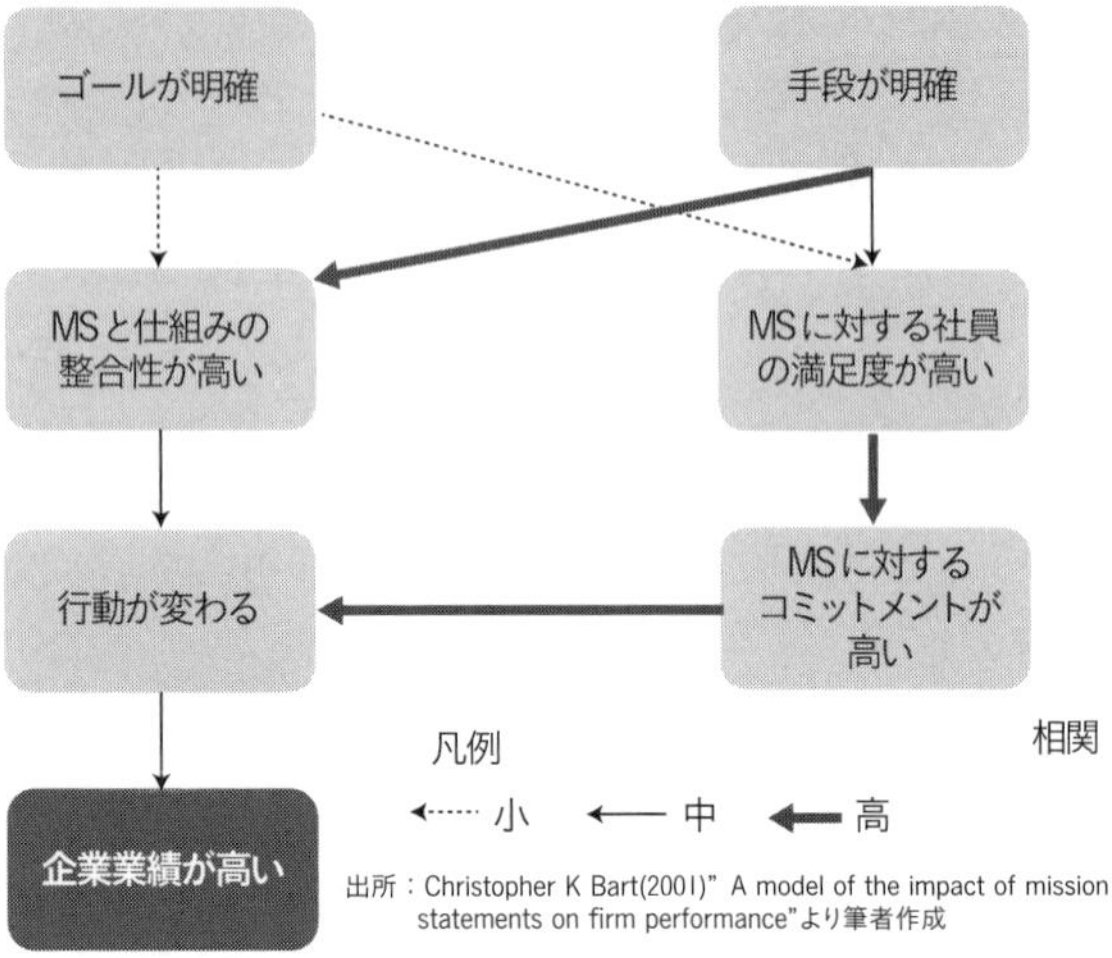

出所：Christopher K Bart(2001)" A model of the impact of mission statements on firm performance"より筆者作成

図3-3：それぞれのファクターの相関性

説明変数		被説明変数	標準化偏回帰係数	t値	有意性
目的の明確さ	➡	仕組みとの合致	0.208	1.97	○
目的の明確さ	➡	高い従業員満足度	0.262	1.82	○
手段の明確さ	➡	仕組みとの合致	0.341	3.58	○○○
手段の明確さ	➡	高い従業員満足度	0.332	2.18	○○
仕組みとの合致	➡	行動が変わる	0.180	2.55	○○
高い従業員満足度	➡	強いコミットメント	0.571	6.33	○○○
強いコミットメント	➡	行動が変わる	0.747	12.13	○○○
行動が変わる	➡	企業業績が高まる	0.392	2.90	○○○

出所：Christopher K Bart(2001)" A model of the impact of mission statements on firm performance"より筆者作成

プロセスを伴走し、ビジョンだけでなくその後の行動計画や制度設計の方針を決定するところまでお手伝いします。一連のプロジェクトが終了した時には、「これは〝終わり〟ではなく、ビジョンに向かう旅の〝始まり〟です」とお伝えしています。

筆者はもともと経営とは単に好業績を上げるための活動ではなく、理想の未来を実現することにあると考えています。

『直観の経営』（野中郁次郎、山口一郎、KADOKAWA）の中で野中郁次郎一橋大学名誉教授は、「戦略の最大の目的は、目前の矛盾や対立関係を着実に克服し、組織のビジョンを実現することにあります。予期せぬ状況が起きて環境が急激に変化しても、現在の矛盾を克服することが未来創造につながっていくのです」と述べています。

もともと、経営（もしくは戦略）とは「単に受動的、適応的行動」ではなく「望んだ結果が生み出されるような活動を行うこと」であり、創造的な活動なのです。ですから、「何を望むか？」が最初にあり、その実現のために戦略や日々の企業活動があるのです。野中教授に従えば、最初に理想の将来像（ビジョン）がなければ、経営をする意味がないと言えます。

図3-4：人が働く6つの理由

パフォーマンスへの影響	動機	内容
＋（直接的動機）	楽しさ	好奇心が発揮され、仕事自体を楽しめる状態
	目的	仕事の結果に価値が感じられる状態
	可能性	上記の結果ではなく、二次的な結果が、自分の価値や信念と一致している状態
ー（間接的動機）	感情的圧力	失望されないように仕事をする心理状態
	経済的圧力	報酬を得るため、報酬を下げないために仕事をする心理状態
	惰性	特に動機もなく、仕事を継続している状態

出所：『マッキンゼー流最高の社風のつくり方』より筆者作成

好業績を生む組織風土

ビジョンアプローチでは社員が主体的、楽観的に理想の将来像（ビジョン）に向かう企業風土を重視しています。もう少し、ビジョンアプローチの組織風土についてお話ししましょう。『マッキンゼー流　最高の社風のつくり方』（ニール・ドシ、リンゼイ・マクレガー　日経BP社）で、社風に影響する要因が大きく2つの動機で説明されます。直接的動機と間接的動機です。業務と直接つながる動機である直接的動機は業績を上げますが、業務そのものからは遠い間接的動機はパフォーマンスを下げるのです。

直接的動機は仕事自体の楽しさ、仕事の結

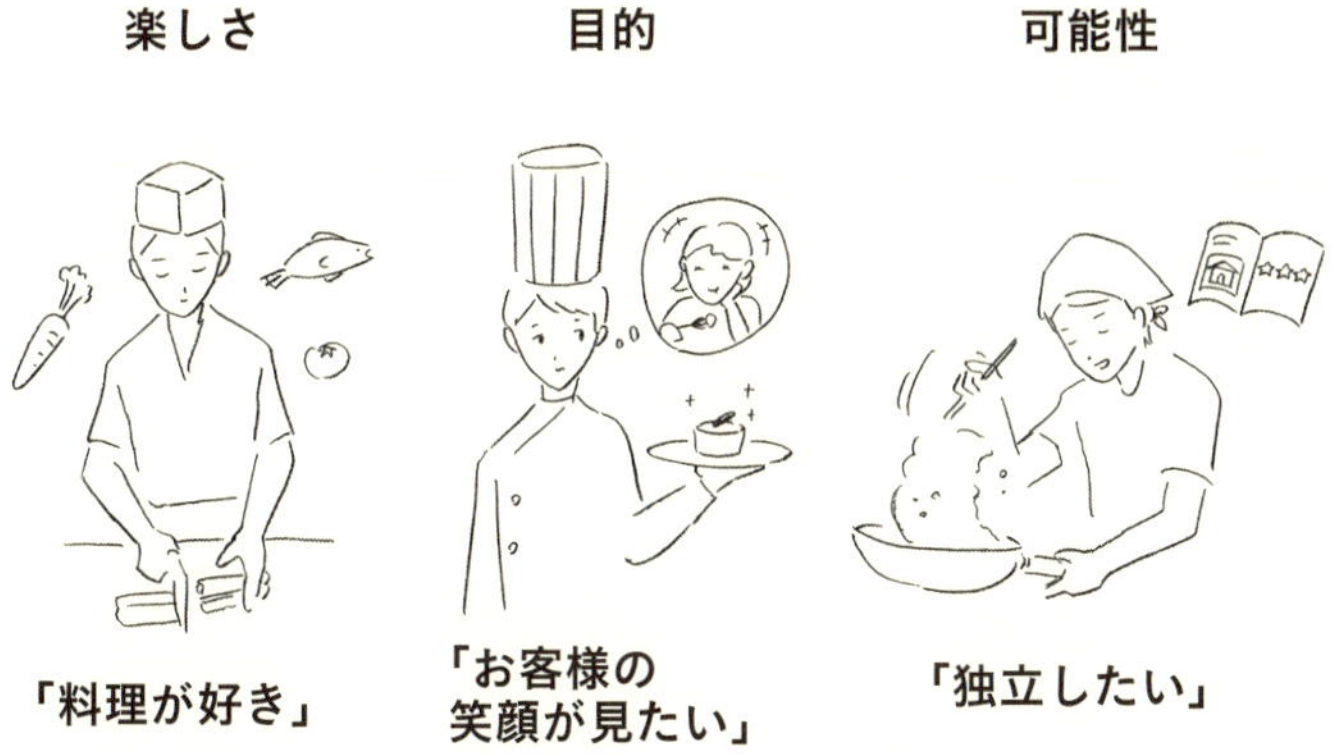

果もたらされるもの（目的）、そして仕事の二次的な結果（可能性）のことを示します（図3－4）。

例えば料理人だったら、とにかく包丁を握って料理をしているのが好きで楽しいというケースが成果が上がりやすいということです。孔子に「これを知る者はこれを好む者に如《し》かず。これを好む者はこれを楽しむ者に如《し》かず。」という言葉がありますが、仕事自体が楽しいと感じることが一番の上達の秘訣です。筆者は自分の子供達に伝えたい大切な事として、「何でも楽しく前向きに取り組む」ことを第一としているのは、この原理を活用しているからです。次に成果が出やすい動機は、料理の楽しさは別として、いいお料理を作ってお客様に喜んでもらいたい、お客様に幸せな、楽しい時間を過ごしていただきたいという目的を持つことから生まれます。３つ目の動機は、「修行を積んでいつか独立して自分の店を出す」であったり、「料理人として有名になるといった可能性を感じている」状態です。仕事の二次的な結果が自分の価値観や信念と一致するので、仕事に励むことになります。

理想の将来像（ビジョン）は、目的と可能性を描いているのでメンバーの直接的動機を向上させます。

一方、間接的動機は、仕事に対するモチベーションではありますが、パフォーマンスを下げる効果があります。

感情的圧力は、羞恥心や罪悪感、失敗を避けたいという気持ちから仕事をする場合に生まれる動機です。料理人であれば、料理人である両親の店を継ぐことを期待されて修行しているが、特に仕事が好きではない、といった状況の時に存在するモチベーションです。

感情的圧力は、日本の大企業で働く人は強く感じている動機だと思います。一流大学を出て、一流企業に入社した人は、人生において高い評価をずっと受けていたために、低い評価を受けることを強く避ける傾向があります。

経済的圧力は、給料をもらうため、もしくは雇用を失わないために仕事をする場合に存在するモチベーションです。仕事は好きではないけれど、苦しい家計を支えるため報酬の良い今の仕事を続けなくてはならない、といったケースが当てはまります。

感情的圧力も経済的圧力も仕事自体からは離れたモチベーションです。最も仕事からかけ離れた動機は「惰性」です。辞めるが理由ない、他にやりたいことがないので今の仕事を続けているという状態で、最もパフォーマンスが出にくい状態です。

ギャップアプローチは、目標の達成度合いや他者との比較を感じさせるので、感情的圧力が高まります。また、目標が過去の延長線上に設定されるので、惰性が高まりやすいことが危惧されます。

「間接的動機はパフォーマンスを下げる」という考えに、疑問を持つ方もいます。私も最初はそうでした。私は掃除が苦手です。「この部屋を掃除したら100万円を差し上げます」と言われれば私も掃除しますし、妻に「掃除をしなければ離婚する」と脅されれば掃除せざるを得ません。経済的・感情的圧力が私のパフォーマンスを上げているように見えます。

しかしながら、ここでいうパフォーマンスには「戦略的パフォーマンス」と「適応的パフォーマンス」の2つがあります。戦略的パフォーマンスとは決められたことを期限までに行い、かつその結果がわかりやすいものです。仮にハンバーガーショップで調理する従業員であれば、決められた作り方で決められた時間内にハンバーガーを作ることが戦略的パフォーマンスです(日本語の語感としては「戦術」的パフォーマンスと言った方がしっくりくるかもしれません)。

しかしながら、仕事は計画されたことだけやっていればいいというわけではありません。仕事に不慣れな社員をサポートしたり、急に気分が悪くなったお客様をケアしたりすることもあります。さらには決められた計画を超えて、調理プロセスを改善提案したり、新しいことに自発的にチャレンジしたりすることも重要です。

チームワーク、臨機応変な対応、改善、革新やイノベーション、といった成果を「適応的パフォーマンス」と言います。

間接的動機は短期的に戦略的パフォーマンスを出すには有効ですが、長期的な戦略的パフォーマンスや適応的パフォーマンスを損なうことが証明されています。

私の掃除の話に戻ると、感情的圧力から必要に駆られて掃除はするものの、これはあくまでも短期的な戦略的パフォーマンスを上げているだけです。適応的パフォーマンスは全く上がっていません。むしろ仕方なく掃除することを繰り返し、長期的には戦略的パフォーマンスまで下がっており、部屋が片付いている時間は年々少なくなっているようです。アメリカ留学時代、用務員として生活費を稼いでいたことで、私にとっては経済的圧力が掃除の動機となり、適応的パフォーマンスを下げてしまったのかもしれません（全て言い訳ですが……）。

現在のようなVUCAの経営環境においては戦略的パフォーマンスだけでは不十分です。

VUCAとは、Volatility（変動性・不安定さ）、Uncertainty（不確実性・不確定さ）、Complexity（複雑性）、Ambiguity（曖昧性・不明確さ）という4つのキーワードの頭文字から取った言葉です。まさに適応的パフォーマンスを上げなくては、VUCAの環境下で成果を出し続けることは難しいのです。

組織風土を数値化する（ＴｏＭｏ指数）

ニール・ドシとリンゼイ・マクレガーは、マッキンゼー・アンド・カンパニー、シティバンク、アメリカンエキスプレス等で経営者やコンサルタントとして働いた経験と研究をもとに、優れた社風の構築方法を確立しました。二人はその知見を著書『マッキンゼー流最高の社風のつくり方』において、惜しげもなく披露しています。

著書によれば、「楽しさ、目的、可能性」を上げ、「感情的圧力、経済的圧力、惰性」を下げることによって、顧客満足が向上し、好業績につながる、と述べています。

「働くことに楽しさと目的と可能性を感じさせる社風は、社員のパフォーマンスを高め、それを持続させる」というのがドシとマクレガーの第一の主張です。

著書の中では、ある販売会社の営業成績を調べた調査で、直接的動機が高く、間接的動機が低い人は、その逆の人（間接的動機が高く、直接的動機が低い人）よりも60％もパフォーマンスが高いという研究結果も示されています。

ドシとマクレガーは、直接的動機から間接的動機を引いた指数をＴｏＭｏ（Total Motiv

図3-5：直接・間接的動機とパフォーマンス

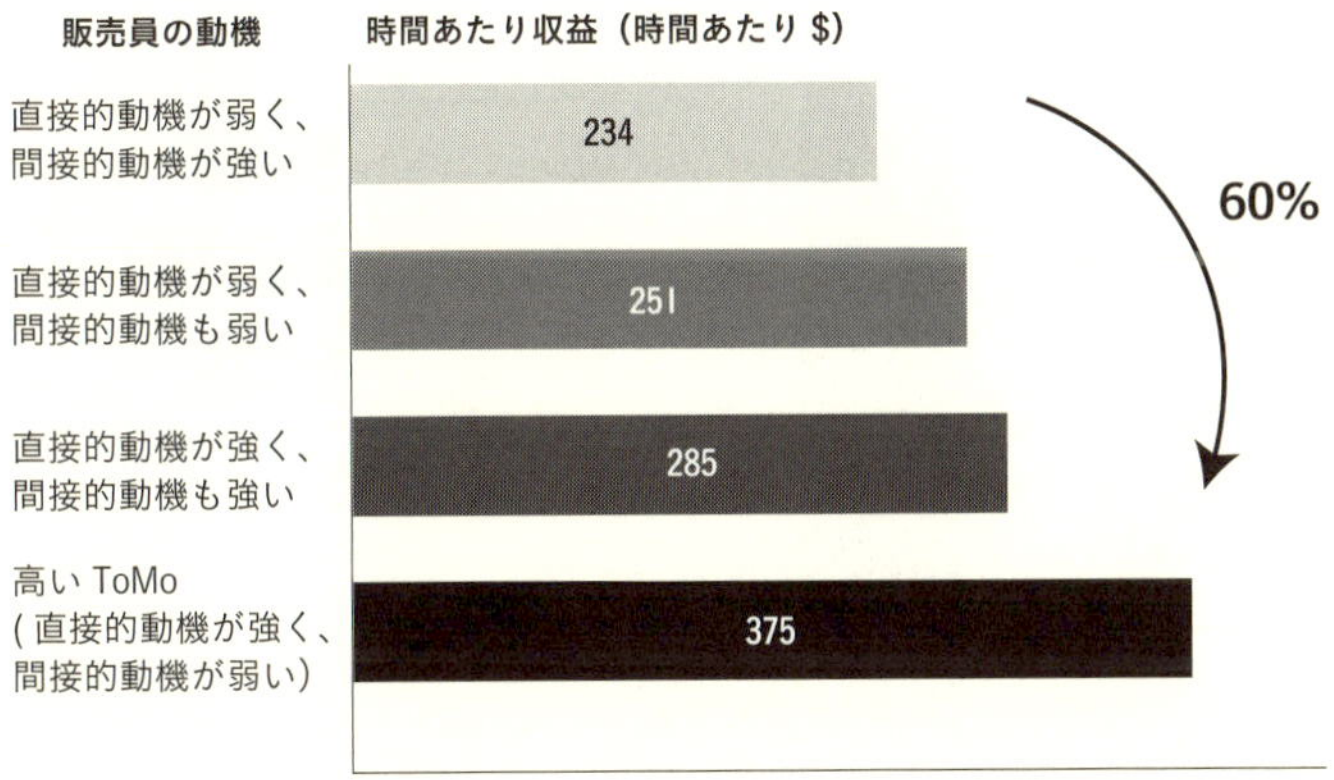

出所：『マッキンゼー流最高の社風のつくり方』（ニール・ドシ、リンゼイ・マクレガー、日経BP社）P42より筆者作成

ation）指数と名付けています。アメリカで優れた社風を持つとされている企業は、同業他社よりＴｏＭｏ指数が高いことや、その状態の企業は顧客満足度も高いことが示されています。

　アメリカで好業績で良い社風だと言われている企業を挙げると、サウスウエスト航空、アップル、スターバックス、ノードストローム、ホールフーズ、は常連です。２０１５年のフォーチュン誌の「世界で最も賞賛される企業」では、それぞれ7位、1位、5位、14位、18位にランク付けされています。サウスウェスト航空に関しては、他社に比べて従業員の直接的動機が高く、間接的動機が低いことが、また、他社に比べて顧客満足度が高いことが示されています。サウスウエスト航空が働き

図3-6：サウスウエスト航空と競合３社のToMo指数と６つの動機

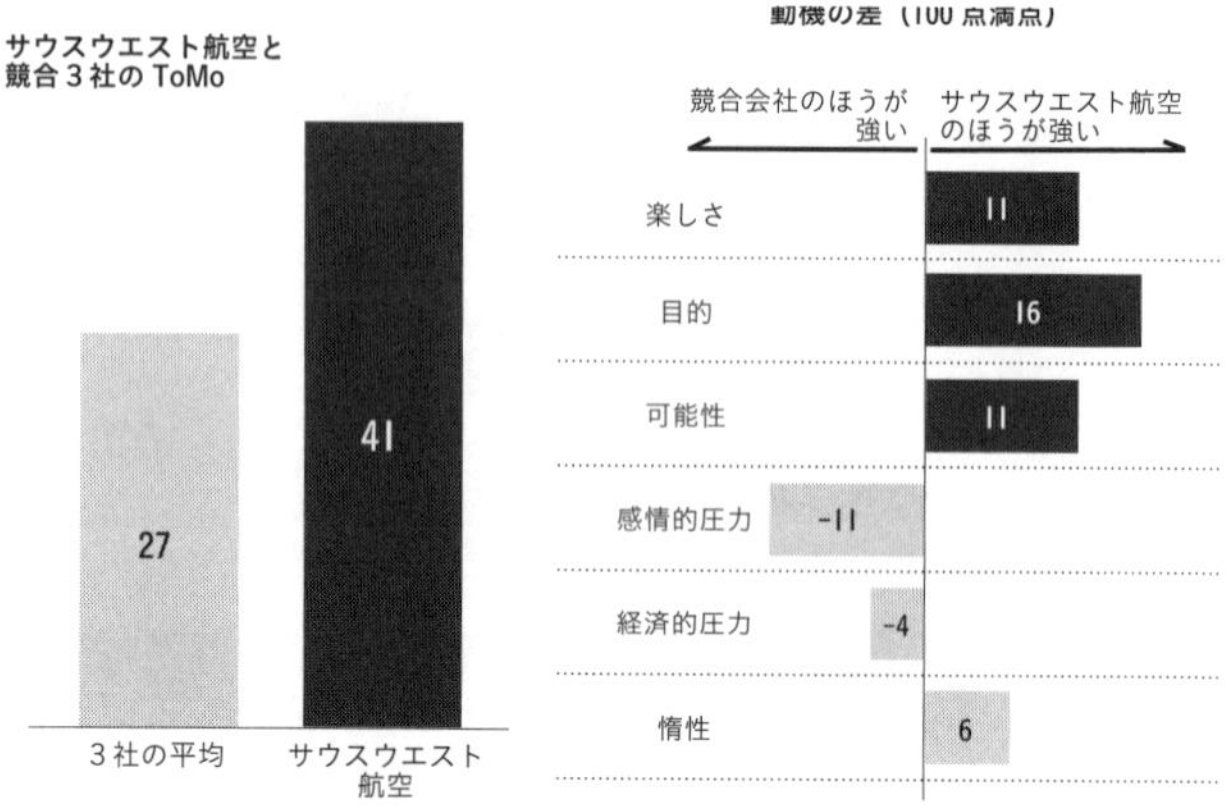

出所：『マッキンゼー流最高の社風のつくり方』（ニール・ドシ、リンゼイ・マクレガー、日経BP社）P53より筆者作成

図3-7：ToMo指数と顧客満足度

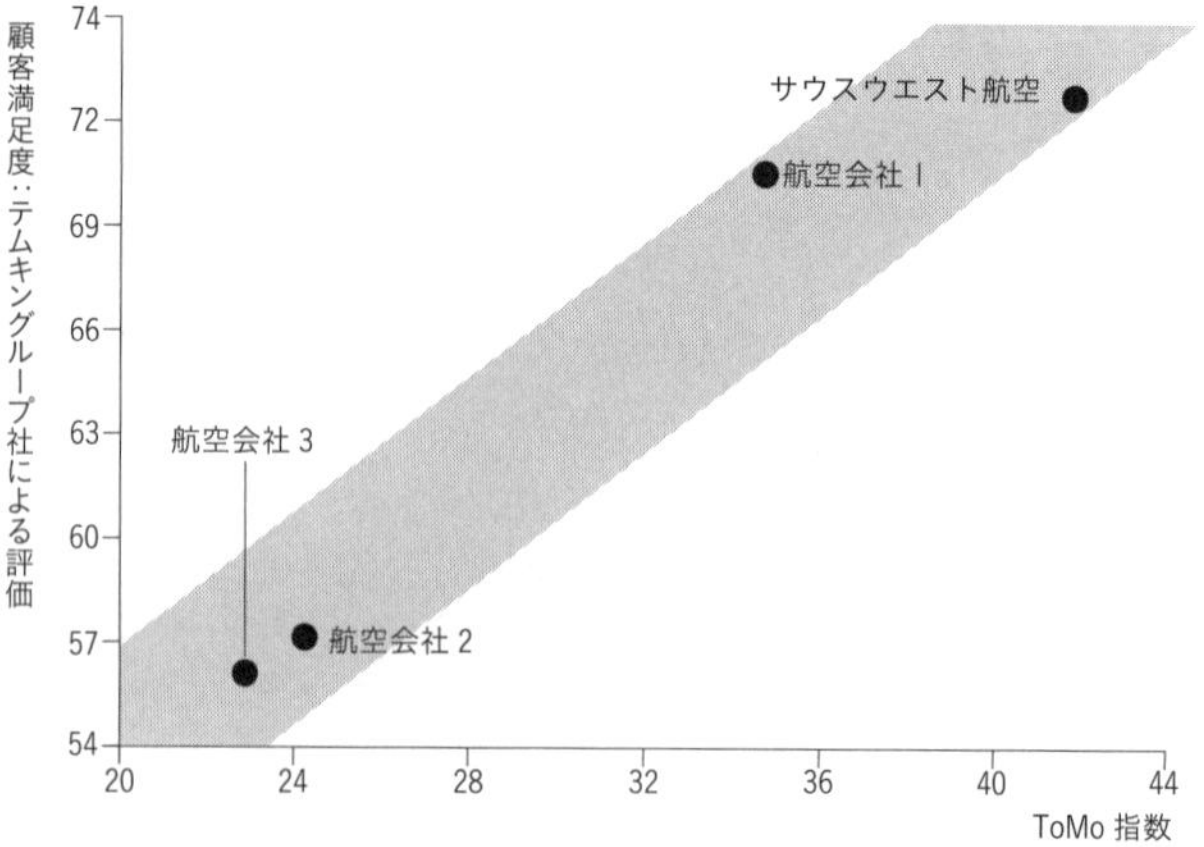

出所：『マッキンゼー流最高の社風の作り方』（ニール・ドシ、リンゼイ・マクレガー、日経BP社）P55より筆者作成

やすく、楽しい職場であることが原因だと思われますが、惰性に関してはサウスウエスト航空の方が他社より高いのは興味深い研究結果です。

ニール・ドシとリンゼイ・マクレガーは、目的とは仕事の結果であり、仕事の結果が人間にとって重要であると述べています。看護師であれば、患者が元気になるという結果こそが何よりも動機の源泉だと思います。アップルであれば、消費者を触発するプロダクトを世に出すことが最も望む結果でしょう。実際にその結果（目的）のために世界中から優秀な人材を社員として惹きつけています。このメカニズムを応用し、ウォルマートの金融サービス部門が経営において重視するのは、業績よりも自社の金融決済サービスが救った顧客数です。そうして社員の目的意識を高めています。

理想の将来像（ビジョン）を描くことは、まさに仕事の結果（目的）を詳細に描き、仕事の二次的結果（可能性）である自身の価値や信念とマッチした状況を描くことです。メンバーの直接的動機である目的や可能性といったモチベーションが高まり、お客様満足度や業績も高まります。そして変化の激しい時代においても臨機応変に対応する能力が高まり、変革やイノベーションが起こります。

これがビジョンアプローチです。

仕事における目的や可能性が明確になることにより、改めて仕事自体を新鮮な目で見直すことにもなり、仕事の楽しさも高まるかもしれません。また、間接的動機に関しても少なくても惰性は下がるはずです。

ビジョンアプローチは、ビジョンに向かって他のメンバーと協力し合う雰囲気を作るのでチームワークが向上することが多く、感情的圧力も下がることが多いのです。

一方、ギャップアプローチは、間接的動機を上げる可能性があります。目標未達で上司に叱られたり、同僚からの評価を下げることを心配することが多ければ感情的圧力は高く、成果主義がある程度導入されている多くの企業では、それはすなわち経済的圧力が高いことになります。その結果、チーム内での助け合いも減り、臨機応変さが下がるため、顧客満足度も業績も下がることになります。

ＴｏＭｏ指数の算定は簡易的には無料で可能です。たった6つの質問に答えるだけなので、定期的に調査を行うと良いと思います。ある大手ＩＴ企業の労働組合では定期的にＴｏＭｏ指数を計測しています。

図3-8：ToMo（トータルモチベーション）指数を算出する方法

質問	答え（1~7）	× 加重	= 合計
今の仕事を続けているのは、 仕事そのものが楽しいから	□	× 10	= □
			＋
今の仕事を続けているのは、 この仕事に重要な目的があると思うから。	□	× 5	= □
			＋
今の仕事を続けているのは、 自分の目標を達成する上で有益だから。	□	× 1.66	= □
			－
今の仕事を続けているのは、 辞めたら、自分と自分のことを 気にかけてくれる人を落胆させてしまうから。	□	× 1.66	= □
			－
今の仕事を続けているのは、 この仕事を失ったら金銭上の目標を 達成できなくなるから。	□	× 5	= □
			－
今の仕事を続ける妥当な理由はない。	□	× 10	= □
			＝

ToMo：直接的動機（前半の三つ）の合計から、
間接的動機（後半の三つ）の合計を引く □

出所：『「社風」の良し悪しを判定する方法』肥田美佐子、2016年9月23日、日経ビジネスオンライン

幸せなスタッフがビジネスの成果を生み出す

当社のChief Happiness Officer（ＣＨＯ）である丹羽真理は著作『パーパス・マネジメント』（クロスメディア・パブリッシング）の中で、幸福度の高い社員はそうでない社員に比べて高いビジネス成果を生み出すと述べています。

また、幸福を高めるにはＰＡＲＷが重要であることも説明しています。ＰＡＲＷとは、Purpose（存在意義）、Authenticity（自分らしさ）、Relationship（関係性）、Wellness（心身の健康）を示します。

ビジョンアプローチによる理想の将来像（ビジョン）は、自身や自社のPurposeと強みをベースに策定します。

策定プロセスにおいては、なるべく多くの社員を参加することを推奨し、策定プロセスにおいて自己開示をすることを促し、関係性が高まるように設計しています。

また、策定に関わらなくても、共有の段階で理想の将来像（ビジョン）を自分ごと化することによって、自分の言葉で語ることができるようになります。

ビジョンアプローチにより、理想の姿の実現のために相互にサポートしたり、共同で挑戦をすることによって関係性も高まります。こうして特にPurpose（存在意義）、Authenticity（自分らしさ）、Relationship（関係性）が高まり、幸福度が高まります。ビジョンアプローチは社員の幸福度を高めることにより、ビジネス上の成果も高めるのです。

第4章

問題解決の考え方

データと数字で考える

ここまでの章で、会社のX年後の理想の姿を描き、バックキャスティングで3年後、1年後と落とし込んでいく方法をお伝えしました。

理想の姿である目標は高く、しかし、実際に手をつけることは現実的なレベルからのスタートです。

とは言え、何から手を付けていくべきなのか結局わからずに、今まで通りと何ら変わらないケースや、とにかく新しいことは始めるものの、確固たる根拠がない中でスタートするため、結果が出ない、あるいは結果が出るかわからないために途中で頓挫してしまうケースがよくあります。

この理由は様々ですが、数値的根拠のない計画となってしまっていることが一つの大きな原因だと私は考えています。

ビジョンアプローチこそがこれからの経営にはとても大切なのですが、それを具体的にスタートし、成果に結び付けていくためには、1年後といった近い未来がしっかりと理想の姿に近づいていることがとても重要です。

そのためには、数値で道筋を示すことが必要なのです。

これは中小企業だけでなく、大企業でも同じです。

ＩＴ分野においては、ビッグデータを扱う人（データサイエンティスト）やそのためのツールがたくさん出ていますが、結局それをビジネスの現場で扱うべき人たちが活用できていないのが実態なのです。

そう、理想の姿を実現させるための主軸はビジョンアプローチなのですが、それを具体的に進めていくためのスタートには、定量的な分析に基づいた具体的な計画が必要となってくるのです。


この章からは、自社内外のデータを活用して問題発見と課題設定を行い、問題解決をする方法をお話ししていきます。

データや数字を分析し問題解決に当たることで、効率的かつ効果的な解決策を導くことができます。そして、精度の高い計画をつくることができます。

理想の姿を実現させるための道筋を示す

さて、理想の姿が明確になったあなたは、いわば登山において、はっきりと山の頂上が見えている状態です。また、その途中である1年後、2年後には山の何合目まで登っているかも明らかになっているかと思います。

たどり着くべきゴールが明確になっているため、頭の中では「理想の姿」が具体的にイメージされていると思います。

売上高100億円で経常利益20億円、社員数は300人で平均年収750万円、年に1回は社員全員で海外旅行に行き、中小企業ながら優秀な人材からの応募が絶えない……といった現時点では「ありたい姿」かもしれませんが、「あるべき姿」がそこにはあります。

しかし、それだけではたどり着くことはできません。

登山も同じように、頂上にたどり着いた姿をいくら鮮明にイメージできていたとしても、それだけでは、そこにはたどり着きません。

理想の姿にたどり着くためには、それに必要な「やるべきこと」を洗い出し、計画・スケジュールを立て、そして実行する必要があります。

そう、5年後に売上高100億円の「理想の姿」を描いたあなたが次にやることは、そこに到達するまでに必要な戦略を組み立て、具体的な施策に落とし込むことです。

この章は、前章と比較すると、かたっ苦しく感じるかもしれません。

せっかく気持ちよく自身の理想の姿が描けたのに、まるで現実に引き戻されたかのような気持ちになってしまったのではないでしょうか。

ですが、これも必要なことなのです。夢を見るだけでは現実になりません。具体的に描いてこそ、夢を現実にすることに一歩近づくのです。

そして、こう考えてみてください。

登山で言うと、この作業は、山の頂上にたどり着くための「計画書と工程表」を作るようなものです。

登頂と下山日をゴールとし、それまでに必要な準備（体力づくりや道具類の購入など）を抜け漏れなく記載します。

また、スタート時点からゴールまでの道のりを地図として描き、道中にあるポイントも明記していきます。注意事項なども書いていきますよね。

「計画書」さえ読み、必要な準備さえ怠らなければ、突発的なことが起こらない限りは無事に登頂できるでしょう。

仮に大雨が降ってその日に行けなかったとしても、予め予備日を設けておけば、目標の日からは遅れてしまいますが、それでもたどり着くことができます。

経営も同じです。

「理想の姿」を現実のものとするために、登山のような計画書と工程表を作るのです。

そう考えれば少しは楽しいと思えませんか？

理想の姿を現実のものとするために、現状というスタート地点から理想というゴールに向かう道筋を示す必要があるのです。

まっすぐな道なのか、曲がりくねった道なのか、また、その道は花畑なのかビルがそびえ立つ中にあるのか、そして、その道を歩いていくのか、車でいくのか飛行機で行くのかなど、様々な要素を具体的に経営の「計画書と工程表」へと落とし込んでいくのです。

そもそも問題解決とは何か

経営者であれば、会社経営するに当たって、ぼんやりとでも「理想の姿」をイメージされていると思います。

その一方で、その理想の姿には至っていない「現状」が目の前にあるでしょう。

この「理想の姿」と「現状」、このギャップこそが「問題」です。

例えば、会社経営においては、理想の姿に対しての現状が、

- **売上が減少している**
- **新規事業がうまくいっていない**
- **離職者が増えている**

などといった、理想の姿を実現するための「解決したい事象」があるはずです。

これが会社においての「問題」となります。

図4-1

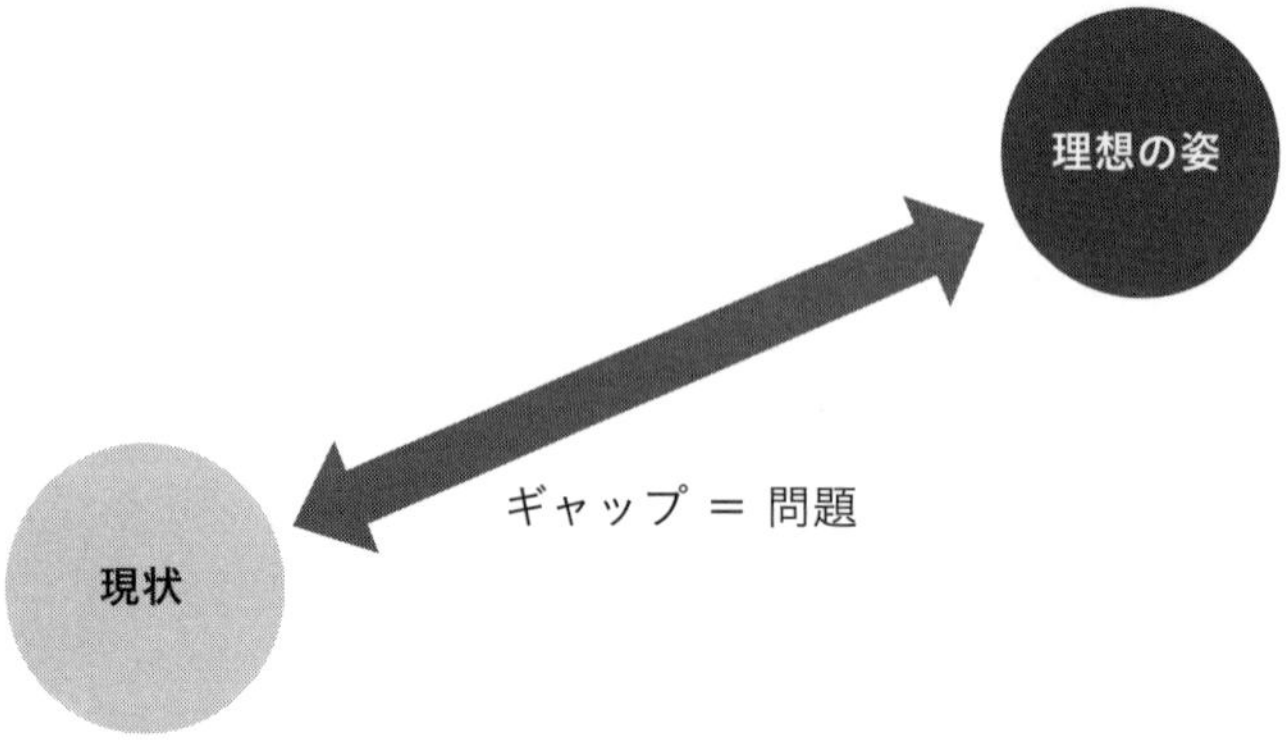

従って、問題解決とは、「企業経営における理想の姿を実現するために、現状足りていない（マイナスな）事象を解決すること」なのです。

さて、問題解決をするに当たっては、みなさん、様々な施策を講じるのではないでしょうか。

売上が足りないから、「営業人員を増やす」や「商品数を拡充する」、あるいは「まだやっていないWeb広告に力を入れる」、はたまた「そもそもの事業計画を見直す」など、売上に寄与〝しそうな〟施策を打つ企業は少なくないと思います。

しかし、それでは効果は十分に出ないのです。

図4-2

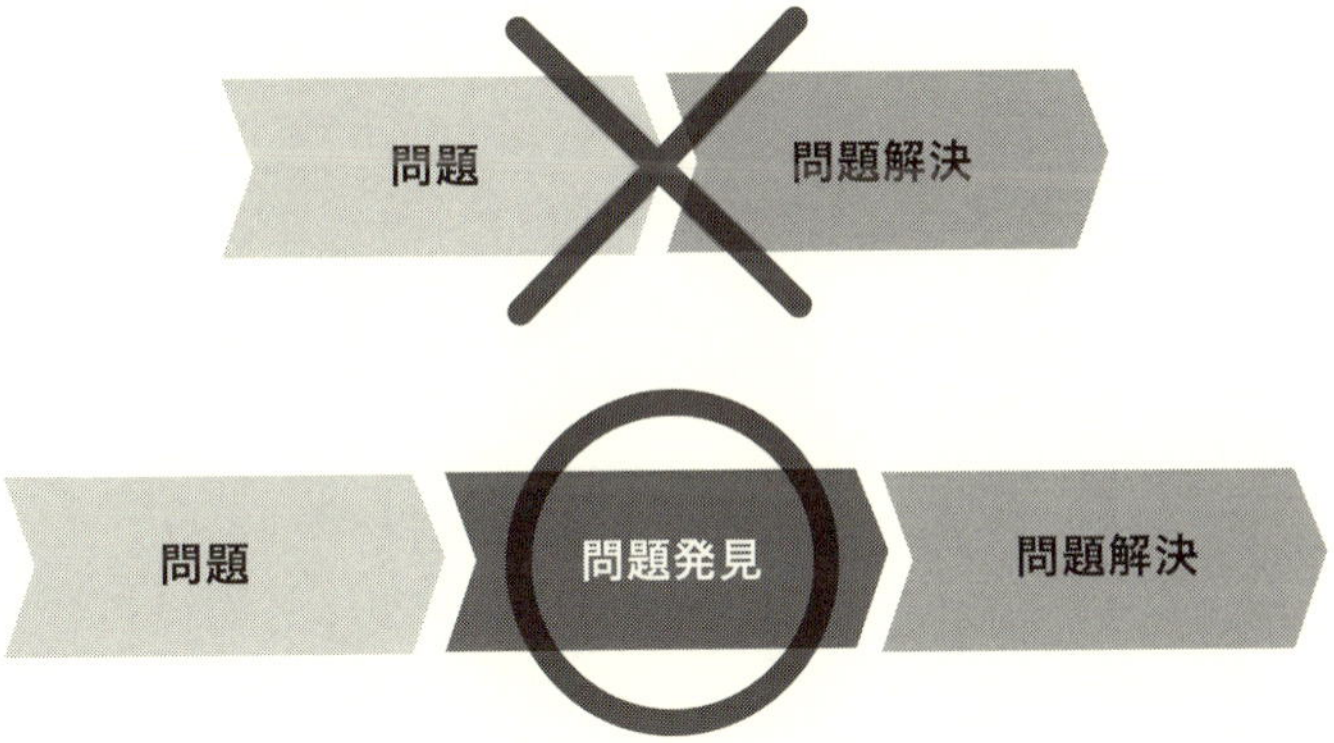

問題解決をするためには、いきなり問題を解決しようとするのではなく、まずはそもそも問題が起こっている根本原因を明らかにすることが重要なのです。

例えば、売上が足りないのであれば、なぜ足りないのかを明確にします。

「営業」部分であれば、人員が足りないのではなく、属人的な営業となっていて成績に大きなバラつきがあるのかもしれません。その場合、営業人員を増やしても抜本的な解決にはなりません。まずは誰でも受注に繋げられるような業務フロー、仕組の構築が必要になってきます。

「Webサイト」部分であれば、そもそも顧客が必要としているコンテンツが入っていなかったり、商品購入までの導線がわかりづらかったりすると、広告費をかけて集客できたとしても、その後の受注に効率よく繋げることはできません。

その場合、広告費をかける前に、まずはＷｅｂサイトの中身を改善する必要が出てきます。

このように、問題解決するに当たって重要なのは、解決する前にその問題の根本的な原因を把握する、すなわち「問題発見」がまず必要となってくるのです。問題発見されることで、理想の姿を実現するために必要なことが洗い出されるのです。

経営における問題解決の重要性

経営とは何でしょうか。

「経営とは、目標と現状のギャップを埋めるための戦略と戦術のことである」と園山征夫氏の著書『勝ち続ける会社の「事業計画」のつくり方』（クロスメディア・パブリッシング）の中で、記されています。

目標は、本書で言う「理想の姿」です。理想の姿と現状のギャップは「問題」だと先ほどお伝えしました。

その問題を埋めていくための戦略と戦術が「経営」ということです。

すなわち、「経営」とは、問題解決をし続けていく、ということなのです。

従って、企業において「理想の姿」を目指すに当たって、経営と問題解決とはイコールであり、切っても切り離せない存在になるのです。

問題解決し続けられる企業とそうでない企業との違い

従って、問題解決し続けられる企業とそうでない企業との違いも明確です。

【問題解決し続けられる企業の特徴】

- **「理想の姿」が明文化されて会社に共有されている**
- **「理想の姿」と「現状」とのギャップの根本的原因が把握されており、理想の姿を実現するために必要なことが明確である**
- **「理想の姿」を実現するための戦略および具体的な戦術が定まっている**
- **右記が常にアップデートされ続けている**

問題解決し続けられる企業とは、これらすべてが継続して実行されています。

一方で、問題解決し続けられない企業は、これらいずれか（あるいは複数）において不十分な状態となっています。

問題解決し続けられる企業というのは、自社の現状を把握し今後向かうべき「理想の姿」が明確であり、そして常にその「理想の姿」に向かって適切な戦略・戦術を実行しています。

　このような状態である企業こそが「理想の経営」を実現している、実現し続けられている企業なのです。

問題解決に必要な能力「ロジカルシンキング」

経営、すなわち問題解決には、ロジカルシンキングが重要であり不可欠です。

これは、様々な書籍やメディアでも書かれているので、皆さんも耳にタコができるくらいかもしれません。

ロジカルシンキングは、日本語で「論理的思考」と表現されます。

論理的思考というと、難しい理論をこねくり回して相手を論破するようなイメージを持たれる場合がありますが、それは違います。原因と結果を明らかにするための「筋」が通った考え方ということです。

ロジカルシンキングは、問題解決を進めていく中で立ちはだかる数々の事象や仮説を、原因と結果にスッキリ分けて、誰が見てもわかりやすく構造化していくことなのです。

問題解決を進めていくプロセスで大切なことは、先ほども述べました問題の根本原因を見つける「問題発見」です。理想の姿に近づくためには、現状において何が根本原因なのか

図4-3：MECE

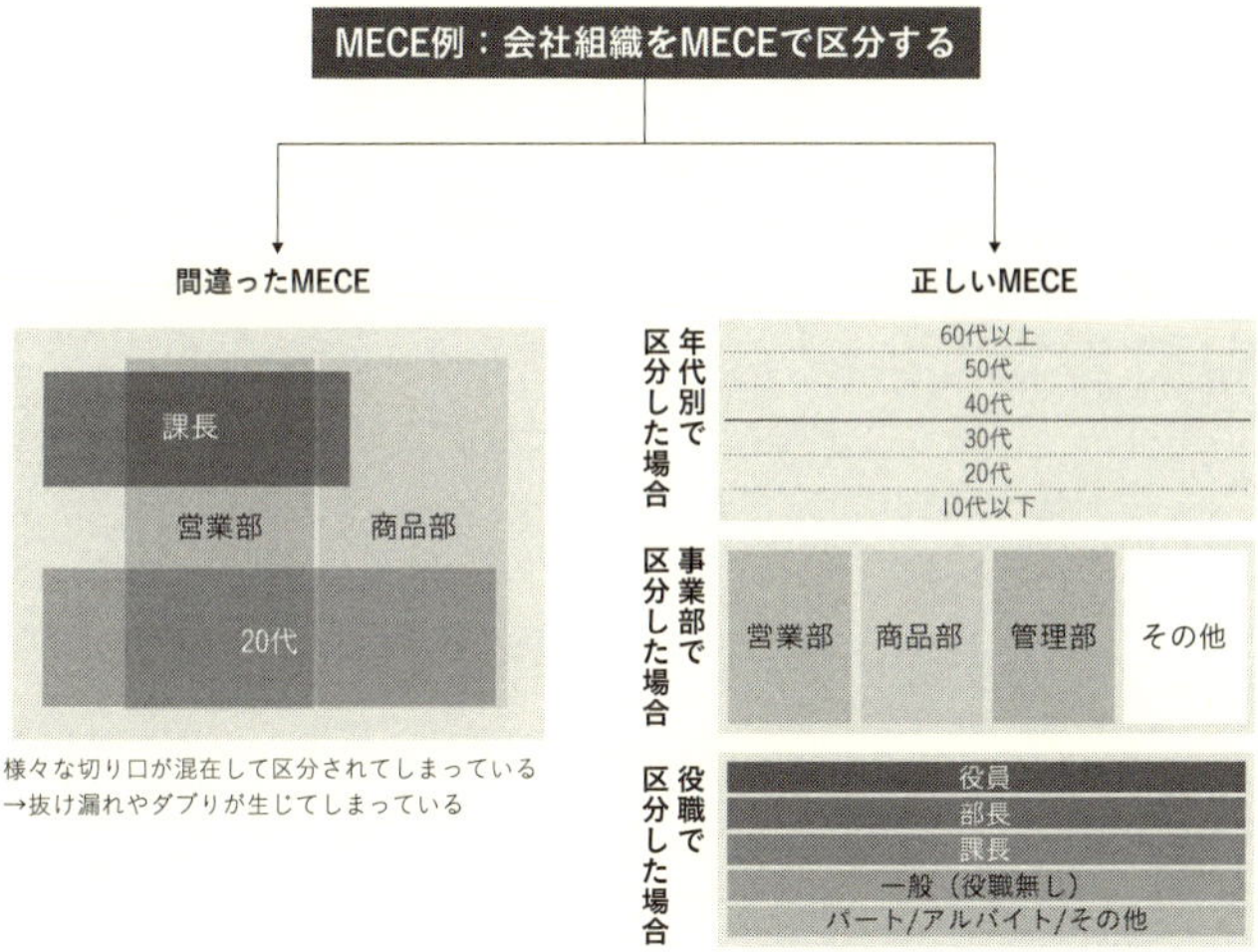

をつきとめ、それらに必要な打ち手を構築してひとつずつ潰していくことです。

煩雑な問題をやみくもに潰しているだけでは、時間もかかり、根本的な問題解決につながりません。数ある問題の中から何が真の問題なのかを見つけることは、最小限の努力で最大の効果を得る問題解決方法にもなるのです。

この作業にロジカルシンキングが威力を発揮します。

MECEとロジックツリー

ロジカルシンキングをするに当たって、重要な考え方があります。

それは「MECE」です。

MECE（Mutually Exclusive and Collectively Exhaustive）とは、ミーシーと略し、日本語に訳すと「モレなく、ダブりなく」という意味になります。

MECEの本質とは、「全体を捉えてそれをいくつかの分類に正しく分けること」です。その際にポイントとなるのは、どのような切り口で分類するのかということです。

例えば、自分の会社組織を例に取ってMECEで整理してみましょう。「営業部」「商品部」「管理部」など事業部別の切り口、「20代」「30代」「40代」など年代別の切り口、「役員」「部長」「課長」といった役職別の切り口などがあるでしょう。

全体を分類するには、目的にそって、どの切り口を使って分けるかということが大事になります。

ただし、複数の切り口を混在させてしまうと、モレやダブりが生じる原因になってしまいます。

問題解決においても同様で、複数の切り口が混在してしまっていたり、不足している要素が出てしまうと、正確に根本原因を把握することができなくなってしまいます。

従って、MECEを意識し、全体像を掴んで議論することが重要なのです。

そして、このMECEの考え方で問題を構造化して整理するのに有用なフレームワークが「ロジックツリー」です。

図4-4：ロジックツリー

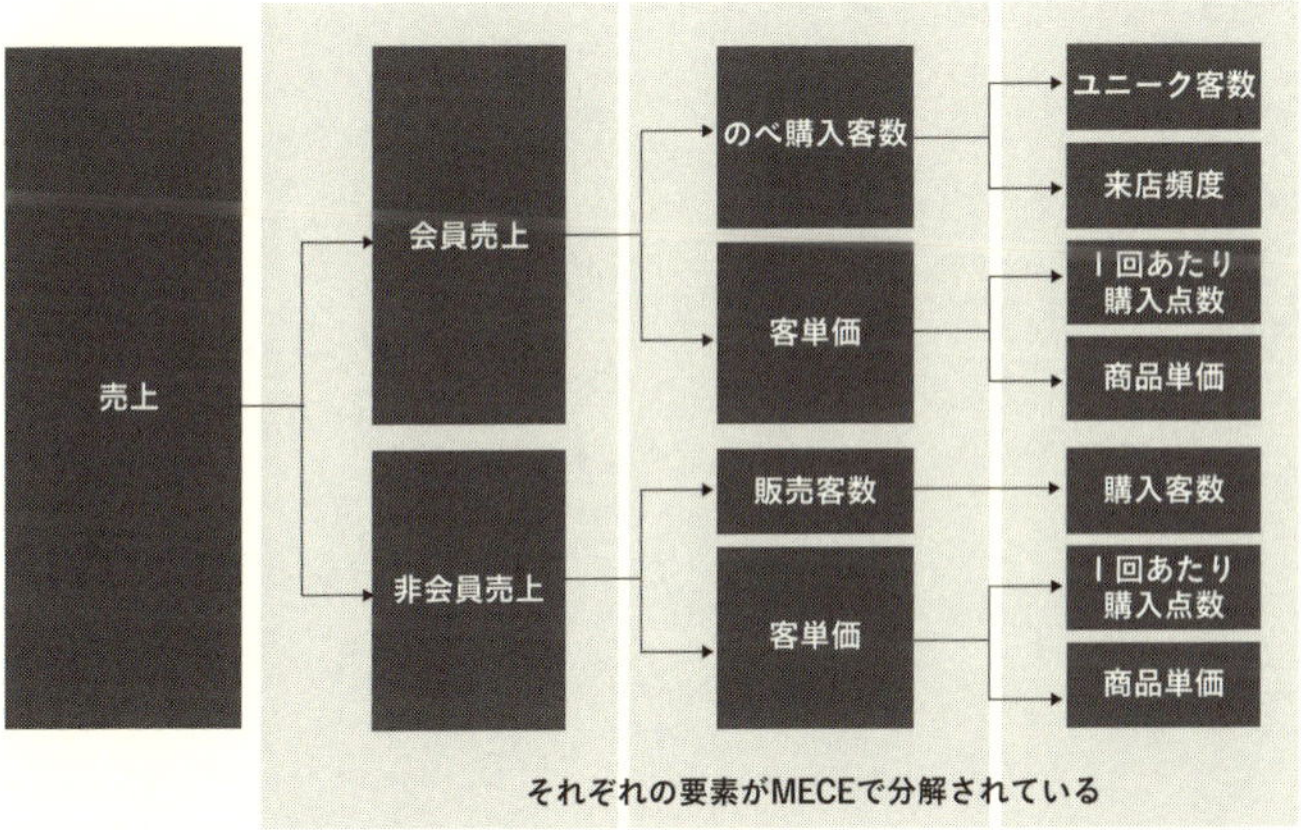

ロジックツリーは、文字通り「論理の木」であり、大きな問題点からたくさんの原因や要因が枝分かれしていくのでそう呼ばれています。

ロジックツリーを作成するには、ロジカルシンキングをしながら全体を俯瞰していくことがポイントです。

ロジックツリーを使うことで、問題の全体像が明確になります。

複雑で解決不可能とも思えるような問題であっても、それを細分化して整理できます。起こっている事象間のつながりを可視化することができるので、解決策（打ち手）が的確かどうかについても判断できます。

また、自分自身の頭の整理になることも大

きなメリットでしょう。

ロジックツリーをつくる際のポイントとして大きく2つ挙げられます。

1つは、同じレベルの枝では分類基準が揃っていることです。

そしてもう1つは、分解した要素にモレやダブりがないことです。また、下位概念で分解した要素はそれらの上位概念のすべてが網羅されていることが重要です。

なるべく上位概念から下位概念への分解は2〜3、多くても5つくらいまでが適当と言われています。いきなり多く分解すると内容が把握しづらく、何より漏れやダブりが発生する可能性が高くなります。

2〜3ずつ分解していきながら課題をブレークダウンしていくことが大切です。

ロジカルシンキングで問題仮説を洗い出す

さて、実際にロジカルシンキングで「理想の姿」と「現状の不満」のギャップである問題の根本原因を洗い出していき、理想の姿を実現させるために何が必要となってくるのかをイメージしていきます。

ロジックツリーを作って問題全体の構造が見えてきたら、何がもっとも重要な問題なのかを仮決定しします。これを「仮説思考」と言います。

仮説思考とは、仮説を立てていく際、最初から完璧を求めず、現時点での仮の結論（仮説）としてもっとも重要な課題を設定し、それが正しいのか間違っているのかを検証していく考え方です。仮の結論（仮説）とは、その時点でもっとも本質的と思われる問題のことを指します。

仮説思考にあたっては、可能性のある切り口をあらゆる角度から万遍なく考えることが大切です。可能性の低そうな事項を含めてすべてを網羅的に検討したり、やみくもに考えていては、時間がいくらあっても足りません。

この仮説思考を進めていくにあたって、仮説が正しいか間違っているかを検証していく過程で「現状分析」が大きな力を発揮するのですが、それは5章にて説明していきます。

さて、仮説を整理する上でのポイントは、なるべく深くその背景を考察しておくことです。そして場合によってはその考察を他の人（できれば実際にあなたの商品なりサービスを使う人）に聞きながら仮説の精度を出来る限り高めていくことも大切です。

例えば、自社商品の売上を大きく伸ばしていくことが理想の姿であるのだとしたら、現在自社商品を使っている人に、なぜ他社の商品ではなく自社の商品を使っていただいているのか聞いてください。また、他社の商品を使っている人にも、なぜなのか聞いてください。使っている理由や評価はもちろん、なぜ知ったのかや一緒に使っている商品、はたまた日々の生活や仕事など、聞ける限りとことん聞いてみてください。

理想の姿では、自社の商品を使っている〝その人〟が、たくさんいる状態なのですから。

問題解決に活用できるフレームワーク

さて、最後に問題解決するに当たって、活用できるフレームワークをご紹介します。「SWOT分析」や「5 Force」「PEST分析」等、様々なビジネスにおけるフレームワークがありますが、実は問題解決において意識すべきフレームワークはたった一つです。それは、「3C分析」です。

3C分析とは、企業経営などにおいて、customer（顧客・市場）、competitor（競合）、company（自社）の観点から市場環境を分析し、経営戦略上の課題を導くフレームワークのひとつである、と一般的に説明されています。私が思うに、最もシンプルに企業経営において必要な顧客（市場）、競合、自社を整理できるフレームワークです。

「商売」とは、〝誰かに何かを提供し、その対価としてお金を得る〟ことです。

そこに関わってくるものは、自社が商売している相手である顧客（市場）と同じ顧客相手に商売している競合です。それ以外にはありません。

例えば、他の代表的なフレームワークである「SWOT分析」で整理される強み、弱み、

図4-5：3Cの例（クロスメディア・コンサルティング）

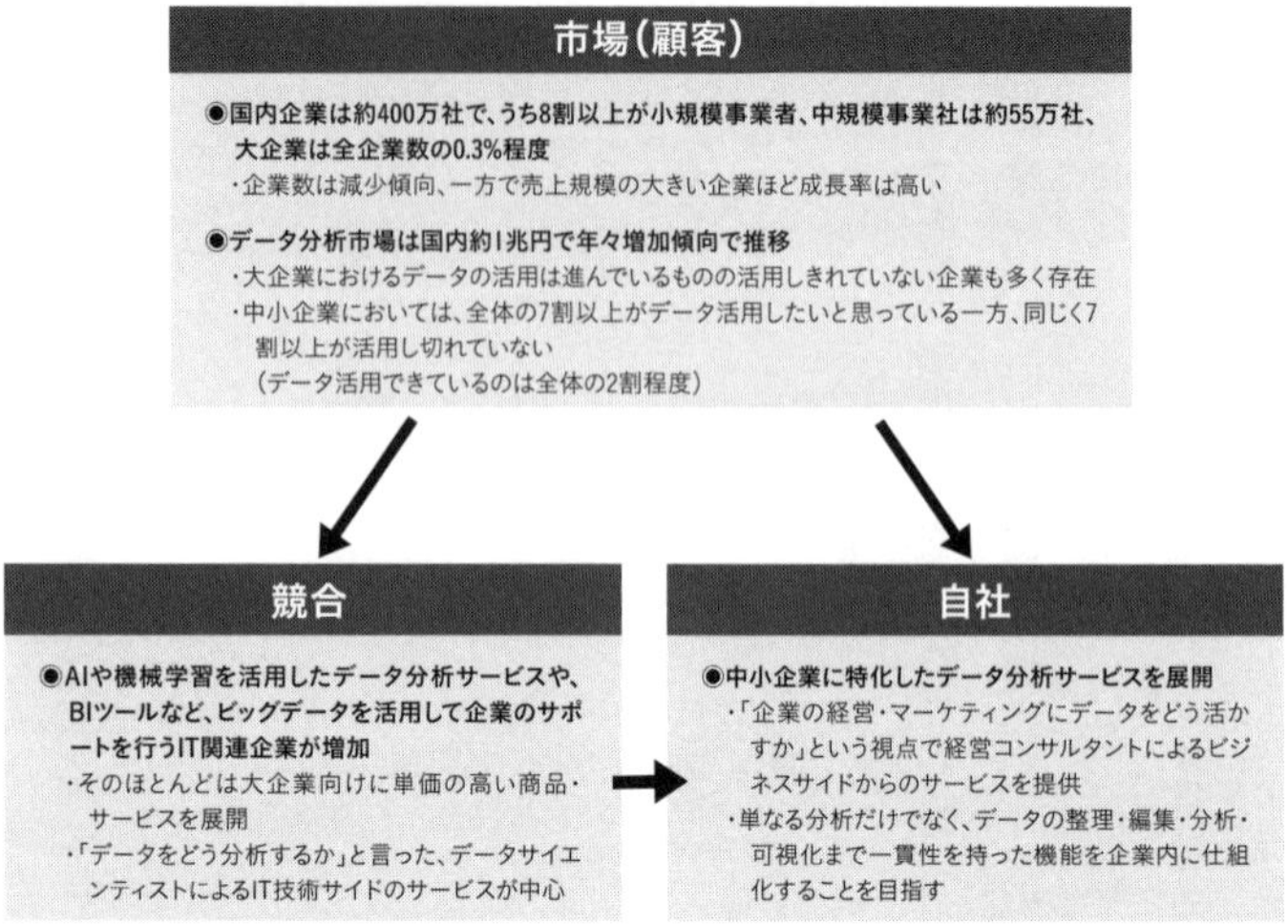
市場（顧客）
◉国内企業は約400万社で、うち8割以上が小規模事業者、中規模事業社は約55万社、大企業は全企業数の0.3%程度
・企業数は減少傾向、一方で売上規模の大きい企業ほど成長率は高い
◉データ分析市場は国内約1兆円で年々増加傾向で推移
・大企業におけるデータの活用は進んでいるものの活用しきれていない企業も多く存在
・中小企業においては、全体の7割以上がデータ活用したいと思っている一方、同じく7割以上が活用し切れていない
（データ活用できているのは全体の2割程度）
競合
◉AIや機械学習を活用したデータ分析サービスや、BIツールなど、ビッグデータを活用して企業のサポートを行うIT関連企業が増加
・そのほとんどは大企業向けに単価の高い商品・サービスを展開
・「データをどう分析するか」と言った、データサイエンティストによるIT技術サイドのサービスが中心
自社
◉中小企業に特化したデータ分析サービスを展開
・「企業の経営・マーケティングにデータをどう活かすか」という視点で経営コンサルタントによるビジネスサイドからのサービスを提供
・単なる分析だけでなく、データの整理・編集・分析・可視化まで一貫性を持った機能を企業内に仕組化することを目指す

機会、脅威においても、3Cである顧客と競合、そして自社のそれぞれの状況をクロスしながら整理されるものです。

5Forceも同様です。顧客、競合、自社の状況踏まえ、競争要因へと変換して整理します。

このように、すべて3Cが基準となっており、3Cが明確に整理されさえすれば、他のフレームワークに変換することは大して難しいことではありません。3Cでヌケモレなく整理することこそが、問題解決へと繋がるのです。

例えば、当社の場合、3C分析で整理をすると図4-5のようになります。

このように、自社を取り巻く環境を改めて整理してみましょう。

第5章

現状分析

「現状の不満」を鮮明にすること

ビジョンアプローチにより「理想の姿」が鮮明にイメージされ、それを実現するための考え方や方法、ポイントについても理解できたかと思います。

次は、第4章で説明した考え方に基づき、具体的に「理想の姿」を実現させるために何をしなければならないのかを説明していきます。

そこで必要になってくるのが「現状の不満」の鮮明化です。

経営とは問題解決の連続であり、それは「理想の姿」と「現状」とのギャップを埋めていくことだという説明をしました。

「理想の姿」は経営におけるゴール（あくまで現時点でのゴール）になるので、そのゴールを明確にイメージすることが重要だということはよくわかると思います。

何度も説明していますが、何をするにしてもゴールが見えないことには到達することはできません。

それでは、「理想の姿」がゴールだとすると、そこに向かうためのスタート地点はどこになるでしょうか。

そう、「現状」です。

当たり前かと思われる方がほとんどだと思いますが、「理想の姿」へ向かうためのスタート地点である「現状」を忘れがちな経営者がとても多いのが事実です。

正確に言うと、忘れていると言うよりは、「わかっているつもりで正確に把握していない」の方が正しいです。

「現状」とは「理想の姿」に向かうためのスタートとなります。

「理想の姿」を実現するために、今、自社の経営がどのような状態なのか、例えば、売上を構成している要素は何なのか、改善強化できるポイントはどこなのか、顧客からの評価は高いのか低いのか、ブレイクスルーするための資産はあるのか、など、今までの歴史で積み上げられた実績という「現状」、その「現状」のパワーを源にして「理想の姿」へ向かっていくので、現状を正確に把握し、理想の姿を実現するために何が足りないのか、すなわち現状の不満を鮮明にすることが重要なのです。

だからこそ、この第5章の主題でもある「現状分析」が必要なのです。

データ分析が鍵を握る

さて、ではどのように「現状の不満」を鮮明にするのでしょうか。
ここで威力を発揮するのが「データ分析」となります。
なぜデータ分析が必要かというと、例えば、現状を把握する上で

・お客様は40歳くらいの方が一番多くて、少しずつ増えていて、現状約1000人くらいが1年間の間で買ってくれている

この程度のことはこの本をお読みの皆さんも把握されているかと思います。

しかし、「理想の姿」が年間1万人の人に購入してもらっている状態だとした場合、どのように1000人から1万人まで増やしていくのか、具体的なアクションプランまで落とし込むことができるでしょうか。

・お客様は40代がちょうど半数で、この3年間の間で毎年平均7・5%ずつ増加しており、直近年では1025名で2億3200万円の売上となっている
・しかし、新規顧客は毎年10%ずつ増加しているものの、リピート率が低く3年前は75%がリピートしていたが直近年のリピート率は65%まで減少している
・リピート率をお客様の年代別に見ると、50代以上は85%と高い一方で、40代は70%、30代以下は45%と年代ごとに大きく乖離している
・リピート率の高いお客様層は、○○の商品を……

このように、数字とともに具体的に現状が整理されるとどうでしょうか。自社の強み・弱みが定量化されることにより、どこが伸ばせそうか、一方でどの部分を改善する必要があるのかが明確になります。

現状が定量的に明確になることによって、理想の姿を実現するための自社の現時点での問題が数値化されます。また、同様に強みも定量的に洗い出されます。

そうすることで、現状から「理想の姿」へと進んでいくに当たって、どの数字をどの程度上げていかなければならないのかが明確化され、その数字を上げていくためには何をどの程度のスピードで実施していかなければならないのか、具体的なアクションプランにまで

落とし込むことができるのです。

富士山登山で例えると、具体化されていない状態が「現在5合目」という状態です。

これでは、3776mの半分の高さまで来ていることしかわかりません。

実際にはあと何㎞歩く必要があるのか、それにはどの程度の時間がかかるのか、具体化されている状態と言うのは、

「このままのペースで歩くことが出来れば、後○○歩、○時間○分で頂上に着くことができる」まで落とし込まれた状態です。
○○歩さえ歩けば○時間○分でゴールにたどり着く、ゴールという「理想の姿」を実現するためには具体的に何をすれば良いのか、ここまで落とし込まれてさえいれば、実行可能性も見えるのではないでしょうか。
もちろん、途中雨が降ったり、勾配角度が変わったりと、当初立てていた計画通りにはならないかもしれません。しかし、初期の計画で具体性が高ければ高いほど、実行途中で何か生じた際の計画修正もスムーズに行えます。

このように、データ分析により、「現状」から「理想の姿」へ向かうための具体的なアクションプランが落とし込めるのです。

多くの企業が陥っている現状

もちろんデータ分析にも限界はあります。最後は今までの経験がものを言うことも多いです。ですが、可能な限りデータ分析を駆使して、経営判断や意思決定をすることが重要です。

私は様々な企業をコンサルティングする中で、このような場面によく出会います。次は、拙著『問題解決のためのデータ分析』（クロスメディア・パブリッシング）をお読みいただいたとある会社の社長から私の会社宛にいただいた本の感想です。

売上拡大を目指すに当り、

「この新商品は売れます。店頭で丸一日かけて来客者に試してもらったところ、〝大半〟の人から〝好評〟でした。また、来客者の〝何人かに1人〟は立ち止まって話を聞き、試してくれました。ですので、大量に作ってこのターゲット層の一般消費者に大々的に販売を仕掛けましょう。〝絶対儲かりますよ！〟」

不調の暗雲から抜け出せない上期をレビューする経営会議で、下期について議論する中、取締役営業部長がそろそろ何か手柄を挙げたいと願ってか、このように発言します。

多かれ少なかれ、ほとんどの企業がこのような感じなのが現実です。

別のコンサルティング先であるＩＴ企業も社長以下営業部長もメンバーも全員、技術論争は好むけれども、商品をどうマーケティングするかを議論してもらうと、前述の企業とほぼ同じです。

根拠となるデータが何も示されないうちに、

「この事業部の未来は、この新商品にかかっています。〝良い商品〟ですから3年で、少なくとも今の30倍は売れますよ」という豪語で締めくくろうとする恐ろしさを目の当たりにします。

その結論でもって会議を締めくくらないように阻止し、ありとあらゆる角度からのデータを社内外から収集する膨大な宿題を出して終わります。

そして収集完了の合図が来た時に、データ分析に取り掛かってもらいます。

気の遠くなるような戦いですが、貴社が同じ視点で大変興味深い書籍を出版されているのを知り、時に溜息をつきたくなる自分を発奮させるために読ませていただきました。

プラットフォーマーだけでなくとも、ビッグデータはどこにでも集積されていきます。有用なものをいかに取り出すか、ＡＩの力を借りるところもありますが、何を収集するのか、どのような結論に導きたいのかを決めるのかは人間ですし、データだけならば刻一刻と量が増え、情報が変化していきますから、時間との戦いでもあります。

データを少しでも重視する企業が増えないと、経営判断もますます難しくなります。

データやそれが示す情報を読み取って経営判断していく機能がない企業で働く従業員は不幸になります。働き方改革なんて、勘ですべてを動かしている企業ではできません。

貴社のご活躍はきっと世の中を変えることができます。少なくとも、日本の中小企業を救済できます。よろしくお願いいたします。

大変有難い感想をいただいたと思うのとともに、日本の多くの中小企業がデータに基づいた経営をしていないが故に、達成すべき「理想の姿」が理想のまま終わってしまっているのです。

ビッグデータの活用状況

具体的にデータ分析のアプローチに入る前に、現状の日本の企業におけるデータ活用状況を見ておきたいと思います。

少し前のデータとなりますが、総務省の情報通信白書（平成27年度）の中から企業データ活用について整理しました。

業種ごとにバラつきはありますが、経営管理や業務の効率化といった効率性を高めるための目的が最も割合高く、次いで商品・サービスの品質向上となり、顧客や市場の調査・分析や経営戦略・事業戦略の策定といった売上を上げるための目的までが全体の4割程度となっています。

こちらアンケート対象企業は大企業と中小企業がほぼ半々で取られているようです。

その他の傾向を見てみると、

図5-1：業種別のデータの活用目的

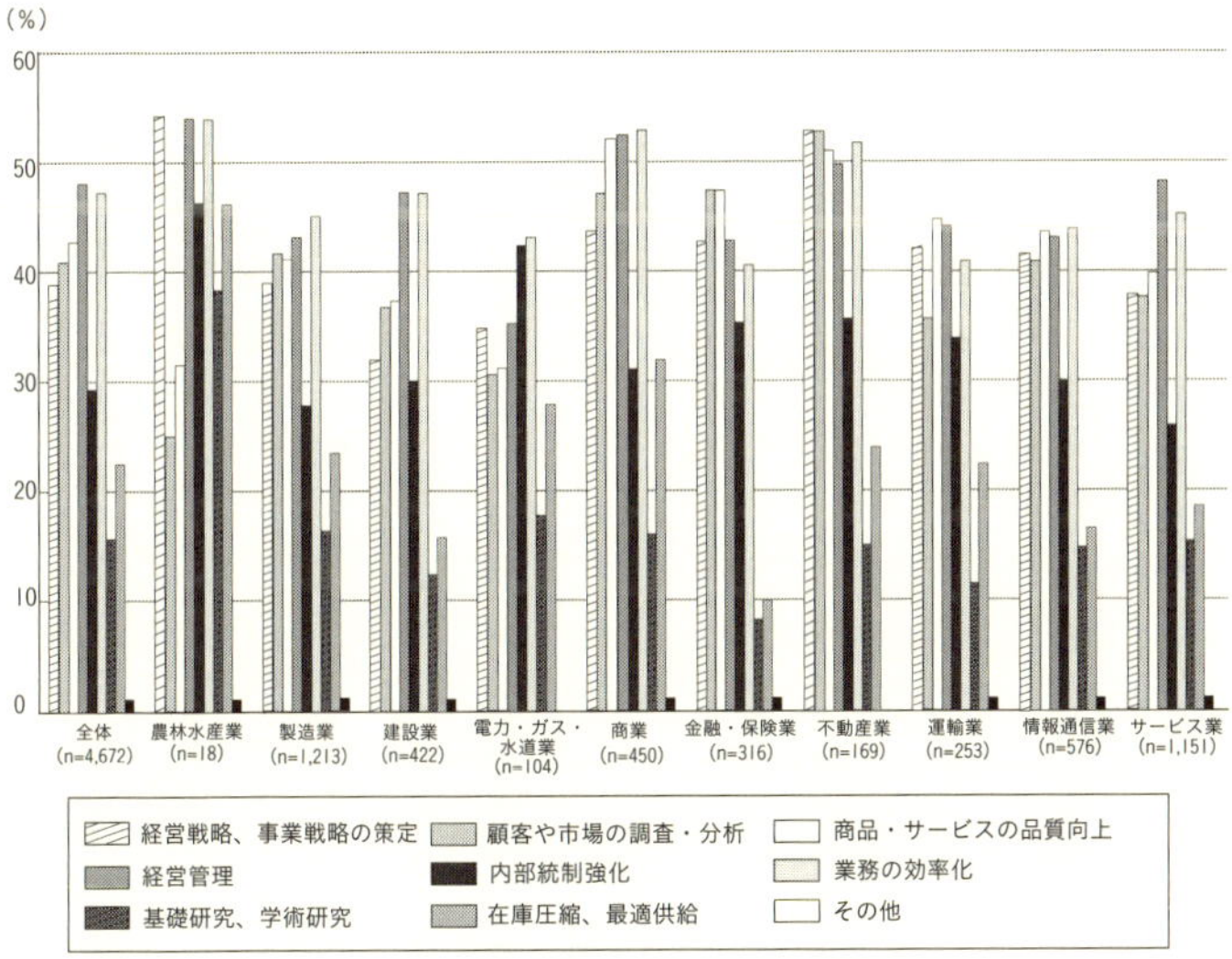

目的	（例）
経営戦略、事業戦略の策定	売上データ等の社内情報や統計情報等の社外情報を幅広く収集・分析することによって売上への影響等を予測し、注力事業の決定や戦略立案を行う。
顧客や市場の調査・分析	顧客データ、販売データ、SNSへの書き込みデータなどから消費傾向を分析し、ニーズや企業への評価を把握する。
商品・サービスの品質向上	設備や製品にセンサー等を取り付けて利用状況を収集し、故障や備品の交換時期等を予測する。それによってきめ細やかな保守・メンテナンスを行う。
経営管理	経理データや売上データ、また各部門からあがってくるデータを分析してこれまでよりも短時間で予実管理を行う。
内部統制強化	経理データや業務日誌等から不正の可能性や兆候のある取引を事前に検知し、内部統制を強化する。
業務の効率化	RFID やセンサーを取り付け稼働状況や位置情報を収集し、そのデータを活用することによって業務プロセスの効率化・最適化を行う。
基礎研究、学術研究	センサーなどから収集される大規模データを有効活用するための研究開発を行う。
在庫圧縮、最適供給	販売データや気象データなどから需要予測を行い、生産・出荷量の調整を行う。また、RFID やセンサーを取り付けてリアルタイムに在庫状況を把握する。

・データの活用領域としては、経営全般が最も高い
・顧客データや経理データは半数近くが活用しているが、POSデータやEC等の販売データなどは活用しきれていない
・データ活用している半数弱の企業のうち6割程度が一ヶ月単位以上で分析
・大半がExcelやAccess等での分析
・データ分析専門の人材はほとんどおらず、あくまで業務担当者が実施
・データ活用企業のうち、半数以上は効果あり
・頻度高く分析しており、複数データを活用している企業ほどデータ活用の効果が出ている

などとなっており、データを活用できている企業ほど、その効果が出ていることがわかります。

反対に、全体の8割（データ活用していない6割＋活用しているけど効果出ていない4割×50％の企業）の企業は、いまだにデータ活用できていないことがわかります。

この傾向は、数年前からほとんど変わっていません。

それは、機械学習やＡＩなど、データを分析する手段が成長している一方で、それを取り扱う企業側が、そもそもデータを何のために活用するのかの目的や意識が低いことや、その意識はあっても実際にどのように分析をすべきなのか、方法の未整備や人材が足りていないことが挙げられます。

そして本来必要なのは、データ分析できる人材ではなく、経営やマーケティングなど、その企業にとってデータをどのように活用すべきか現場がわかった上でデータを活用できる人材や機能・仕組みになるのです。

データ分析のアプローチ

それでは、次にデータ分析のアプローチ方法について説明します。
データ分析のアプローチは

❶目的の明確化
▼
❷仮説の洗い出し
▼
❸分析方法の定義
▼
❹データの収集
▼
❺データ分析
▼
❻課題設定

という流れとなります。

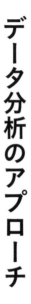

すべては「目的の明確化」からスタート

「目的の明確化」とは、その「理想の姿」をビジョンアプローチで鮮明にしたかと思いますが「目的の明確化」とは、そのことです。

「現状の不満」を鮮明にすることがデータ分析になりますが、「現状の不満」とは、「理想の姿」があってこそあぶり出されます。

本書を1章から順番にお読みいただいている方であれば問題ないのですが、この「目的の明確化」が疎かになってしまうケースをよく見ます。

スポーツや学生時代の試験勉強、あるいは自分自身の人生設計と同じように、経営についても目的を明確にしておかなければ「データ分析」の進め方を間違えてしまい、大幅に遠回りをしてしまう可能性が多いにあり得ます。

本書の目的はあなたの「理想の経営」を実現させることなので、この順序を間違えることはありませんが、普段の業務においても何かを改善する際には、必ず「目的の明確化」をはじめにしっかりと行うことを心掛けることが重要となります。

例えば、普段会議等で使用している月次の予実管理表や売上推移、顧客管理シートなど、時間をかけて作成されていると思いますが、果たしてその帳票類が、明確な目的を持って、その目的を達成させるための課題を抽出しているものなのかを今一度確認していただければと思います。

もしそれらの帳票類を見ても、具体的に明日から何をすべきなのかがわからない場合は、その帳票類では不十分なのかもしれません。

日々の業務の連続が「理想の経営」を実現させることに繋がるので、本書の前半を読んで鮮明化された「理想の経営」を目的とし、改めて「現状」をデータ分析により可視化し、そこから出てきた不満な状態を解決するためのアクションプランを実行できる帳票類を作成することも念頭に入れていただければと思います。

ロジカルシンキングで「仮説の洗い出し」を

仮説とは、その名の通り「仮の答え」になります。

例えば「この事業の成功要因は○○なはずだ」や「この問題の原因はここにあるに違いない」といったことです。

起こっている現象の要因や背景に対して、詳しく調べる前に、先に仮の答えを一通り洗い出してしまうことが「仮説の洗い出し」となります。

例えば、「理想の姿」に対して、現状は売上が低いカフェを経営していたとします。なぜ売上が足りていないのか答えを導くに当たって、「なぜ」「なぜ」を繰り返していきます。

例えば、「競合店舗ができてお客様が取られてしまった」という仮説に対して、「競合店舗の方がコーヒーをはじめとしたドリンクが安い」とか「競合店舗の方がメニュー数が多い」や「競合店舗の方が駅から近い」など、考え得る仮の答えを洗い出していくことです。

データ分析において、どのような場面でも必要になるのが仮説を構築することです。このように、仮説は、データ分析や数字で検証するための拠り所となるのです。

仮説はなるべく考え得ることをすべて洗い出します。

最終的には、洗い出した仮説の中から「理想の姿」を実現するために必要な要素に優先順位を付けて実行することが必要となります。

そのためには、P178で示した❻「課題設定」をすることが重要なのですが、そのために❸「分析方法の定義」から❺「データ分析」までを行っていきます。

自分は長く経営をしていきているから、今までの経験から仮説を洗い出さなくても、何をすべきかわかっている、と言う経営者の方もいるかと思います。

しかし、よく考えてみてください。

今までの歴史やこれまで積み上げてきた実績の結果が「現状」です。

その「現状」とあなたの「理想の姿」との間には大きなギャップが生じているかと思います。

従って、今までの経験はいったん捨てて、客観的に現状を分析することが大切なのです。

❷「仮説の洗い出し」をもとに、❸～❺を実施し、❻「課題設定」をするのですが、その過程でデータ分析を積み重ねることで、複数の仮説の中から優先順位がつき、最終的に「理想の姿」を実現するために必要な課題が絞り込まれていきます。

例えば、原因が何かはわからないのですが理想の姿に対して「売上が低い」という状況の原因仮説が10個出てきたとします。

この10個の仮説ですが、すべてが「理想の姿」を実現するためにインパクトのある課題でないかもしれません。また、せっかく洗い出した仮説なので、すべての課題にアプローチしていきたいかもしれませんが、現実的には人的リソース、時間的リソースをすべてにかけることもできないでしょう。

そこで、この後説明する❸～❺のアプローチを踏むことで、洗い出した仮説が優先順位を付けて絞り込まれて、理想の姿を実現するために必要な課題が明確になります。

理想の姿に対して現状の売上が低い状況の要因が、「客数が少ないのか、それとも客単価が低いのか」がわかれば、10個の仮説は絞り込めるでしょう。

さらに、「客数が少ない」ことが顕著であれば、「新規顧客が取れていない」のか「既存顧客のリピート率が低い」のかなど更に原因が絞り込まれていきます。

このように洗い出した仮説に対してより的確に「当たり」をつけていくことができるのがデータ分析となります。

この仮説の洗い出し方法ですが、第4章で説明したロジカルシンキングの考え方・手法を用いて行っていただくことで、漏れなく洗い出すことができます。

仮説の検証は「分析方法の定義」が重要

洗い出した仮説に基づき、データ分析を行います。

データ分析をすることで、洗い出した仮説を検証することになります。

定量的にどの仮説が「現状の不満」として大きな要素を占めているのかを把握する必要があります。

ポイントとしては、第4章でも説明した、3Cの視点で分析方法を定義することです。

自社の現状だけでなく、自社を取り巻く市場（顧客）や競合企業等についても把握することが重要となります。

データ分析について、この分析方法の定義がとても重要となります。

ビッグデータやデータマイニング、データサイエンティストなど、所謂膨大なデータを如何にして活用するかの議論は数年前から言われていますが、現実としては、一部の大企業を除いて、実際にデータ活用により業績を向上させた、あるいはそれに近い効果を得た、という話をほとんど聞きません。

特に、中堅規模以下の企業にとってはなおさらです。

機械学習やＡＩ等、ＩＴ技術の発達により、「取得したデータから傾向を導き出すこと」は容易になり、また精度も飛躍的に上がっていますが、本来重要なのは、そもそも何のために分析をするのかということ。すなわち「売上や収益を向上させるために重要な要素は何なのか」などといった、本来の目的を明確にし、その目的を達成させるために必要なデータの取得および分析方法、そしてアウトプットの仕方を定めることです。

しかし、ほとんどの企業において「データマイニング」や「データサイエンス」といった膨大なデータを分析するという手段にばかり目がいってしまい、成果の出ないデータ活用となってしまっています。

図5-2：分析方法の定義をする上での整理例

目的の明確化	仮説の洗い出し		分析方法の定義	データの収集	データ分析
売上高の増加	客数の減少	新規顧客の減少 既存顧客のリピート率の低下	顧客別の売上推移 顧客別の客数推移（客単価） 顧客別の購入商品分析 消費者ニーズ調査分析	顧客別・商品別の日別売上（3ヶ年） 同上 同上 同上 消費者アンケート（認知度、ニーズ等）	顧客セグメントの設定 顧客セグメント別に分析 顧客別×商品別に分析 調査結果分析
	客単価の減少	商品単価の減少 一人当り購買点数の減少	商品別の売上推移（数量、単価） 商品別の客数推移 ABC分析	顧客別・商品別の日別売上（3ヶ年） 同上 同上	商品カテゴリの設計 商品カテゴリ別に分析 商品単品別の分析
	チャネル（店舗）別の売上減少	店舗ごとの売上減少 店舗への来店客の減少 店舗での購買率の減少 競合店舗の台頭	店舗別の売上推移（客数、客単価） 店舗別の来店客比較 店舗別の購買率の比較 店舗別の競合店舗との比較	店舗別の月次売上（3ヶ年） 時間帯別店前通行人数（実地調査） 時間帯別来店客数（実地調査） 時間帯別購買客数 店内商品数（カテゴリ別、価格帯別）（実地調査） ※上記調査を自店舗、競合店舗にて実施	店舗別の月次PL分析 自店舗および競合店舗の集客→購買力分析 自店舗および競合店舗の商品力分析
	商品別の売上減少	既存商品の売上減少 新規商品の売上減少 市場そのものの減少	商品別の売上推移（数量、単価） 商品別の客数推移 商品市場規模の推移	顧客別・商品別の日別売上（3ヶ年） 同上 該当する商品の市場規模（調査レポート）	商品カテゴリの設計 商品カテゴリ別に分析 商品単品別の分析 市場環境分析
	販促施策の非効率化	販促媒体の効果減少	販促別の売上・効率分析	販促媒体別の販促費および売上（3ヶ年）	販促効率分析（CPO、CVR等）

また、数値の見える化についても同様で、ＢＩツールなど、様々な数値を見える化する業務支援ツールが出ていますが、そういったツールやシステムを導入する前に「経営指標や事業推進するための指標として何を見るべきなのか」を定め、そのアウトプットはどうすべきなのかを定める必要があります。

このように、実際にデータを分析する「データマイニング」や「データサイエンス」の前に、経営および事業の目的を達成させるためのデータ設計、すなわち分析方法の定義が重要です。

データ分析の精度は「データの収集」で決まる

データ分析を実施するにあたって、定義した分析方法に基づき、それを実施するためのもととなる「数値データ」を正しく集めることが分析結果の精度に大きな影響を及ぼします。

数値データが、精度の高いものであればあるほど、データ分析の精度も上がり、理想の姿を実現させるための計画の精度が高まり、早い効果を促します。

一方、準備すべき数値データに抜け漏れがある場合、「現状の不満」を正しく導き出せない可能性があります。方向性は合っていたとしても、少なくとも粒度が荒く、実効性が乏しくなってしまう可能性があります。

料理で例えると、一つ前に説明した「分析方法の定義」がレシピで、この「データの収集」で集める〝データ〟が材料になります。

「美味しいカレーライスを作る」ことを目的とした場合、どんな材料や調理道具を使って、どのように調理するのかのレシピが細かく作成されているほど、失敗確率は低くなります。

しかし、そもそも人参やお米が準備されていなかったらカレーライスを作ることができません。仮に材料が全て揃っていたとしても泥まみれだったり虫食いでは、美味しいカレーライスは作れません。

「美味しいカレーライスを作る」という目的が起点となり、そのために必要なレシピを作成することが重要なのですが、これと同様に材料が抜け漏れなく綺麗に揃っていることが、分析結果の精度を決めるのです。

ただ、実際にはデータが未整備の場合が多いものです。

事業部ごとにデータベースのフォーマットが異なることは最もよく見るパターンです。

例えば、製造部と営業部など部署ごとにエクセル帳票を作成していて、それを付け合せるのに時間を要することがあります。同じ意味の管理項目にも関わらず、部署ごとに名称が異なることもあります。一方では「商品コード」となっているのにもう一方では「製品ID」となっているような場合などです。

この場合は時間をかけて一元管理できる帳票に仕上げれば分析できる状態になるのでまだ良いのですが、もっとひどい例としては、同一製品にも関わらず年度が変わるたびに新しいIDを付け替えたり、ルールを変更しているケースです。しかも、古い情報を保存せずに新しい情報を上書きしてしまうことも少なくありません。

この場合は、過去のIDで出てきている製品と新たに振られたIDで出てきている製品が仮に同一製品だったとしても、データ上は異なる製品として出てきてしまうので、それを紐づけなければ正しい回答を得る分析ができなくなってしまいます。

また、そもそも商品の単品ごとにIDが振られていないケースもあります。

例えば、同じ型の商品でもデザインが異なった場合、それは異なる商品として区別できることが必要なのですが、データ上全くわからない状態で管理されている場合などです。

こうなってくると、「現状の不満」を正確に粒度細かく導き出すことが困難となります。

その場合は、現状ある数値データの中で分析を行い、出てきた回答をもとにＰＤＣＡを回し、少しずつ改善していく必要があります。

逆に数値データが多すぎて頭が混乱してしまうケースもあります。不必要なデータのノイズが発生しているパターンです。

これは、❶「目的の明確化」が十分にされていなかったり、❷「仮説の洗い出し」が不十分だったりした場合によく見られます。

「理想の姿」が明確で、そこに向かうための問題仮説の洗い出しができていれば、不必要なデータを集めるということもなくなります。

このように、データ分析をする前のデータ収集は、データ分析の質を左右する重要な役割を担いますので、侮らないようにしてください。

そして、データ分析を行う上で、もっとも使うことの多いデータとは、社内に蓄積されている数値データになります。

「理想の姿」と「現状」はいずれも自社の経営に関連することなので、自ずと自社に現時点で蓄積されているデータを活用することが多くなります。

先ほどお話ししたように、データの種類によって管理している部署が異なったりすることが多いのですが、理想はそれらの数値データが一元管理されており、必要なときにすぐに出てくるようなシステムがあることです。

何もシステム構築しましょう、と言っているわけではありません。

データ自体はエクセルに打ち込まれているものでも構いません。ただ、それら様々なデータが一元管理されていて、目的に応じていつでもすぐに取り出せるような仕組みは整えておくと便利です。

読者の方の中には、「現状の不満」を導き出すことさえできれば、要は一度しっかりと分析さえできれば、その後いつもデータがスムーズに取り出せるように一元管理までする必要があるのか、と思う方もいるかもしれません。

「現状の不満」を明確にすることは、あくまで「理想の姿」を実現させるための一歩目に過ぎません。その後しっかりと二歩目、三歩目を歩み、都度検証・改善を繰り返していくことが重要です。

そのためには、常に必要なデータが取り出せる状況を整えることも大切なのです。

第6章

データ活用のポイント

自社データの整理の仕方

「理想の姿」と「現状」のギャップとして、最も重要な数値として出てきているのは売上（あるいは利益）になるかと思います。

従って、今回は売上にフォーカスして自社データをどのように整理するのか説明しますが、他の目的であってもやり方は同様です。

売上関連のデータとして最も活用するデータは、出来る限り粒度の細かい販売実績のデータになります。

例えば、ＰＯＳから抽出されるローデータです。

ビジネス（商売）とは、Who（だれが）、When（いつ）、Where（どこで）、What（なにを）、Why（なぜ）、How（どのように）の５Ｗ１Ｈで成り立っています。

この中で、Who（だれが）、When（いつ）、Where（どこで）、What（なにを）の４つは自社データとして抽出できるはずです。

例えば、店舗ビジネスをしているＰＯＳデータからだれが（顧客ＩＤ）、いつ（○月○日）、どこで（◇◇店舗）、なにを（▽▽商品と☆☆商品）を購入した、というのがわかるはずです。

このうちだれが（顧客ＩＤ）については、会員カードなどがないと把握できませんが、少なくともレシート№から、レジ客当りにいつ、どこで、なにを購入したのかは分かるはずです。もし、顧客ＩＤがあれば、その人のプロフィール情報（性別、年齢、入会日、住所など）もわかります。

それらの情報を使えばより詳細に分析できるので、顧客情報が取れる仕組みも大切です。

また、Why（なぜ）やHow（どのように）については、顧客アンケートを取るようなことをしなければ把握できませんが、なぜその店舗でその商品を買ったのかや、どのようにして店舗に来たのかなどが把握されることで、より具体的なアクションプランへと繋げることができるため、定期的に取るようなことも心掛けると良いと思います。

例えば、次の表は、全国に店舗を持つあるアパレル関連企業の自社データになります。

自社の販売データはＰＯＳシステムから抽出したものです。

そして顧客データはＰＯＳシステムにも載っている顧客ＩＤごとのプロフィール情報になります。

図6-1：販売データ例

年月日	店舗CD	店名	対象伝票番号	顧客ID	大分類CD	大分類名	中分類CD	中分類名	品番	商品名	元上代	原価	値引き額	販売価格	粗利	数量
20180401	2	吉祥寺	2036723	288888	1	Tシャツ	13	長袖Tシャツ	26456		1000	420	0	1000	580	1
20180401	2	吉祥寺	2036723	288888	1	Tシャツ	13	長袖Tシャツ	19823		1100	506	0	1100	594	1
20180401	2	吉祥寺	2036723	288888	2	パンツ	24	スウェット	50328		5000	2250	0	5000	2750	1
20180401	2	吉祥寺	2036723	288888	4	コート	45	ダッフルコート	30102		25000	10000	0	25000	15000	1
20180401	2	吉祥寺	2639009	252034	2	パンツ	28	ジーンズ	12324		3000	2070	0	3000	930	2
20180401	2										6500	5320	0	6500	1180	1
20180401	2										5000	4090	0	5000	910	1
20180401	2										7000	9100	0	7000	-2100	1
20180401	2										9800	3430	0	9800	6370	1
20180401	2										11000	3080	0	11000	7920	1
20180401	2										8000	3870	0	8000	4130	1
20180401	2										10000	5920	0	10000	4080	1
20180401	2										5000	2750	0	5000	2250	1
20180401	3										2000	900	0	2000	1100	1
20180401	3										10000	3400	0	10000	6600	1
20180401	3										8000	3440	0	8000	4560	1
20180401	3										10000	6300	1000	9000	2700	1
20180401	3										8000	5390	500	7500	2110	1
20180401	3										2500	7200	0	2500	-4700	1
20180401	3										1300	533	0	1300	767	1
20180401	3										12000	8280	0	12000	3720	2
20180401	4										600	228	0	600	372	1
20180401	4										7000	4830	0	7000	2170	1
20180401	4										8000	5020	8000	0	-5020	2
20180401	4										18000	3960	0	18000	14040	1
20180401	4										10000	3800	0	10000	6200	1
20180401	4										7800	2730	0	7800	5070	1
20180401	4										10800	4104	0	10800	6696	1
20180401	4										3800	1292	2	3799	2507	1
20180401	4										2000	1380	0	2000	620	1
20180401	15										3000	1170	0	3000	1830	1
20180401	15										4500	1350	0	4500	3150	1
20180401	15										16000	9000	0	16000	7000	1
20180401	15										25000	19000	0	25000	6000	1
20180401	40										18000	6300	0	18000	11700	1
20180401	40										4000	3040	0	4000	960	1
20180401	40										5000	4090	0	5000	910	1
20180401	40										8000	5020	8000	0	-5020	2
20180401	41										2800	1344	0	2800	1456	1
20180401	41										700	245	0	700	455	1
20180401	41										2800	868	0	2800	1932	1
20180401	41										2500	902	0	2500	1598	2
20180401	41										2200	1012	0	2200	1188	2
20180401	41										1800	558	0	1800	1242	3
20180401	41										1800	684	0	1800	1116	1

図6-2：顧客データ例

店舗CD	顧客CD	メールアドレス	顧客区分	購入回数	経過月数	最新受注日	累計購入金額	性別	生年月日	住所	電話番号	登録日
2	00001		2	6	1	2018/12/28	534994	2	1984/5/19			2011/12/28
2	00002		1	1	79	2012/6/25	40010	2	1976/1/1			2012/6/25
2	00003		1	1	78	2012/7/8	52040	2	1990/2/3			2012/7/8
2	00004		1	8	78	2012/7/3	623175	2	1989/6/12			2011/7/3
2	00007		1	1	78	2012/7/15	31920	2	1993/5/6			2012/7/15
2	00009		1	1	78	2012/7/28	30000	2	1982/3/9			2012/7/28
2	00011		2	2	140	2007/5/17	172395	2	1974/4/20			2007/3/17
2	00021		2	3	104	2010/5/30	105512	2	1998/12/4			2010/1/30
2	00024		1	1	32	2016/5/28	33050	2	1985/1/17			2016/5/28
2	00030		1	1	31	2016/6/4	41600	2	1976/8/31			2016/6/4
2	00031		1	1	31	2016/6/7	59900	2	1990/10/4			2016/6/7
2	00033		1	1	31	2016/6/12	41000	1	1990/2/10			2016/6/12
2	00034		1	1	31	2016/6/12	38800	2	1994/1/4			2016/6/12
2	00036		1	1	31	2016/6/13	36000	1	1982/11/7			2016/6/13
2	00037		1	1	31	2016/6/14	32050	2	1974/12/19			2016/6/14
2	00038		1	1	31	2016/6/19	35000	2	1999/8/4			2016/6/19
2	00039		1	1	31	2016/6/19	28000	2	1985/9/17			2016/6/19
2	00040		1	1	31	2016/6/20	30000	1	1977/5/1			2016/6/20

この２つのデータに共通している「顧客ＩＤ」を繋ぎ合わせることで、「いつ」「誰が」「何を」「どこで」購入したのかがわかるデータを作成することができるのです。

さて、ではこのようなデータを分析することで、どのようなことがわかるのでしょうか。

ここでは、一部をご説明したいと思います。

図6-3：店舗別の人件費率と地代家賃率の関係

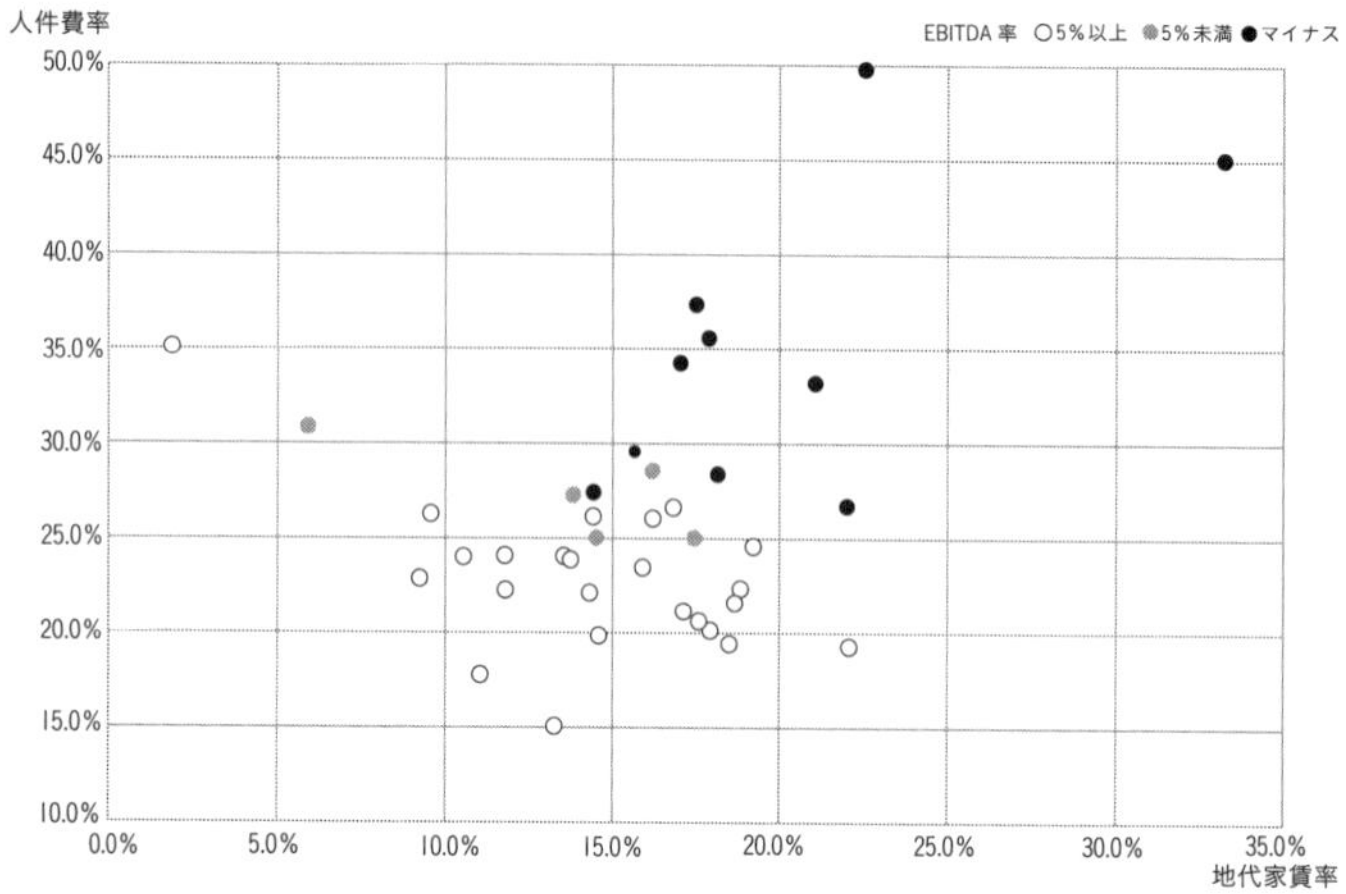

①店舗における問題

今回の事例のように店舗ビジネスの場合、店舗ごとに収益性に差がある場合がほとんどです。その差の要因を突き止めることで、勝ち店舗（収益性の高い店舗）とするための改善施策や今後の出店戦略などに繋げることができます。

店舗ごとに収益性のバラつきは必ずあります。

その差がどこにあるのか、各コストを比較することで検証できます。

図6-3は、EBITDA率の高い店舗と低い店舗で色分けをし、それぞれの地代家賃率と人件費率でプロットしたグラフとなりま

図6-4：店舗別の売上とEBITDA/売場面積の関係

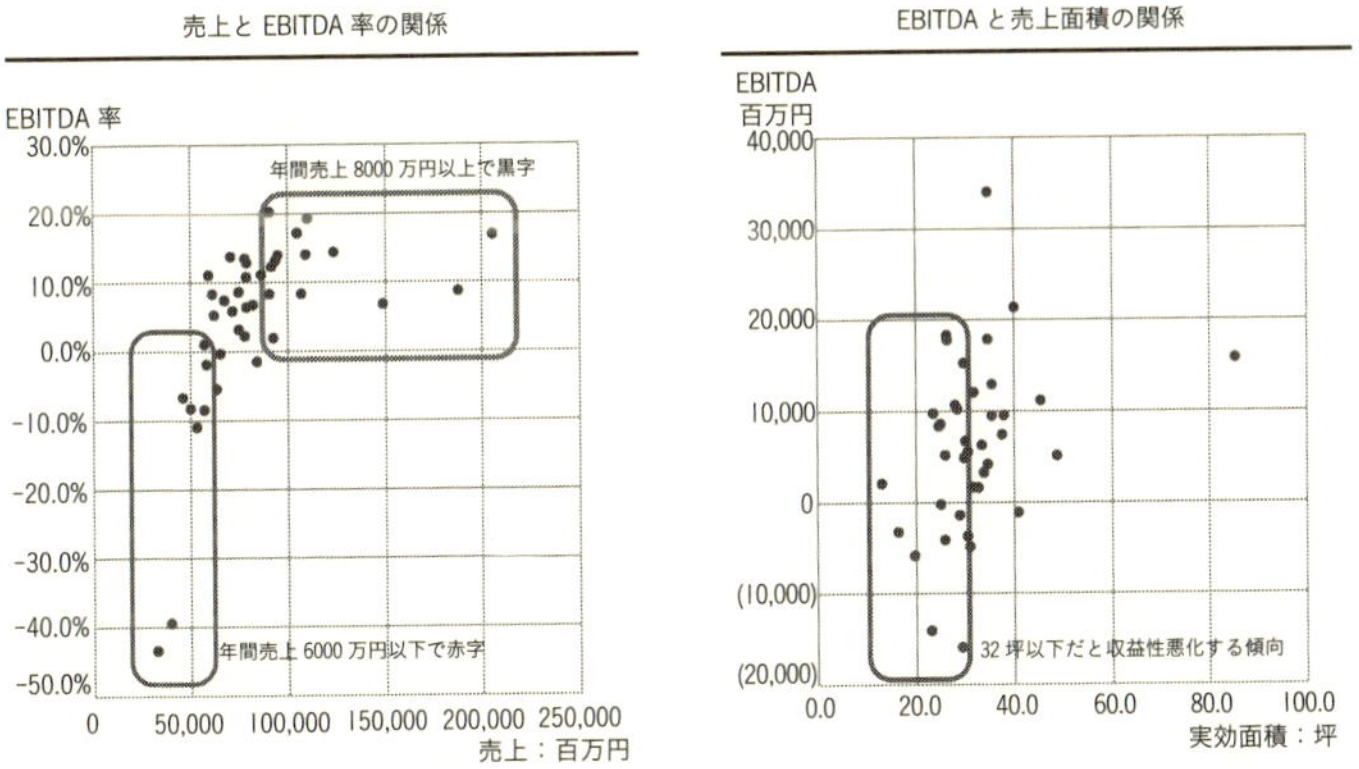

す。

ちなみに、EBITDA（イービットディーエー）は、税引前利益に支払利息、減価償却費を加えて算出した利益を指します。

店舗ビジネスでは、ほとんどの場合、収益性の悪い店舗は固定費である人件費か家賃、あるいはその両方の比率が高くなることが多いです。

店舗ビジネスにおいては、収益性の差は固定費率が圧迫しているケースがほとんどになってきます。それは、要は売上が足りずにコストを賄えていないということで、店舗ビジネスではそのような状態に陥っている場合が多く見られます。

図6-4は、その売上とEBITDAの差

がどこにあるのかを分析した例になります。

左側の図は売上とＥＢＩＴＤＡ率をプロットしたもので、売上が上がれば収益が取れていることがわかります。従って、ある一定の売上（この場合は年間８０００万円）を取れる店舗になれば収益性が取れる、ということになります。

そして、右側の図は実行面積（＝売場面積）とＥＢＩＴＤＡをプロットしたものになります。図で示した通り、この企業では店舗の売場面積が32坪を切ると収益性がマイナスとなる店舗が出始めるようになることがわかりました。

家賃との兼ね合いにもなりますが、店舗面積が大きくなるほど、商品を多く陳列できるので、必然的に売上が上がることが多いです。しかし、筆者がコンサルティングした別のアパレル企業では、一定の坪数を超えると逆に収益性が悪くなるケースもあったので、ぜひ自社の場合はどうか確かめて下さい。

このようにデータを整理することで、店舗ごとの収益性、そして売上の差がどこにあるのかを分析することが可能となります。

また、それ以外にも店舗の売上の差において、店舗ごとに売れている商品の違いを整理・分析したり、店舗ごとの顧客属性（新規顧客やリピーター）の差を見ることでより深い分析ができるようになりますが、これらも先ほどの販売ローデータと顧客マスタデータさえあれば導き出せるのです。

②商品（ＭＤ）における問題

今回の事例のように商品を販売している物販小売系（製造も行うＳＰＡ業態も含む）ビジネスの場合、売上の源泉は「商品」になります。

ほとんどの企業において陥ってしまっている問題の一つとして、売れ筋商品が在庫切れとなってしまい売り逃しを発生させていることと、その一方で死に筋商品をいつまでも抱えていてキャッシュ化できない在庫を多く持ってしまっていることがあります。

この部分を整理分析し、単品ごとに見える化することにより今後の適切なＭＤ計画や、日々のディストリビューション（値下げ指示、追加発注、商品の店舗間移動）を適切に行うことができるようになります。

次ページ図6-5は全商品カテゴリの中からＴシャツの売上状況を分解したグラフになります。

図6-5：＜例＞：Tシャツの売上分解

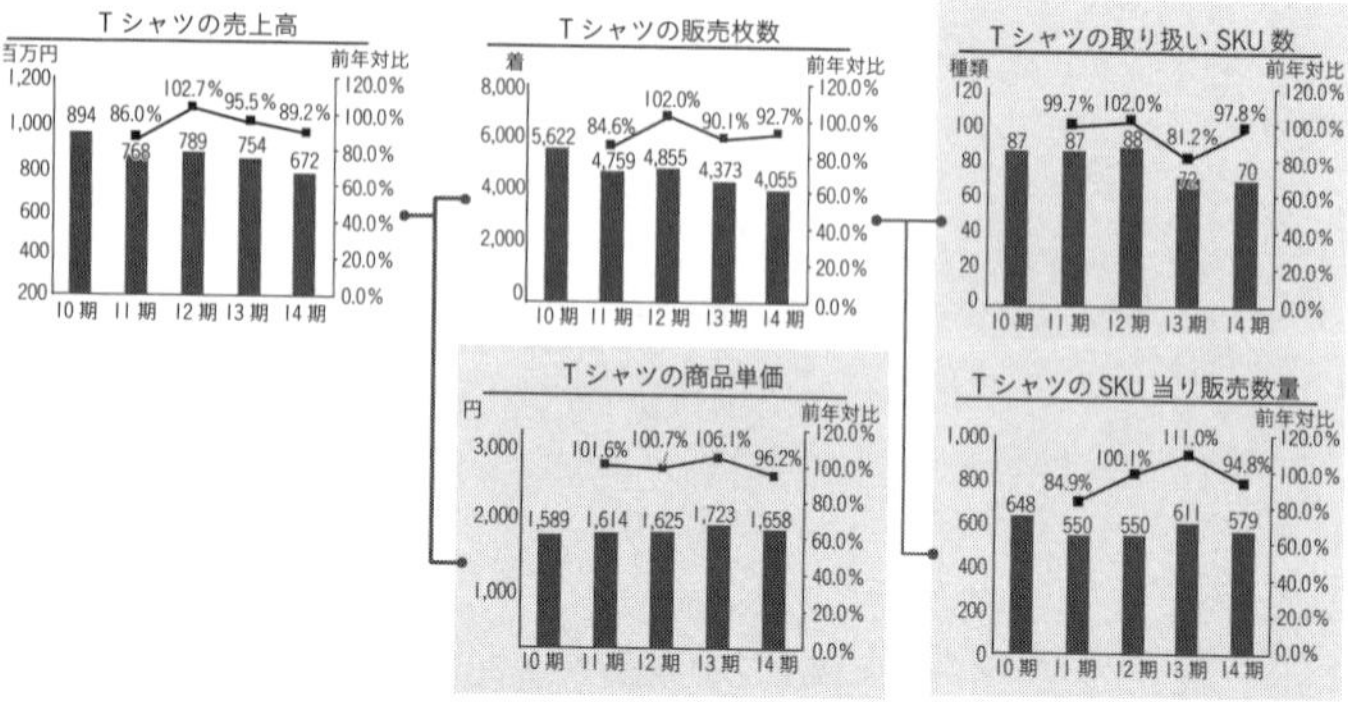

＊ SKUとは、在庫管理するに当たってのアイテムの最小識別単位

年々減少してきている売上がなぜ落ちているのか、販売数量と商品単価に分解し、販売数量については更に取り扱いＳＫＵ（最小の管理単位）数とＳＫＵ当り販売数量に分解することで、何が要因かを把握できます。

この例では、商品単価はほぼ横ばいで推移しているものの、13期においては取り扱いＳＫＵ数が少なくなっていることがわかります。

14期でも引き続き取り扱いＳＫＵ数が少ないですが（13期と同程度）、13期では増加していたＳＫＵ当り販売数量も減少してしまったことで、売上を押し下げる原因となっていることがわかります。

更にそのＴシャツを単品ごとに見ていく

ことでより原因を深掘りすることができます。

次ページの図6-6は、先ほどのグラフにおける10期と14期それぞれTシャツの売上の高い商品から順番に並べたグラフとなります。

まず、下の方の101位以下で大きく10期と14期に差が見られますが、これはその前のグラフで把握できたSKU数が減少したことによるものです。商品数が減ったので必然的に下位の売上が減少しています。

注目すべきは1位~10位あたりの上位の商品になります。売上を多く取っている上位の商品で減少していることがわかります。人気商品の力が弱まっていることが分かります。

このように、売上を商品ごとにまで分解することで、なぜ減少しているのか(あるいは増加しているのか)の要因を把握することができます。

また、よく起こるのがその次のページ図6-7のような傾向です。

これは、先ほどの14期における1位~10位の商品の週ごとの累積売上を図示したものになります。

グレーの楕円で囲った部分に注目していただければと思います。今まで週が経過するご

図6-6：＜例＞：Tシャツの売上ランキング別の売上推移

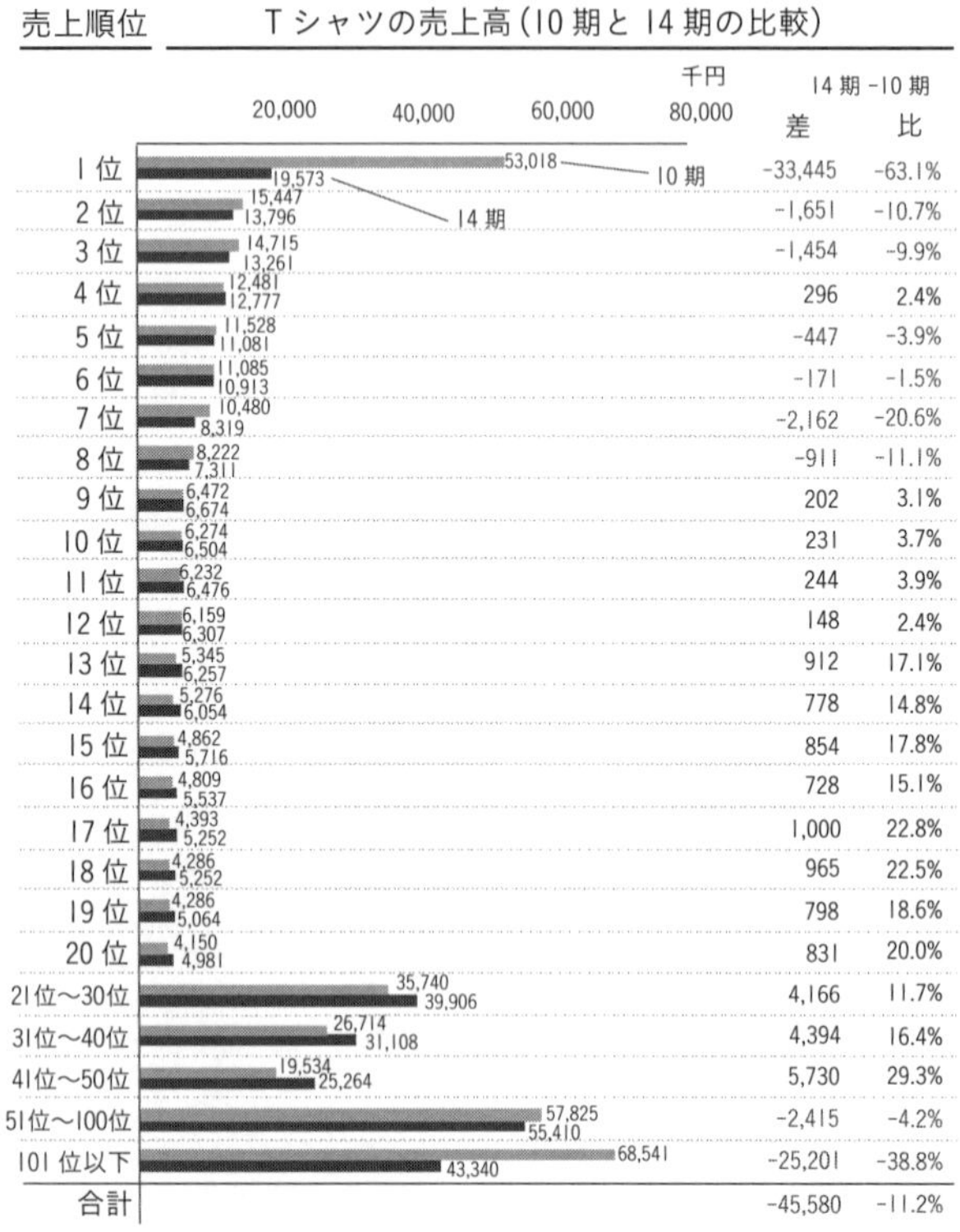

売上順位	10期	14期	14期-10期 差	比
1位	53,018	19,573	-33,445	-63.1%
2位	15,447	13,796	-1,651	-10.7%
3位	14,715	13,261	-1,454	-9.9%
4位	12,481	12,777	296	2.4%
5位	11,528	11,081	-447	-3.9%
6位	11,085	10,913	-171	-1.5%
7位	10,480	8,319	-2,162	-20.6%
8位	8,222	7,311	-911	-11.1%
9位	6,472	6,674	202	3.1%
10位	6,274	6,504	231	3.7%
11位	6,232	6,476	244	3.9%
12位	6,159	6,307	148	2.4%
13位	5,345	6,257	912	17.1%
14位	5,276	6,054	778	14.8%
15位	4,862	5,716	854	17.8%
16位	4,809	5,537	728	15.1%
17位	4,393	5,252	1,000	22.8%
18位	4,286	5,252	965	22.5%
19位	4,286	5,064	798	18.6%
20位	4,150	4,981	831	20.0%
21位～30位	35,740	39,906	4,166	11.7%
31位～40位	26,714	31,108	4,394	16.4%
41位～50位	19,534	25,264	5,730	29.3%
51位～100位	57,825	55,410	-2,415	-4.2%
101位以下	68,541	43,340	-25,201	-38.8%
合計			-45,580	-11.2%

図6-7：＜例＞：Tシャツの上位品番における週次売上推移

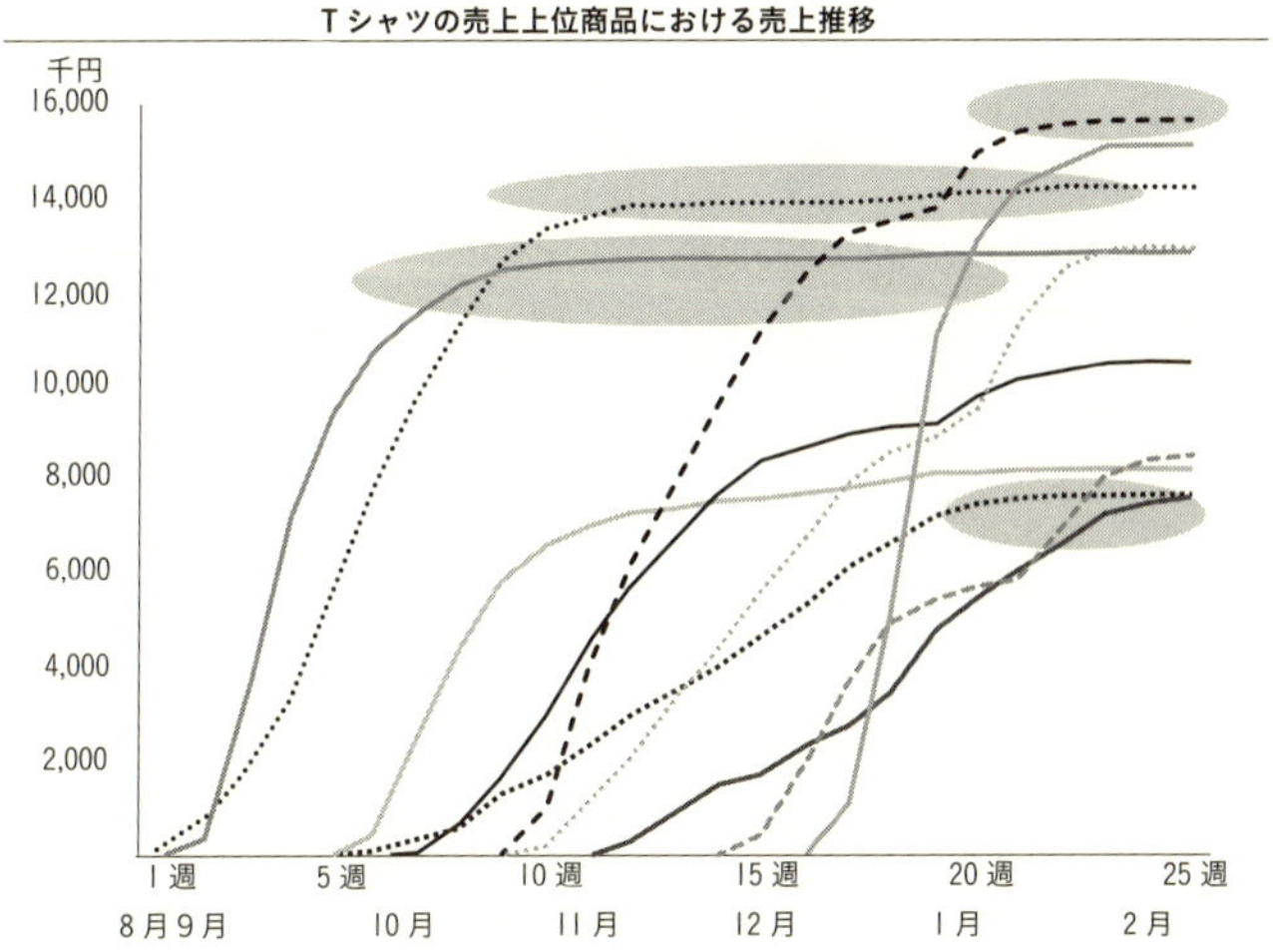

とに売上が上がっていたのが、途中から横ばいになっています。これはこの時点で売れなくなってしまった、ということを表しています。

しかし、急に売れなくなることが起こりえるかというと、なかなか想像しにくいのではないでしょうか。

これは、在庫が切れてしまい、店頭に商品がなくなってしまったことにより売れなくなってしまっているのです。

もし在庫があればきっとまだ売れていたに違いない、ということがグラフからも想像できると思います。

これが店舗ビジネスではよく起こる「売り逃し」という状況です。

もし現状分析をして、このような状態が起

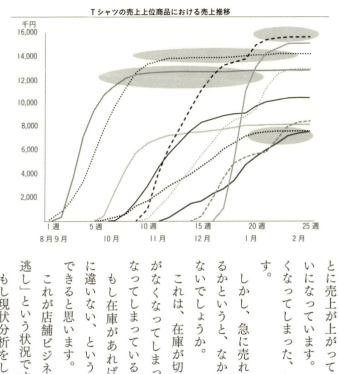

こっていることを把握できれば、売上を上げることは比較的簡単です。

在庫状況と販売状況を常にウォッチすることで、適切なタイミングで追加発注することができ、売り逃しを防ぐことができます。そして、売れるものを確実に売ることができます。

また、同じように、売れないものを判断することも可能です。その場合は素早く値下げして少しでも多く現金化するような施策へと繋げます。

このように、物販をしているような業態では、販売データとときには在庫データも組み合わせることで、具体的な打ち手へと繋げることができます。

③顧客における問題

どのビジネスも、商品やサービスを買ってくれる「顧客」がいるからこそ成り立っています。

この顧客を分析することで、新規顧客を増やしていくためのキーポイントや、顧客ロイヤリティを高める（上顧客としていく）ためのポイントが把握されます。

図6-8：顧客軸での売上分解

				前年同期比比較 12期	前年同期比比較 13期	前年同期比比較 14期
売上	会員売上	のべ購入客数	ユニーク客数	95.6%	94.6%	95.8%
			来店頻度	101.0%	102.4%	107.3%
		客単価	1回あたり購入点数	99.8%	97.8%	89.1%
			商品単価	104.6%	106.3%	102.5%
	非会員売上	販売客数	購入客数	91.4%	86.1%	104.5%
		客単価	1回あたり購入点数	100.2%	99.4%	93.4%
			商品単価	101.2%	105.1%	101.6%

カード会員など、顧客情報を取っている企業であれば、販売の生データにも顧客ＩＤが紐づいています。

そうすることで、会員と非会員の売れ方の違いを把握することができます。

図6-8は3年間における会員と非会員の客数や来店頻度、購買点数などの推移を示したものになります。

こうすることで、各年においてどんな顧客層が増減しているのかわかるため、力を入れるべき層と打ち手の内容が定まってきます。

次ページ図6-9は、会員の登録年別の客数推移になります。

この企業では、毎年しっかりと新たな会員

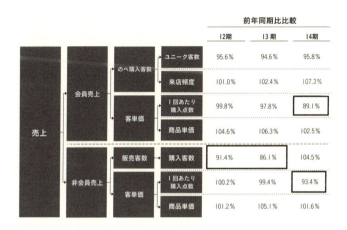

図6-9：会員顧客の登録年度別推移

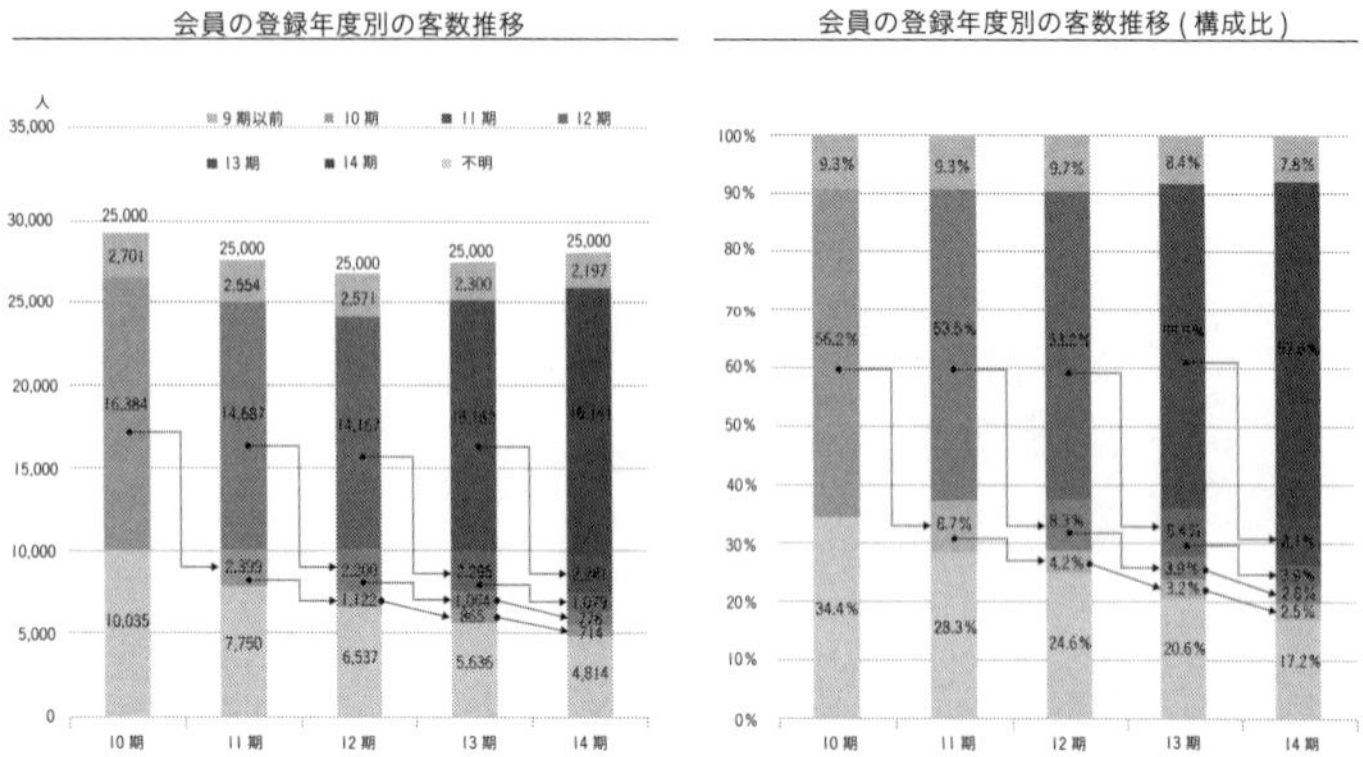

を獲得できていることがわかりますが、次年度以降も継続して購入している割合が極端に低いため、いかにリピートしてもらえるかが経営・マーケティングのポイントとなります。

最後は、RFM分析の例になります。

ご存知の方も多いと思いますが、お客様の購入状況に応じた打ち手を考えるには、RFM(Recency Frequency Monetary)分析という「よい顧客を見分ける」方法が便利です。

誰が一番最近購入した顧客か、頻繁に購入する顧客は誰か、一番お金を使ってくれている顧客は誰か、という3つの側面から分析します。

RFM分析を行うには、データベースに購

買履歴が記録されていることが前提となるので、会員情報を取っている企業であれば行えます。

ＲＦＭのＲはRecency（リセンシー）で、「最新購買日」になります。ある顧客が最後に商品を購入した日を判断材料とするもので、最近購入した顧客のほうが、何年も前に購入した顧客より良い顧客と考えるものです。

Ｆは Frequency（フリークエンシー）で、「購買頻度」になります。フリークエンシーは、顧客がどの程度頻繁に購入してくれたかを判断材料とするもので、頻度が高いほどよい顧客と考えます。

Ｍは Monetary（マネタリー）で、「購買金額」になります。マネタリーは、顧客の購買金額の合計で、一般的にこの金額が大きいほどよい顧客と考えることができます。

ＲＦＭそれぞれの指標の見方は次のようになります。

① Ｒが高いほど将来の企業収益に貢献してくれる可能性が高い
② Ｒが低ければＦやＭが高くても他社に奪われている可能性が高い

③Rが同じならFが高いほど常連顧客

④Rが同じならFやMが高いほど購買力がある顧客

⑤RやFが高くてもMが少ない顧客は購買力が低い

⑥Fが低くMが高い顧客はRの高いほうが良い顧客

⑦Fが上がらないか下がっている顧客は他社に奪われている可能性が高い

このRFMでは、その名前の通りの順番で優先順位が高くなります。

重要なのは活用の仕方になります。

自社なりにRFMそれぞれにランクを付けていきます。大体5段階評価をすることが多いです。

例えば、Rであれば、1ヶ月以内の購入者は「5」、1~3ヶ月の間であれば「4」というようにランクを付けていきます。同じようにFとMも付けます。

最終的にそれぞれ3つを組み合わせ、「555」となった顧客が最もロイヤリティの高い顧客になり、「111」がその反対で一見客あるいは休眠となってしまっている顧客となります。

そしてそれぞれのランクに応じて施策を変えていくのですが、「111」~「555」それぞれで分けてしまうと125通りにもなってしまうので、ある程度の塊にマージして、

図6-10：＜RFM分析例＞：BtoC企業例（RFMのうちRF）

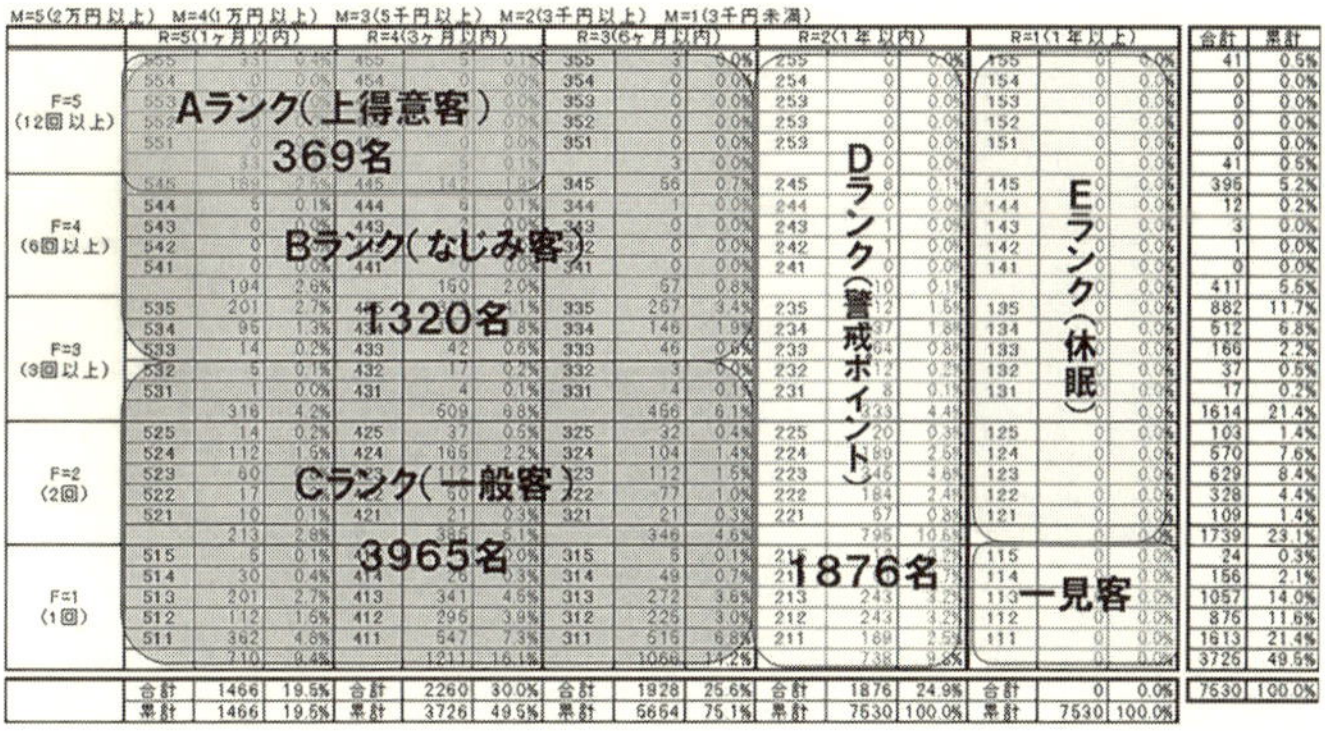

それぞれのセグメントで施策を打っていきます。

例えば、図6-10はあるBtoCビジネスの企業において、RFMのうちRFを使って顧客ランクを作ったものになります。

そして、このRFM分析はBtoBビジネスでも活用できます。

次ページ図6-11はあるBtoBビジネスを展開する企業において、取引先の顧客をFMでランク分けしたものになります。

ランクごとの差がどこにあるのかを表示することで、ランクを上げるために何をすべきかが明確になるのです。

このように、販売の生データと顧客マスタデータさえあれば、それを整理・分析するこ

図6-11：＜RFM分析例＞：BtoB企業例（RFMのうちFM）

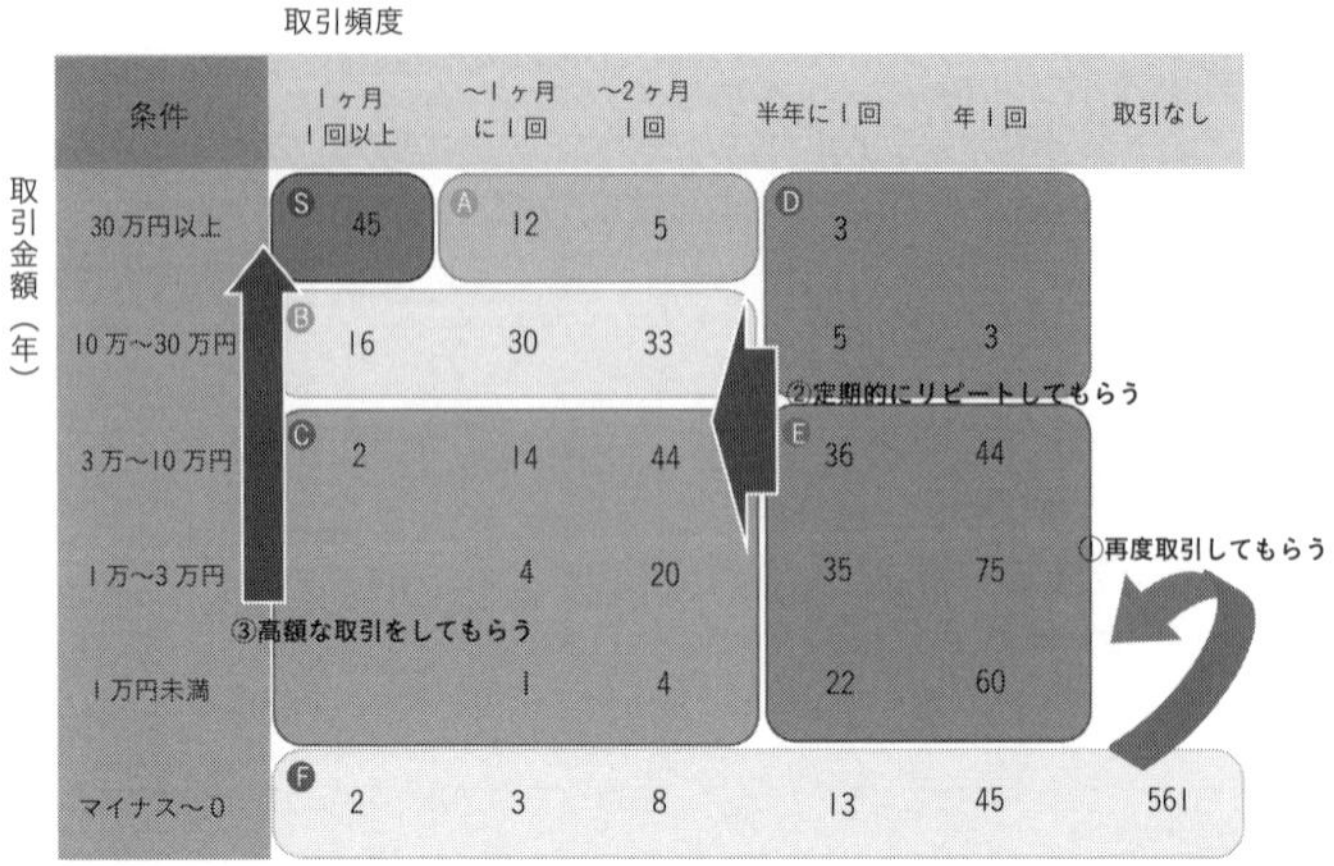

とで、様々な視点で今後の経営およびマーケティングを向上させていくための道筋が見えてくるのです。

外部データの活用方法

先ほどから、3Cの視点で分析していくことが大切とお話ししてきました。

3Cのうち、自社については自社に蓄積されているデータで分析できますが、市場（顧客）や競合は外部からデータを取ってくることが必要です。

そもそも「理想の姿」で描いた売上を達成するに当たって、十分な市場規模がないかもしれません。その場合は、新たな市場を開拓することや新規事業が必要になるでしょう。あるいは、そもそも理想の姿に新規事業が含まれている場合、その市場や顧客がどうなっているのかを把握しないことには何も始まりません。

また、競合企業と自社とを比較することで、より自社の課題が浮き彫りになります。

このことから、自社データほど細かい情報を取得することは難しいですが、出来る限り市場（顧客）や競合のデータを取得することが重要です。

外部データの中でもっとも活用するのが、各省庁や行政が保持している統計データになります。人口動向はもちろん、消費動向や経済指標、あるいは業界や商品の市場規模など、様々な数値データが存在しており、市場動向を大づかみに見る際などに役立ちます。
それらの数値データはインターネット上で無料で公開されていますから、利用しない手はありません。

①人口統計データ

基本的に人が多ければたくさんモノは売れますし、人がいなければ商品やサービスが購入されるということはありません。

したがって、人口の分布密度が、市場規模を分析する上ではもっとも重要なファクターになります。

それゆえ、データ分析においては、自社商品が現状どの程度のシェアを取れているのか、今後どの程度の売上が見込めるのか分析する上で、人口統計を活用します。

日本国内における人口統計データは、総務省統計局にて一般公開されています。労働力調査や、後ほどご説明する消費動向のわかる家計調査など、様々な統計データも公表されています。

総務省統計局統計データ http://www.stat.go.jp/data/

また、国立社会保障・人口問題研究所では、都道府県別、年代別などのより詳細な人口統計データをまとめています。過去の人口統計データをはじめ、今後の人口推計などが発表されています。

国立社会保障・人口問題研究所 http://www.ipss.go.jp/

小売店や飲食店など、エリアでの商売をされている場合は、各都道府県あるいは市区町村の行政ウェブサイトで公表されているので、自身が事業展開しているエリアのウェブサイトを一度確認してみましょう。

②消費動向データ

人口統計データとセットで活用することが多いのが、消費動向データになります。

消費動向データとは、日本国内における家庭の収入、支出、貯蓄、負債などの家計の収支の平均を示した統計データです。

一世帯あたり、どの商品にどのくらいの金額を使っているのかが載っているので、人口統計データの世帯数の数値と掛け合わせることで、商品の市場規模を算出することができます。

総務省統計局の「家計調査報告」を使用します。

http://www.stat.go.jp/data/kakei/

③業界動向データ

様々な業界団体や市場調査企業などが、業界の市場動向データを公開しています。

行政ウェブサイトと同じように、インターネット上に無料で公開していることもあれば、有料の調査資料を販売しているケースもあります。

まずは、「業界名　協会」「業界名　市場規模」等で検索してみると、該当する市場データが出てくるので試してみましょう。

また、有料の調査資料であっても、国会図書館で閲覧することができる資料も多いので、そちらも活用します。

④競合データ

競合企業のデータについては、あまり取得できないことが多いです。上場企業であれば、ＩＲ情報をウェブサイト上で閲覧できるので、財務情報や今後の戦略などを確認することができますが、上場していないと無料で確認できるのはウェブサイト上の情報程度かと思います。

筆者がコンサルティングする際には、上場していない競合企業については、帝国データバンクが保有している企業情報を購入するということも行います。一社当たり数千円〜かかりますが、今後の「理想の姿」を実現する上で競合企業のことを知る必要がある際には、活用してみても良いと思います。

⑤消費者調査や実地調査

「理想の姿」を実現するために、ときに威力を発揮するのが、消費者調査や実地調査になります。

消費者調査については、目的に応じていくつか方法がありますが、「現状の不満」状態を客観的な視点で定量化するための方法としては、今の既存のお客様へのアンケートやｗｅｂ調査を活用した一般消費者向けのアンケートがお勧めです。

既存のお客様向けのアンケートでは、主に今のあなたの会社（商品やサービス）に対する評価や要望が導き出されます。すでに自社のお客様になっていただいているので、比較的あなたの会社のことを好きでいてくれている方たちになるため、なぜ選ばれているのか、どこに評価を受けているのかなどの現時点での強みや、もっとこうあって欲しいといった要望を抽出することができます。

一方、一般消費者向けのアンケートをした際には、大きく2つの視点でデータが導き出されます。

一つ目は、現状の認知度や利用度合いを定量的に導き出すことができます。

自社を知っているかどうか、知っていたとしても来たことがあるかどうか、来たことがあるとしても実際に購入したことがあるかどうか、一度購入してそれきりかそれともリピートしているのかなど、自社がターゲットとしている顧客層に対して現状どの程度シェアを取れているのか、シェアが足りていない要因としてはどこにあるのかを導き出せます。

もう一つは、競合企業と比較した際の競争力です。

前述した自社および競合企業の認知度や利用度合いの比較もそうですが、その違いがどこから生じているのか、各社を利用している消費者の理由を調査・比較することで、自社の強みや弱みがより明確になります。

これらB to Cビジネスを展開している企業だけでなく、B to Bビジネスを展開している企業でも活用できます。アンケート対象者を業種や職種で絞って実施することが可能だからです。

消費者調査は、現状を理解し、不満を定量的に把握する上で大変役立つ方法です。

実地調査は、主に店舗ビジネスを展開している企業に効果的です。

店舗の前を歩いている人の数と実際に来店している人数、そこから購入に至った人数（レジ客数）の関係性や、実際に店舗で販売している商品の構成などを自社店舗および競合店舗で比較することで、どこに差があるのかが見える化されます。

このように、消費者調査や実地調査は、「現状の不満」を定量的に把握する上で活用できる手法なのです。

「データ分析」は大きな傾向から

データが集まったら、数値データを使ったデータ分析を進めていきます。

データ分析を効率よく進めていくに当たって大切なことは、大きな傾向から掴んでいくことです。

例えば、理想の姿を実現させるために売上増加が一つの目的としてあった場合、現状の売上にどのような課題があるのかをデータ分析から導き出すことが必要となります。

例えば、店舗ビジネスを展開している企業のデータ分析では、企業全体での売上推移の増減→売上増加している店舗と売上減少している店舗を分類→売上が減少している店舗の特徴は何か、といったように、大まかな状況の傾向から掴んで徐々に仮説を絞り込んでいきます。

そのうえで、客数が減少しているのか、客単価が減少しているのか、立地条件での差、店長の力量の差といったように、細かく分析していきます。

そのためには、データ分析のアプローチ❷「仮説の洗い出し」において、ロジックツリーで大きな傾向の仮説から順番に整理することが大切です。

「新規顧客を獲得するための販促施策が弱い」といった仮説が出ている場合、自社と競合企業の販促施策の違いを分析しよう、となるかもしれませんが、その前にそもそも本当に新規顧客が少ないのか、という点や、さらにその前に客単価ではなく客数が足りていないことが問題なのかを、定量的に把握することが必要です。

もし、新規顧客が少ないことが全体の売上を伸ばしていくためのアクションとしてインパクトが小さい場合、「新規顧客を獲得するための販促施策が弱い」ことに対するアクションの効果はあまり出ないでしょう。

もちろん最終的には「新規顧客を獲得するための販促施策が弱い」ことを改善する具体的なプランにまで落とし込むことが必要なのですが、「そもそも新規顧客が少ないのか」「それ以前に客数は足りていないのか」「どの程度足りていないのか」を明確にすることが重要です。

データ分析をする際には、このように大きな傾向から捉えていくことが必要なのです。

具体的な打ち手へ繋げる「課題設定」

データ分析により明らかになった「現状の不満」。

最後は、これら定量的に明確になった現状の不満を改善することで得られる成長機会を整理します。

成長機会も、今まで行ってきたデータ分析から導き出された「現状の不満」から導き出されます。

例えば、十分な新規顧客が取れていないという分析結果が出たのであれば、「認知・集客不足」が解決すべきポイントとなりますし、店舗によって収益性に差が出ているという分析結果が出たのであれば、「低収益店舗の発生」が改善するポイントとなります。

改善ポイントは1つであるとは限りません。場合によっては3つ、4つ出てくるでしょう。

それら出てきた改善ポイントをどう改善していくのかを考えていきます。

その際にもデータ分析の結果を活用します。

図6-12：課題の整理例

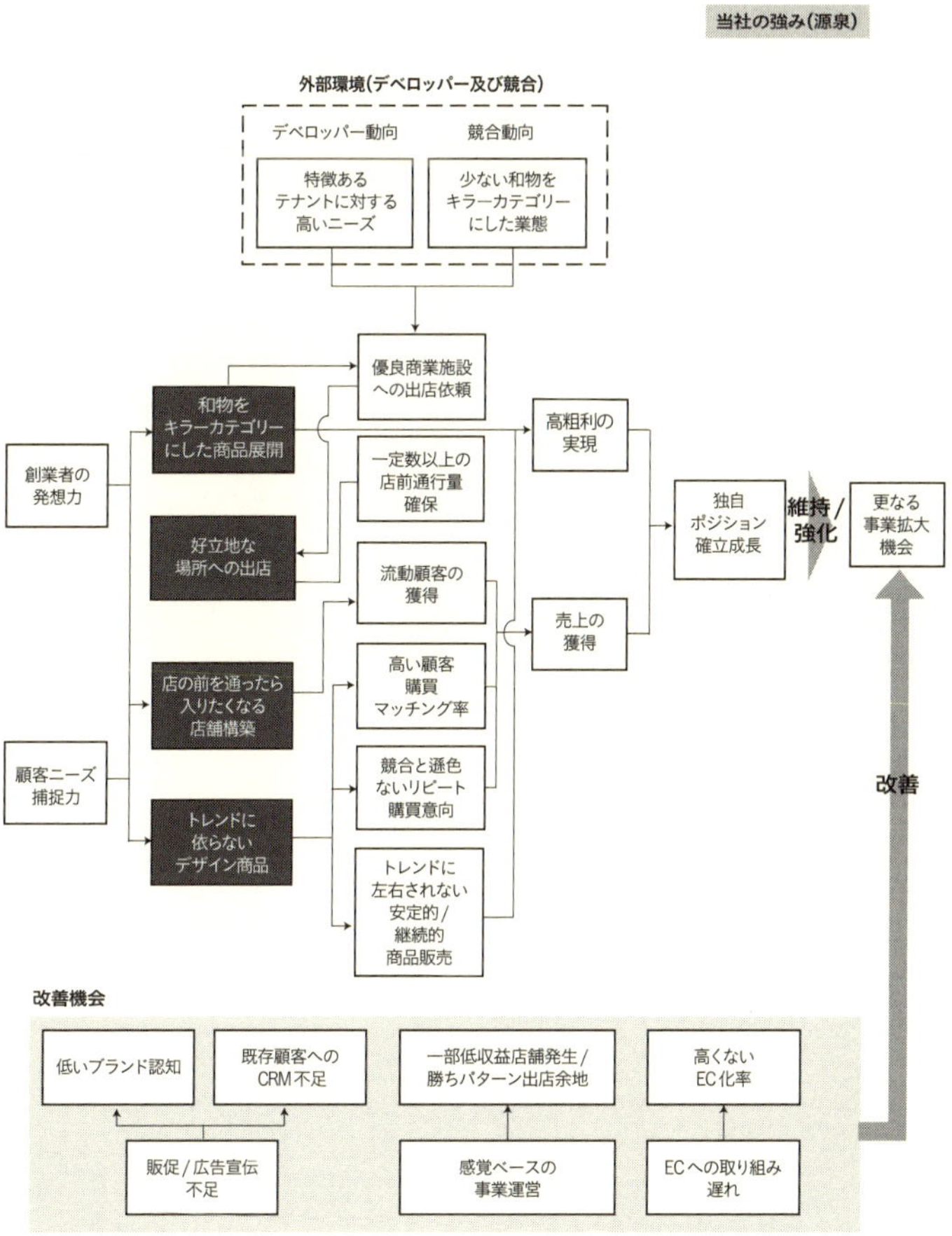
当社の強み(源泉)
外部環境(デベロッパー及び競合)
デベロッパー動向
競合動向
特徴ある
テナントに対する
高いニーズ
少ない和物を
キラーカテゴリー
にした業態
優良商業施設
への出店依頼
和物を
キラーカテゴリー
にした商品展開
創業者の
発想力
一定数以上の
店前通行量
確保
高粗利の
実現
好立地な
場所への出店
流動顧客の
獲得
独自
ポジション
確立成長
維持/
強化
更なる
事業拡大
機会
売上の
獲得
店の前を通ったら
入りたくなる
店舗構築
高い顧客
購買
マッチング率
顧客ニーズ
捕捉力
競合と遜色
ないリピート
購買意向
トレンドに
依らない
デザイン商品
トレンドに
左右されない
安定的/
継続的
商品販売
改善
改善機会
低いブランド認知
既存顧客への
CRM不足
一部低収益店舗発生/
勝ちパターン出店余地
高くない
EC化率
販促/広告宣伝
不足
感覚ベースの
事業運営
ECへの取り組み
遅れ

「認知・集客不足」の原因が、他社と比較して広告宣伝やメディア露出の不足だとすると、「TV、雑誌等メディアを活用した継続的な販促策実施による認知度向上」が一つの改善方法になりますし、「低収益店舗の発生」の原因が勝ちパターンを外した出店にあるとすると、「出店基準の確立」や「店舗フォーマットの確立」が改善方法になってきます。

改善方法を導き出す〝原因〟についても、今まで行ってきた自社データの分析や競合他社との比較、消費者調査などから導き出されたデータ分析から洗い出されるものです。

すべてはデータ分析を行うことにより、「理想の姿」に向けた改善方法が導き出され、それこそが今後の成長機会となるのです。

前ページの図6-12は、とあるアパレル企業における成長機会の構造図となります。

今まで説明してきた各種データ分析から導き出された結果です。

このように整理されることで、今後成長していくに当たって、現状において何が足りていないのか、どこに成長機会があるのかが明確になります。

分析結果から具体的な数値計画に落とし込む

さて、現状の不満が定量的に洗い出されました。

どの部分に成長ドライバーがあるのかが明確になったかと思います。

「理想の姿」を実現するために最後に行うのは、その分析結果をもとに、理想の姿を実現するためのスケジュールを立てることです。

それは事業計画書の作成となります。

事業計画書というのは、これまでの第1章～第6章でお話ししてきたプロセスにのっとって作成していくべきものです。

ここまでお読みの方であればイメージができると思います。

「理想の姿」が鮮明にイメージされ、その姿を実現するための現状が定量的に洗い出されて、成長ドライバーが導き出されている今の状態で作成する事業計画書は、5年後のあなたの会社を創り上げる「地図」として蓋然性の高い事業計画書になっているはずです。

さて、現在あなたの事業計画書は、第1章、第3章で作成された5年後までの理想の姿かと思います。数値目標としては、1年後、2年後、3年後、4年後、そして5年後の売上や利益が描かれている状態ではないでしょうか。

その絵姿をより具体的にしていくのが、この最後のフェーズとなります。

そして、その具体的なアクションプランや各アクションの効果を落とし込んでいくに当たっての根拠となるのが、5章以降で実践してきた現状分析（データ分析）の結果となります。

このアプローチですが、第1章で説明したギャップアプローチに似ていると思います。数字に基づいた上でアクションプランに落とし込んでいくので、まさしくギャップアプローチなのです。

しかし、全く異なるのが、そもそもの大前提としてビジョンアプローチにより「理想の姿」を鮮明にした上でのアクションプランの策定ということです。

このように、「理想の姿」を実現するための本来あるべきアプローチ方法というのは、ビジョンアプローチにより〝ゴール〟を鮮明化した上で、データ分析を活用したギャップアプローチによるアクションプランへの落とし込みとなります。

そうすることで、前向きに理想の姿を追いかけながら、それを確実に実現化するための行動にまで展開することができるのです。

本来あるべきギャップアプローチとは

第1章でもお話ししましたが、ギャップアプローチが一概に悪いわけではなく、あくまでも使い方なのです。

ビジョンアプローチにより目指すべきゴールである「理想の姿」が起点となるため、従来のギャップアプローチである現状を起点としたアプローチとは異なり、積み上げ方式ではなく、あくまで理想の姿を実現するために必要な目標やアクションプランとなります。

あるべきギャップアプローチとは、このように「理想の姿」であるゴールを起点とした上で活用することで、本来の効力を発揮するのです。

図6-13

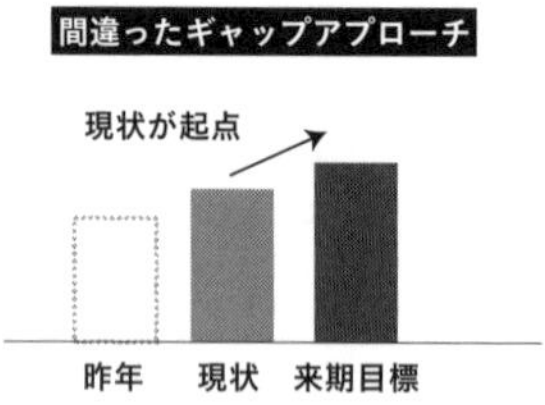

現状を起点としたギャップアプローチ

過去の実績をもとに目標を立てるため、現実に基づいた目標・アクションプランに留まる

例：前年対比 +2% で推移していたので、来期は +3% を目標にする。
そのために営業担当者を増加する。

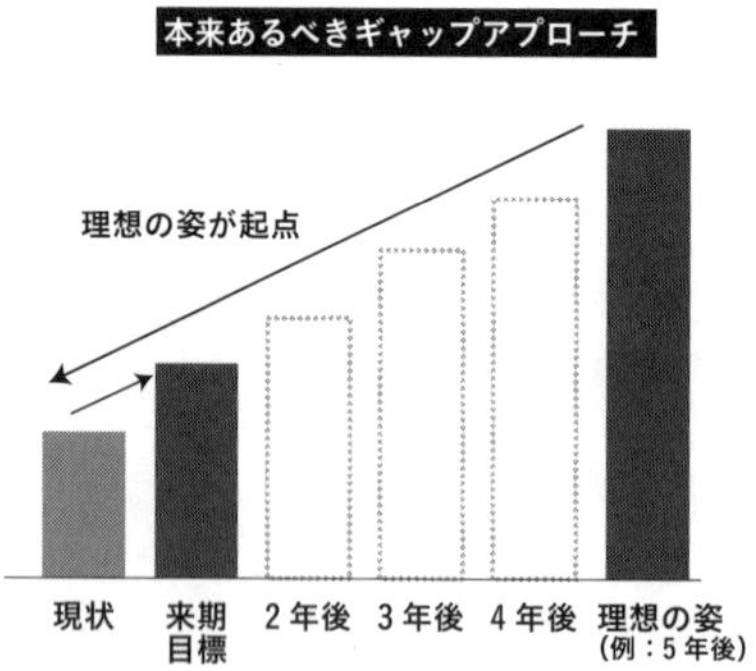

理想の姿を起点としたギャップアプローチ

理想の姿（例：5 年後）のゴールからの逆算となるため、過去の常識やしがらみにとらわれない目標・アクションプランとなる

例：5 年後の理想の姿から逆算すると、来期は前年対比 +7% の成長が必要。
そのために新たなチャネル開拓や商品開発、EC サイト強化を行う。

第7章

具体的な事例でデータ分析をしてみる

定量的な分析に基づいた具体的な計画

創業33年、年商60億円の製造・小売店チェーンA社を経営する2代目社長の望月氏（40歳）。自身が3歳のときに父親が30歳で事業を開始し、持前のセンスとカリスマ性でゆっくりとではあるものの、着実に業績を伸ばしてきた。

全国に40店舗を超えるにまで店舗数も増え、社員ともしっかりとコミュニケーションをとりながら経営してきた。

望月氏は、そんな父親の姿を見ながら大学卒業後、大手アパレル会社に就職し、15年間働き、ショップ店員→店長→SV（スーパーバイザー）と進み、38歳のときに家業をいずれ引き継ぐために戻ってきた。

しかし、当初は、父親が70歳のときに引き継ぐ予定であったが、体調を崩してしまい急遽昨年社長に就任。父親は大事には至らなかったが、復帰するのは難しく、大手企業と中小企業のギャップに苦しみながらも何とか日々経営に奮闘している。

そんな中、知り合いの経営者から紹介されて出会ったのが、コンサルタントの永井氏だ。

永井氏のエグゼクティブコーティングを受けることで、ポジティブアプローチにより望月氏が本当に理想としている姿、今後の会社経営の目標が明確になった。

尊敬する父親がここまで築いてきた会社をもっと加速させて大きくしていきたい。そのために、店舗もまだまだ拡大できるし、ネットショップを含めたインターネットの活用ももっとしていきたい。そして何よりこだわりを持った商品を海外にも展開していきたい。

そんな思いが永井氏のアドバイスにより、具体的な絵姿として鮮明になった。

しかし、この理想の姿を実現しなければ意味がありません。

そのためには、具体的に何をしていかなくてはならないのかを明確にする必要がありますが…

データ分析の流れ

さて、では具体的に現状の不満を可視化するための現状分析をしていきましょう。

今回事例として挙げるのは、先ほど登場した、5年後に今よりも20億円の売上増加を「理想の姿」としてイメージしたとある製造・小売店チェーンA社です。

データ分析の流れは、

❶目的の明確化
❷仮説の洗い出し
❸分析方法の定義
❹データの収集
❺データ分析
❻課題設定

でした。

❶目的の明確化

こちらは、ビジョンアプローチにより鮮明化された5年後の理想の姿となります。

そのうちの一つが売上が現状よりも＋20億円になります。

5年後に確実に＋20億円達成させるために、現状何が課題となっているのかを定量分析で導き出していくことになります。

❷仮説の洗い出し

データ分析を行う前に、現状問題だと思われる事項を洗い出します。こちらは定性的に感じられていることで構いません。

A社においては、

1．収益の取れる店舗立地が確立されていない

店舗ごとに収益性にバラつきがあるが、なぜそうなってしまっているのかが把握されておらず、今後の収益向上に向けた蓋然性の高い施策が立てられない。また、出店する際のルールも確立できていないため、出店してから収益性の悪い店舗となってしまったケースが生じている。

2．店舗オペレーションにもバラつきが生じてしまっている

店舗での接客や商品陳列（ＶＭＤ）など、店長の力量に依存してしまっており、本来取れるべき売上が取れていない。

3．商品販売力が低下してしまっている

売れる商品の在庫が足りずに売り逃しを発生させてしまっていたり、一方で売れない商品が余ってしまうことが起こっている。

4．集客力が足りていない

ブランドの認知度が低く、知らない人が多い。

5．EC（ネットショップ）が最適化されていない

社内に専門家がいないこともあり、ECの売上がポテンシャルと比較すると低い。

など洗い出されました。

❸分析方法の定義

❷で洗い出した仮説を検証するための分析方法を定義します。

そして、その分析に必要なデータを収集します。

❹データの収集

A社でデータ分析した際に整理した分析方法と必要データが図7-1になります。

図7-1：A社における必要データの整理

No.	分析方法	データ大分類	必要データ	対象期間	データの補足説明
1	財務分析	基本財務データ、PL、BSのデータ	年度別の損益計算書、貸借対照表	過去5年分	過去5年分の損益計算書、連結貸借対照表
2	財務分析、店舗別収益分析	商業施設との契約に関わるデータ	入店している(過去出店した含む)商業施設との契約条件一覧	過去5年分	今まで入店した(現在は退店も含む全て)商業施設(路面店含む)との契約条件一覧 - 契約している坪数 - 販売店舗坪数 - 契約期間、開始日 - 賃料など条件 無い場合は各店舗の賃貸借契約でも良い"
3	財務分析、店舗別収益分析	店舗別PLのデータ	店舗の年ごと、月ごとの損益計算書	過去5年分	店舗別×年別(×月別)の損益計算書、財務数値と完全に一致しているものが望ましい
4	販売データ分析、顧客分析	小売業売上高、原価、粗利のデータ	日別（ないしは週別)、カテゴリ別、業態別、店舗／チャネル別商品（年度、シーズン、カラー、サイズ)、仕入先別、企画担当者別、購入顧客ID別、売上、原価、粗利	過去5年分	過去5年分の、日別（週別でも可）カテゴリ*別、店舗／チャネル（卸の場合客別、自社通販などの分類も）別の売上高、粗利高のデータ *カテゴリ： ■大カテゴリ例：重衣料、中衣料、軽衣料、雑貨等 ■中カテゴリ： - 重衣料（コート、ブルゾン、ジャケット等) - 中衣料（ニット、ワンピース、デニム等) - 軽衣料（Tシャツ、カットソー、シャツ等) - 雑貨（靴、カバン、アクセサリー等) 等 ■小カテゴリ：メンズ、レディス、キッズ *POSデータなど、販売のローデータのままで良い 購入顧客IDはネット通販の顧客IDと紐付け可能なデータが理想。店舗カード会員につきましても、ID管理をしている場合、販売商品毎に購入顧客IDを反映"
5	販売データ分析、顧客分析	小売業売上高の内訳（量、単価）のデータ	No.4の切り口、単位での販売数量、上代、実際販売単価（価格)、値引き率・値引き金額)、返品数量、返品金額、経路別受注件数（ネット：自社、楽天、ZOZO、アマゾン)、支払方法内訳（ネット：代引、銀行振込、クレジット)	過去5年分	特になし
6	販売データ分析、顧客分析	小売業売上高の内訳のデータ(予約販売)	No.4の切り口、単位での予約販売商品に関する受注数量（販売数量)、上代、実際販売単価（価格)、値引き率、返品数量、返品金額	過去5年分	特になし
7	販管費分析	販管費に関するデータ	月別、通販サイト人件費（外部、内部内訳)、分野（Webページ作成、システム構築、物流、問合せ対応等）別外注費、その他販売管理費金額	過去5年分	特になし
8	販管費分析	販促費・広告宣伝費に関するデータ	月別媒体・チャネル別（TV-CM、雑誌、チラシ、ｱﾌｨﾘｴｲﾄ、SEO等）販促費・広告宣伝費	過去5年分	"過去5年分の媒体別広告宣伝費 - 雑誌の場合はその出稿先及び雑誌名も - インターネット関係の広告はアフィリエイト、リスティング等に分けて"
9	販管費分析		その他の項目での販促費に含まれる科目、金額	過去5年分	その他販管費／広告宣伝費の項目の中に含まれない金額で、実際は販促・広告宣伝費として使用されている項目があれば、その科目と金額、主な用途
10	販売データ分析	ネット通販（EC）に関するデータ	"【全体】ネット通販に関する以下のデータ - 訪問者数／コンバージョン率(ﾈｯﾄ受注件数／訪問者数)、PC/SmartPhone/携帯別内訳 - ネット受注件数（PC/SP/携帯別内訳) - ネット受注単価（PC/SP/携帯別内訳) - 新規稼動客数（PC/SP/携帯別内訳) - 総受注高（バーゲン売上高、カタログ経由受注金額、ネット経由受注金額)、商品別・販売形態別（ネットのみ掲載／カタログ・ネット両方掲載）商品売上金額	過去1年分	特になし
11	販売データ分析		【広告宣伝費別】ネット通販に関する以下のデータ (ﾘｽﾃｨﾝｸﾞ、ｱﾌｨﾘｴｲﾄ、ﾃﾞｨｽﾌﾟﾚｲﾈｯﾄﾜｰｸ広告等) - 訪問者数／コンバージョン率(ﾈｯﾄ受注件数／訪問者数)、PC/SP/携帯別内訳 - ネット受注件数（PC/SP/携帯別内訳) - ネット受注単価（PC/SP/携帯別内訳)	過去1年分	各社広告結果運用レポート、もしくは管理画面ログインID/パスワード情報
12	販管費分析、業務分析		ネット通販の問合せ件数に関するデータ - 月別、チャネル別（メール、電話等）問合せ件数、電話対応率／放棄率"	直近	特になし
13	販売データ分析	顧客に関するデータ	（リアル店舗／ネット）会員顧客データ	過去5年分	リアル店舗およびネットにおけるカード会員等登録顧客データ(直近5期分)
14	販売データ分析	商品消化率に関するデータ	カテゴリ別・商品（年度、シーズン）消化率（プロパー／セール)	過去5年分	定番商品／新規商品の区分がありましたら、その分類も反映
15	販売データ分析	在庫に関するデータ	カテゴリ別・商品（年度、シーズン、カラー、サイズ）の月次ベース在庫数量、在庫金額	過去5年分	特になし
16	販売データ分析		カテゴリ別・商品（年度、シーズン、カラー、サイズ）の月次ベース廃棄数量、廃棄金額	過去5年分	特になし
17	全社及び店舗別収益分析、人員生産性分析	人員に関するデータ	本社部門別採用形態別人員一覧、店舗別人員一覧、経歴（職務経歴／当該業務経験年数)	過去5年分	企画／生産／販売／管理等、本社の部門別と、店舗別の人員一覧、各人の経歴（職務経歴／当該業務経験年数) - 各部門、各店舗に何人の人員（正社員／パート・アルバイト）がいるのか - それぞれ正社員は何人で、非正社員は何人か - 過去どのような会社（職務）に何年勤務していたか - 当該業務についてどれくらいの経験年数か"
18	店舗別収益分析、人員生産性分析		店舗別販売員別勤務形態（正社員／パート／アルバイト）別月別労働時間、給与金額	過去5年分	特になし
19	店舗別収益分析	出退店／店舗改装に関するデータ	過去および現在の出退店舗、改装店舗一覧	過去5年分	新規出店店舗、退店店舗、改装店舗における以下の項目 - 出退店／改装年度・月 - 内装費、什器代等、出店／改装コスト - 原状回復費等退店コスト"

図7-2：A社における売上/EBITDA/原価/販管費推移

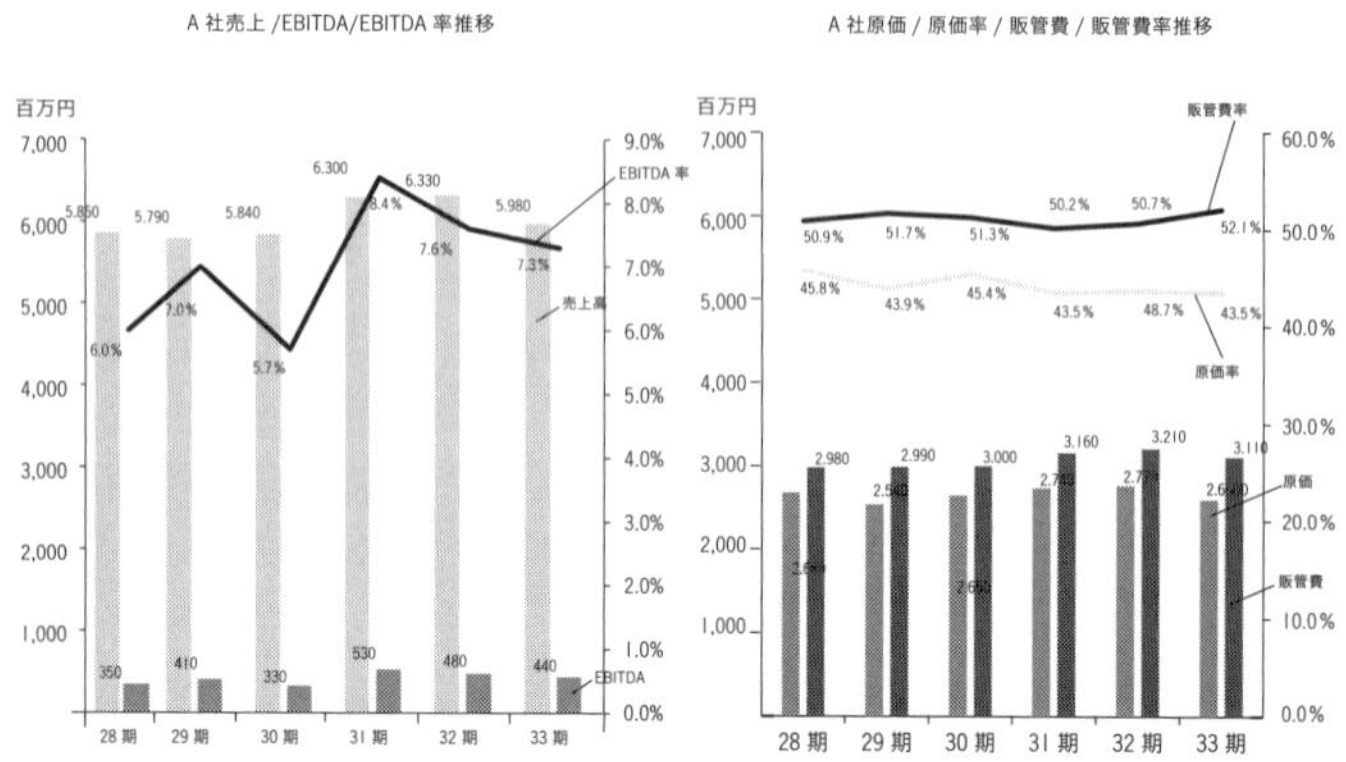

❺データ分析

❹で収集したデータをもとに現状の課題を導き出すためのデータ分析をしていきます。

今回はA社で実際に行い導き出された結果を説明していきます。

詳細な分析に入る前に、今の状態を俯瞰して整理することが重要です。

図7-2の左側のグラフは、A社の売上とＥＢＩＴＤＡの推移を表しています。

31期までは売上、ＥＢＩＴＤＡともに増加していましたが、33期以降売上、ＥＢＩＴＤＡともに減少に転じてしまっています。

売上は直近の33期は60億円を切ってしまい、ＥＢＩＴＤＡにおいては４・４億円（ＥＢＩ

TDA率は7・3％）と利益は出ているものの低い水準となっています。

A社において、悪化してきた業績をどうにかしようとしている状態です。


次に、A社のコストを見てみましょう。図7-2の右側のグラフになります。

原価率は28期以降、徐々に改善していることがわかります。

一方、販管費率は徐々に増加していることがわかります。

原価率が改善しているということは、値引きなどを抑えたりそもそもの仕入原価を抑えたりするような企業努力があることが想定されます。

一方で、販管費率が悪化しているということは、店舗家賃や人件費など、店舗事業において多くかかる固定費が売上減少に伴い利益を圧迫してきている、ということが想像できます。


そのような状況の中、A社はコンサルティング依頼をし、売上・収益を理想の姿へ実現させるために、現在の状況に陥ってしまっている根本原因を把握し、戦略を構築しようとしているのです。

さてそれでは、少しずつデータ分析を深掘りしていきます。

店舗ビジネスの場合、大きく次の3つの視点で分析を深掘りしていきます。

①店舗視点

まずは店舗視点での分析となります。

主に店舗ごとの収益性の差、売上の差がどこにあるのかを把握します。

収益性の差については、コスト構造の違いから、収益性の高い店舗と低い店舗の違いがどこにあるのか、何かしらの傾向・ルールはあるのか分析します。

売上の差については、店舗ごとの立地状況の違いによるところがほとんどですが、他にも売れている商品構成の違いや顧客の構成（新規やリピート）の違いから分析していきます。

店舗視点での分析をすることで、勝ち店舗（収益性が十分取れる店舗）となるためにはどうすれば良いのか、今後の出店戦略にも活かせるルールを構築することができるようになります。

②商品視点

売上を構成している商品の売れ方を分析することで、現状の問題を洗い出します。

物販ビジネスにおいては、商品視点での分析をすることで、売上や粗利率、消化率など、トップラインを上げるために必要な課題が多く出てくるのが商品視点での分析となります。

商品視点の分析により、店舗ビジネスにおいては、MD計画やディストリビューションなど、日々の業務の効率性・精度を高めることに活用することができます。

③顧客視点

最後は顧客視点での分析になります。

売上はいわばお客様からの評価です。あなたの会社の商品なりサービスにお金を支払ってくれているお客様の状況を定量的に見える化することで、どの層のお客様を今後成長させていくために増やしていく必要があるのかを分析します。

性別や年代別での違いはもちろん、新規顧客やリピート顧客といった購入状況の違い、また未認知層・未購入者層・購入者層といったプロセスの違いなど、複数の視点で分析することで、商品視点での分析同様、売上を上げていくために必要な問題が多く発見できるのが顧客視点での分析となります。

それでは、先ほどのA社のデータ分析に戻りましょう。

まずは、①店舗視点での分析です。

図7-3：A社の店舗別売上/EBITDAの一覧

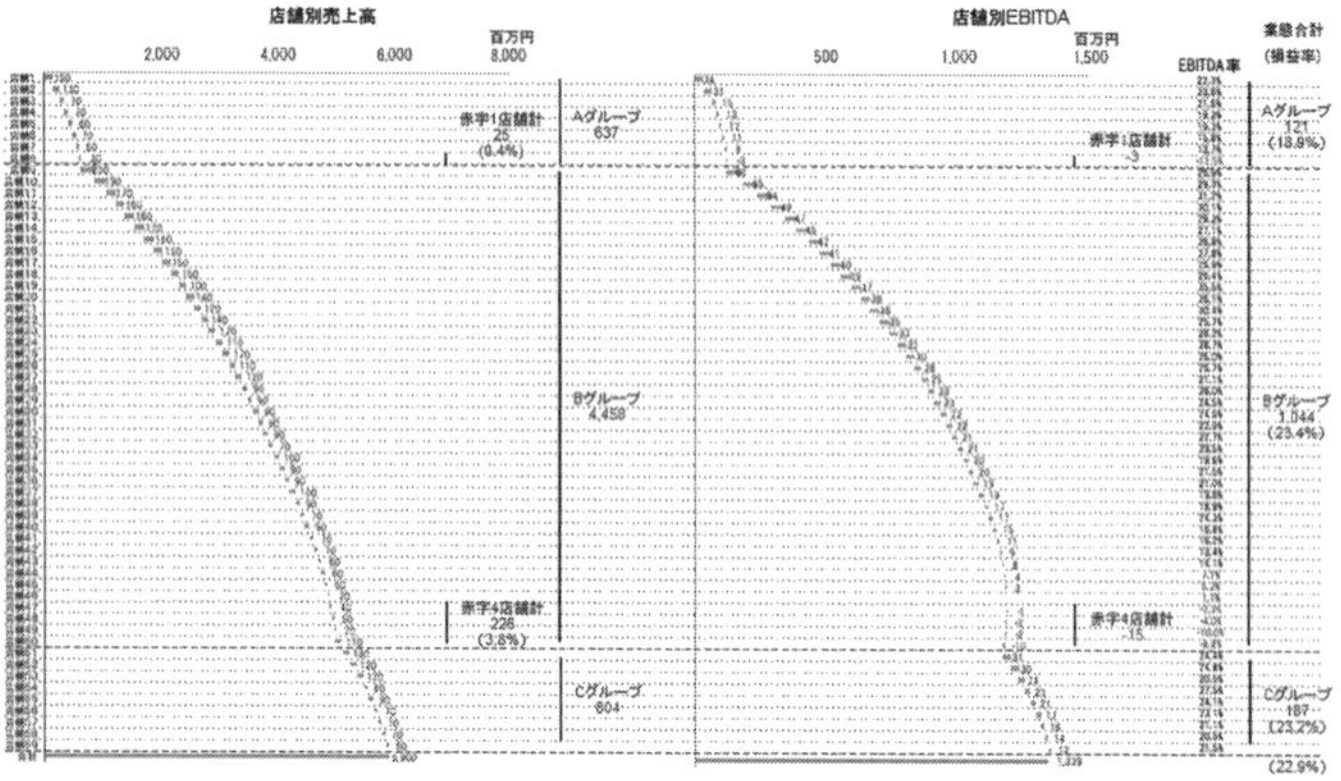

①店舗視点でのデータ分析

店舗ごとに収益性に大きく差があることがわかります。

仮説でも挙がっていましたが、この店舗ごとのバラつきの要因が現状把握できていないために、業績を上げることに苦慮しているのがA社の現状です。

EBITDA率の違いを複数の視点で見ることで、違いがどこにあるのか把握していきます。

月坪効率は、店舗ビジネスにおいては重要な指標になります。月坪売上が高いほど、効率よく売上を上げていることになります。

面積の小さい店舗で出来る限り売上を上げることが良しと思われますが、店舗面積が小さいと十分に商品を陳列することができなく

図7-4：A社既存店舗の収益性/効率性比較

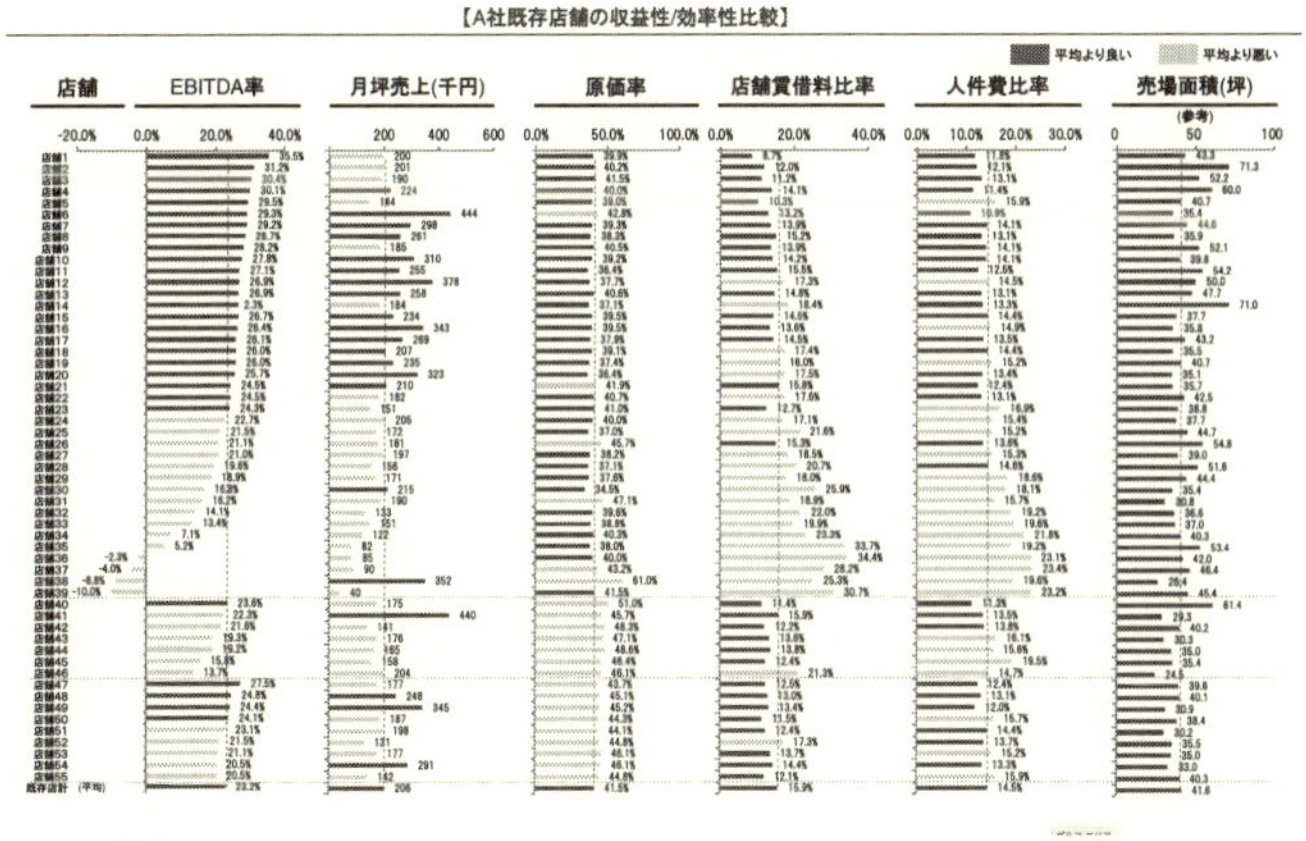

なってきます。

店舗ビジネスにおいて月坪売上は重要な指標ですが、利益を出すために最低限必要な売上を上げるための売場面積も同時に見ることが重要です。

図7-4においても月坪売上と一番右側にある売場面積を一緒に見ることで傾向を把握します。

原価率、店舗賃借料比率（家賃比率などとも言う）、人件費比率は、店舗ビジネスにおいて、構成比の高いコストになります。

同じ業態・ブランドの店舗にも関わらず、店舗ごとに原価率に差がある場合は、店舗（店長）の決裁権限が大きく、仕入れる商品の選定や値引き等の意思決定に店舗ごとに差が生じていることが要因として考えられます。

各店舗に陳列する商品（店舗で仕入れる商品）関係や、値引き等の施策は、顧客へダイレクトに印象を与える、要はブランディングに直接寄与する施策であるため、筆者がコンサルティングをする際は本部主導にて各店舗で展開する商品の選定や値下げ指示などの施策はコントロールするように伝えています。

店舗賃借料や人件費の比率は、店舗ごとに差が出やすい費目になります。

これらは固定費になるため、売上が想定よりも低い水準に陥ってしまっている店舗においてはこれらの比率が高くなってきます。

実際A社においても前ページ図7-4のように、EBITDA率の低い店舗ほど店舗賃借料比率と人件費比率が高くなっていることがわかります。

図7-5は、先ほどの各店舗を年間売上と店舗面積の散布図でプロットしたグラフになります。

このような散布図を活用することで、より傾向が見えてきます。

A社の場合は、店舗面積が27坪を超えると収益性は低くなり、また、年間売上が7000万円未満になると収益性の低い店舗が多くなる傾向があることがわかりました。

さすがに相関性まではありませんが、一定のルールが見えてくるだけで、その後の施策

図7-5：EBITDA別の各店舗の年間売上と店舗面積の関係

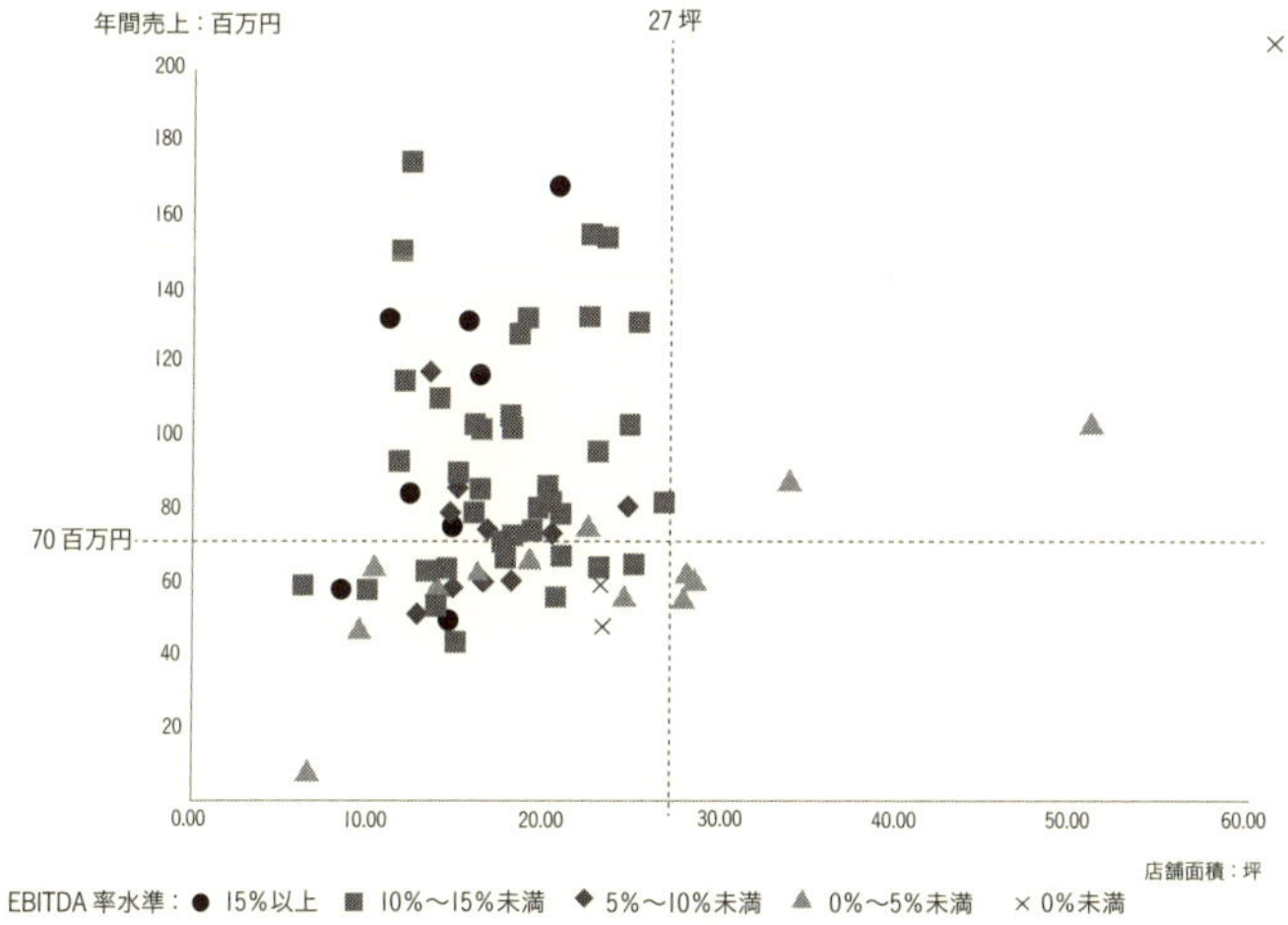

の選択肢が絞られます。

さらに、出店している商業施設のタイプ別で見ると、より詳細な傾向が見られることが多いです。

A社においては、駅ビル・FBは12坪程度以上、郊外型SC及び都市型SCは15坪程度以上で、店舗売上7000万円以上が実現しやすくなる一方、アウトレットは店舗面積にはあまり依存しないことがわかりました。

また総じて店舗面積が広すぎる（A社の場合は27坪以上）で収益性が落ちる傾向にあることがわかります。

ただ、他と異なる傾向となったのが路面店でした。路面店の場合は、30坪以上ないと年

図7-6：EBITDA別の各店舗の年間売上と店舗面積の関係（出店先商業施設タイプ別）

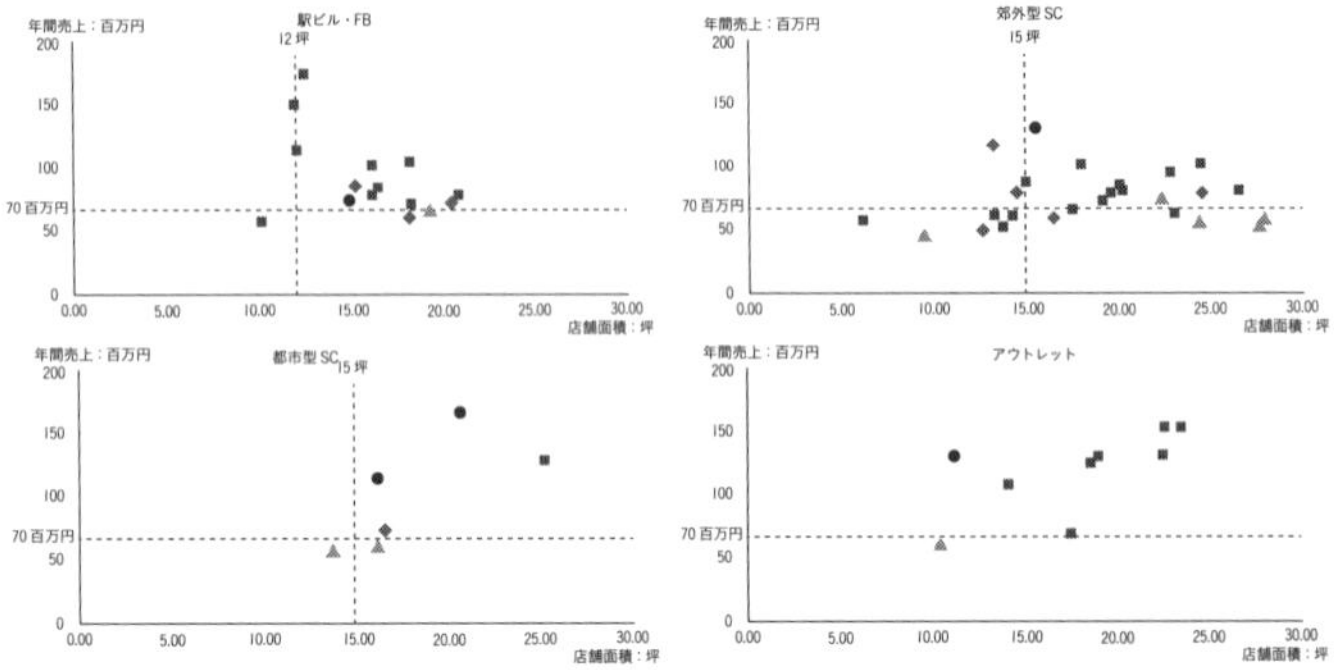

EBITDA率水準：● 15%以上　■ 10%～15%未満　◆ 5%～10%未満　▲ 0%～5%未満　× 0%未満

図7-7：EBITDA別の各店舗の年間売上と店舗面積の関係（路面店の場合）

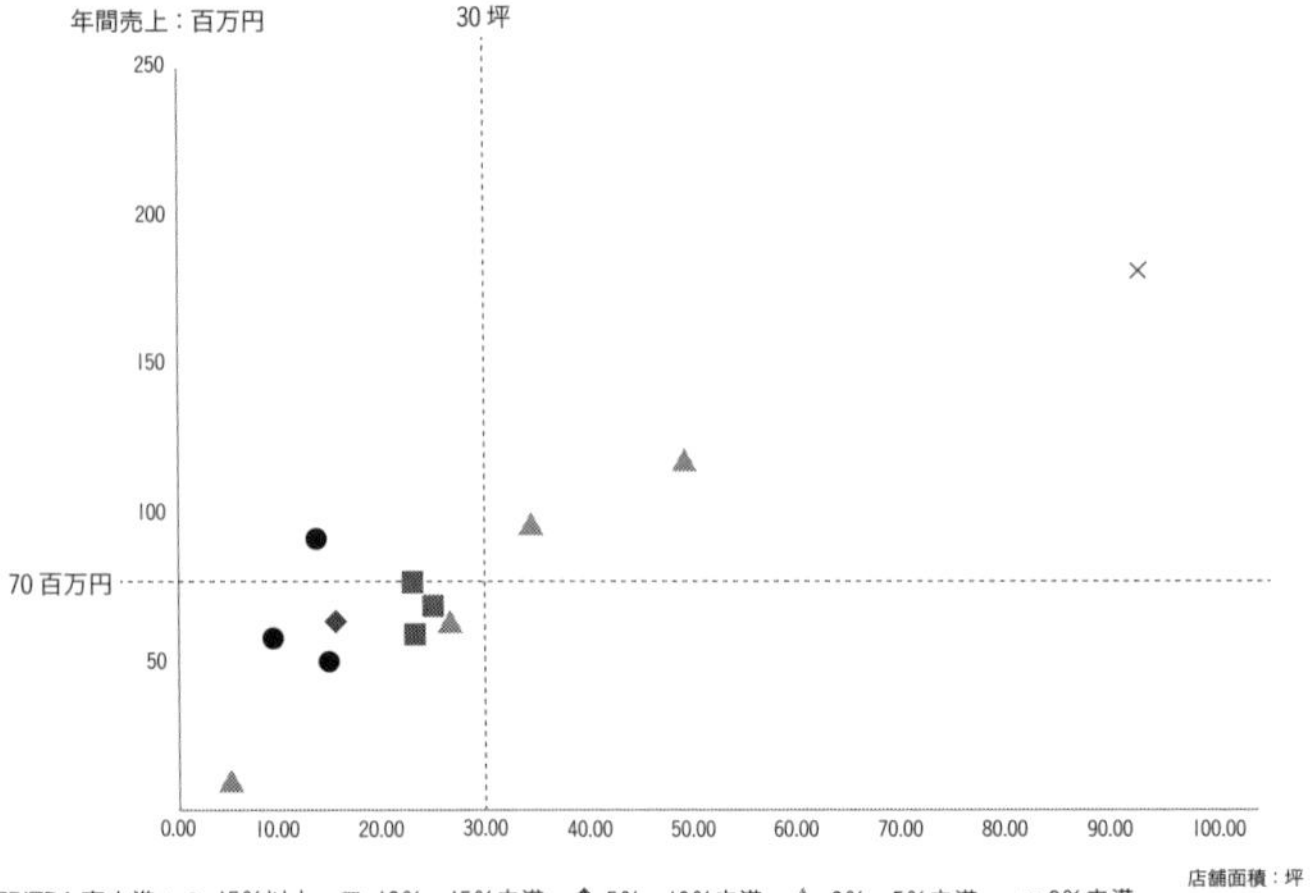

EBITDA率水準：● 15%以上　■ 10%～15%未満　◆ 5%～10%未満　▲ 0%～5%未満　× 0%未満

間売上7000万円は難しいことがわかります。一方で、店舗面積の小さい店舗の方が収益性が高い傾向にあることから、路面店の場合は売上を取るというよりもいかにして坪効率を高めて効率よく売上を上げる、あるいは固定費となる店舗賃借料を低く抑えることができるかが重要だということがわかります。

このように、店舗収益のバラつきの要因を店舗の立地条件や店舗面積といったプロフィール情報と実際の売上やコストなどの実績から導き出すことができます。

他にもいくつか見てみましょう。

次ページの図7-8は、縦軸に店舗賃借料と人件費を足した比率、横軸に月坪売上を取ってプロットした散布図になります。

ここから読み取れることとしては、店舗賃借料と人件費の合計費用が売上の35%以上だとEBITDA率が10%未満となる傾向が強くなり、特に月坪売上が40万円未満の店舗数が多いことがわかります。

月坪売上が取れないと固定費比率が高くなってしまっていることがわかります。

図7-9は同じように、店舗賃借比率と人件費比率を店舗ごとにプロットした散布図と

図7-8：店舗別の店舗賃借料＋人件費比率と月坪売上の関係

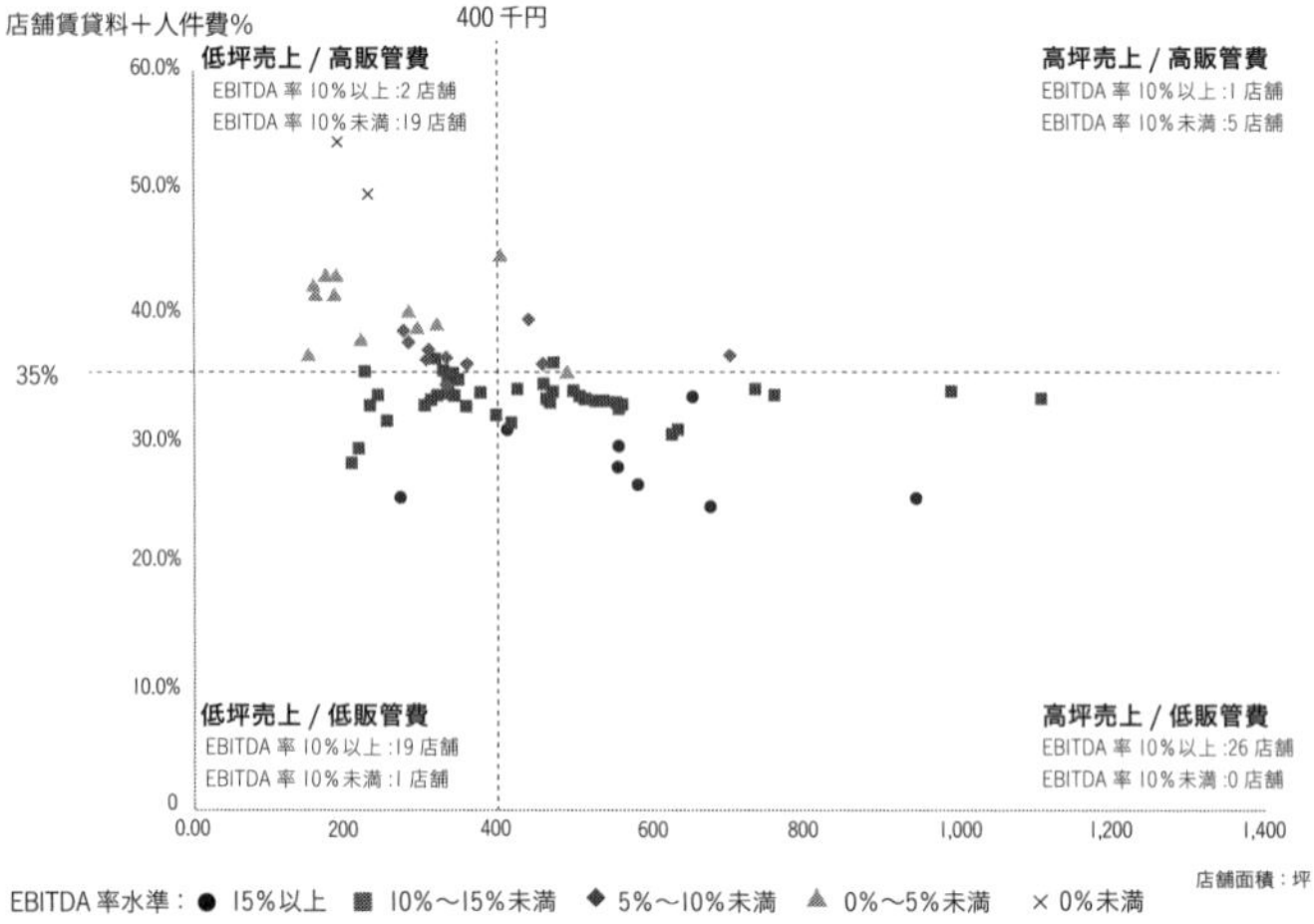

なります。

　当たり前ですが、店舗賃借比率と人件費比率の両方が高くなるほど収益性は悪化していくことがわかります。

　このように、自社に蓄積されているデータだけでも様々な事実が見えてくることがわかったかと思います。

応用編：店舗の立地場所と売上との関連性

　店舗ビジネスにおいて、売上は立地への依存度が高くなります。これは物販ビジネスだけでなく飲食店やサービス業など、どれだけ「行きやすいか」「入りやすいか」かがポイントとなってきます。

　A社のようなアパレル業態で店舗展開している企業は、路面店もありますが、多くが

図7-9：店舗別の店舗賃借料比率と人件費比率の関係

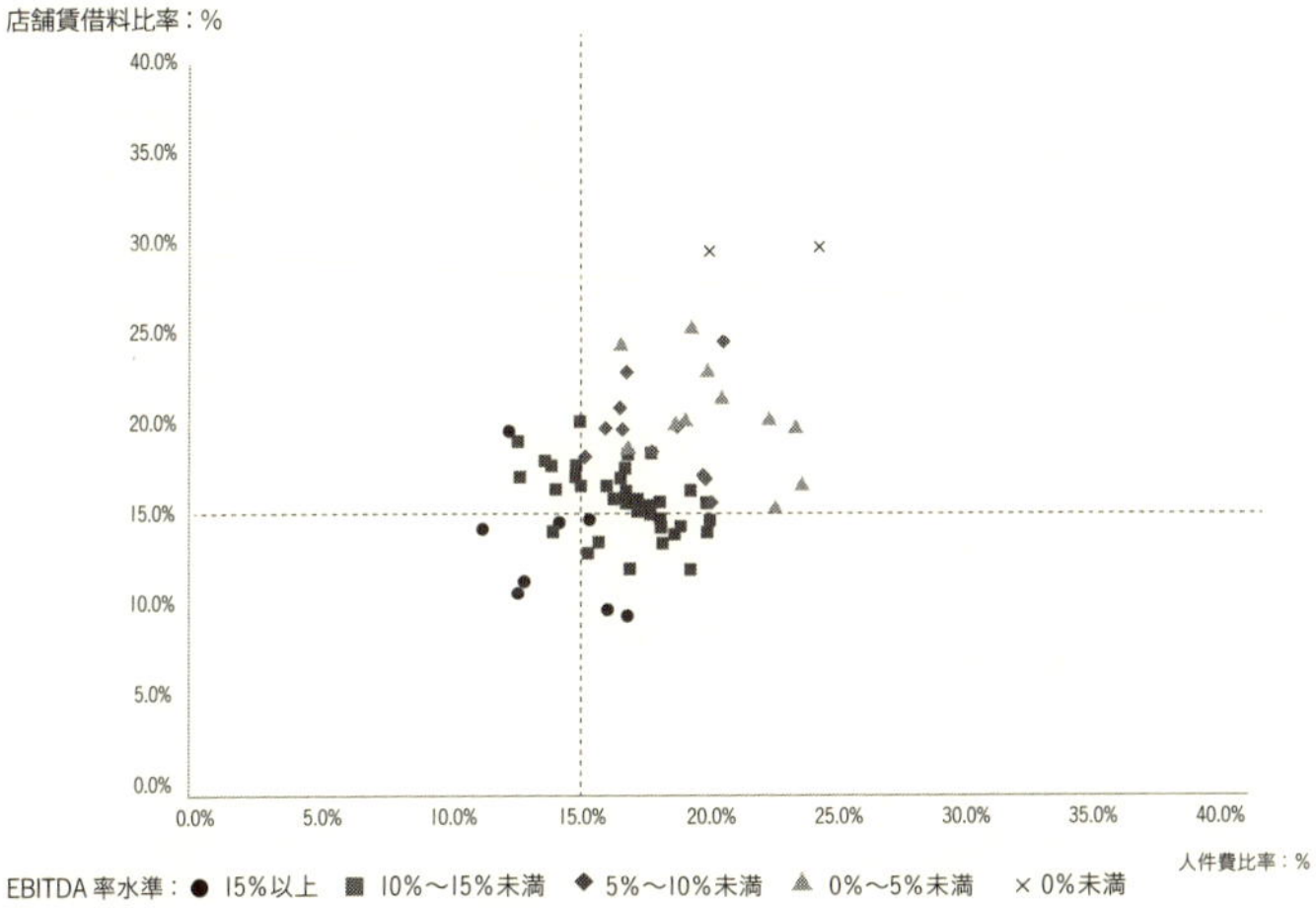

駅ビルや百貨店など、商業施設にテナントとして入っているケースが多くなります。

商業施設に入っている場合、商業施設そのものの集客力にまずは依存します。集客力が高い商業施設などは、黙っていてもたくさんのお客様が来店され、自然と売上が上がります（それだけ競争力も高く家賃も高いですが）。

一方、商業施設の集客力が低ければ、いくらブランド力の高い店舗であっても十分な売上は見込めません。

それだけテナントとして商業施設に入る場合は、その商業施設の集客力は重要となってきます。

もう一つ、同じ商業施設でもどの場所に位置するかで売上は大きく変わります。

エスカレーター脇のように、多くのお客様が通る場所で間口が広ければそれだけ店頭を通るお客様の数も増えます。一方、上層階の端の方に位置し、間口も狭ければ、商業施設に来ているお客様のほんの一部しか店頭の前を通りません。

同じ商業施設でも、どの場所に出店するか、という点もとても重要です。

この商業施設内での立地条件については、定性的な判断にもなりますが、経験上、

〈好立地条件〉

- **エスカレーターに隣接している**
- **エレベーターから近い**
- **トイレから近い**
- **駐車場入口など、その他多くの人が通る導線上にある**
- **周囲に集客力の高いテナントが複数ある**
- **通路への設置面積（間口）が広い**

というようなことが好立地と判断され、このことに当てはまらない（あるいは当てはまるものが一部）は悪立地（少なくとも好立地ではない）と判断しています。

以上を踏まえ、A社において各店舗の売上とテナントとして入っている商業施設の集客力と立地状況をプロットしたのが次ページ図7-10の分析グラフになります。

この上図を見ると、商業施設自体の売上が400億円以上では、商業施設内における立地評価に関わらず店舗売上7000万円以上を達成しています。

次に、商業施設自体の売上が200〜400億円では、商業施設内における立地によって変動しており、商業施設自体の売上が200億円未満になると、アウトレット店舗を除いて商業施設内における立地評価が良くても店舗売上は8000万円程度となることがわかりました。

さらに、出店先商業施設タイプ別に分析したのが次ページ図7-11となります。

駅ビル・ファッションビル（FB）や、都市型ショッピングセンター（SC）、アウトレットにおいては、商業施設自体の売上に関係なく、比較的店舗売上7000万円以上を可能としています。

その中でも、駅ビル・FBは、商業施設自体の売上が250億円以上だと売上が大きく跳ねる可能性があることが把握できました。

一方、郊外型SCにおいては、商業施設自体の売上が200億円未満では店舗売上を

図7-10：商業施設内立地評価別の店舗売上と出店先商業施設の売上の関係

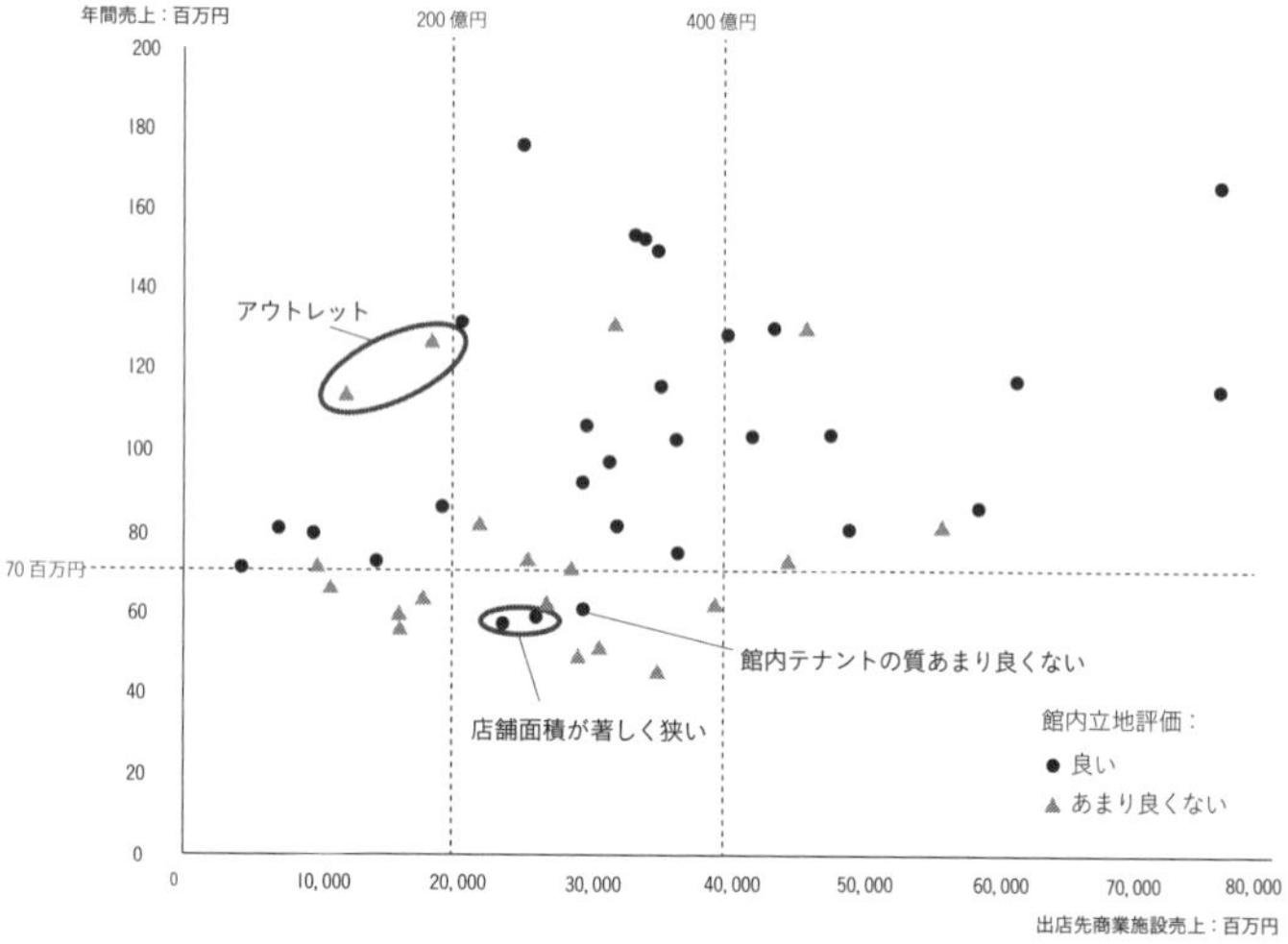

図7-11：商業施設内立地評価別の店舗売上と出店先商業施設の売上の関係（出店先商業施設タイプ別）

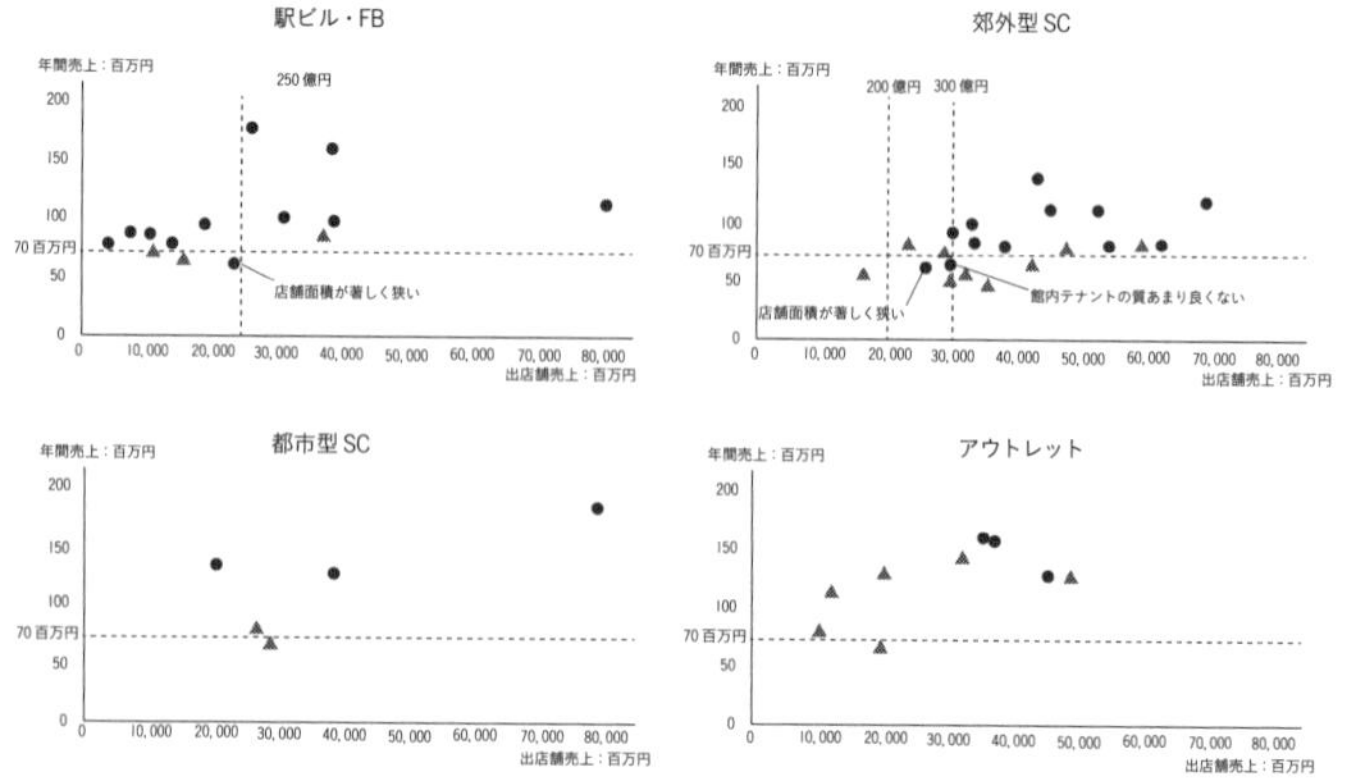

7000万円以上にすることは厳しく、少なくとも300億円以上ある商業施設に入ることが必要ということがこのデータ分析から導き出されました。

以上、店舗視点でのデータ分析において、自社に蓄積されているデータだけでも、勝ち店舗（収益性の高い）となるために必要な要素が導き出されます。

さらに出店している商業施設の情報も付加することで、今後新たに出店する際における商業施設の選定基準も導き出されたため、理想の姿へと成長させていくための具体的な出店戦略に落とし込むことができるようになります。

②商品視点でのデータ分析

次に商品視点でのデータ分析を行っていきます。

商品視点でのデータ分析も、先ほどの店舗視点でのデータ分析と同様、大きい数字から捉えていくことが大切です。

いきなり商品単品で分析するのではなく、まずはカテゴリで見ていきます。

商品の場合は、売上＝販売数量×商品単価＝（品番数×一品番当り販売数量）×商品単価に分解すると、売上の増減がそれぞれ何によって引き起こされているのかの大きな傾向が

図7-12：商品カテゴリ別の売上分解における前年対比

売上	カテゴリ	要素	前年同期比比較 31期	32期	33期
売上	小物類売上	販売数量：品番数	95.4%	106.0%	128.8%
		販売数量：一品番当り数量	112.3%	88.9%	68.6%
		商品単価	98.8%	103.4%	105.5%
	シャツブラウス売上	販売数量：品番数	112.1%	91.4%	100.0%
		販売数量：一品番当り数量	73.1%	111.0%	99.2%
		商品単価	103.6%	102.8%	95.4%
	パンツ売上	販売数量：品番数	93.1%	90.9%	109.3%
		販売数量：一品番当り数量	112.3%	105.5%	78.5%
		商品単価	101.7%	108.1%	107.6%
	ワンピース売上	販売数量：品番数	113.5%	87.5%	100.0%
		販売数量：一品番当り数量	78.6%	122.3%	86.9%
		商品単価	106.0%	96.4%	93.7%
	コート売上	販売数量：品番数	110.0%	104.3%	116.7%
		販売数量：一品番当り数量	83.9%	81.9%	86.6%
		商品単価	108.8%	98.3%	101.9%
	Tシャツ売上	販売数量：品番数	91.5%	113.1%	122.2%
		販売数量：一品番当り数量	90.3%	94.6%	76.5%
		商品単価	103.5%	102.4%	95.6%

わかります。

その上で、カテゴリ毎に各商品までブレイクダウンして、詳細に分析していくことで根本的な問題が明らかになるのです。

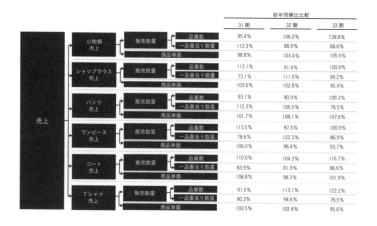

それでは分析結果を見ていきましょう。

図7-12は、A社における商品カテゴリ別に、売上を因数分解した際の前年対比になります。

A社は先に挙げた通り、31期をピークにして年々売上減少傾向に陥ってしまっていましたが、商品視点で見ると、カテゴリごとに多少のバラつきはあるものの、33期においてはすべてのカテゴリにおいて品番数は増えている一方で、一品番当り数量が減少していることがわかります。

これは、売上を増加させるためにとにかく商品を作ったものの、思ったように売れなかった、ということが数字でまざまざと表れている状態です。

しかしこれはA社だけではなく、多くの物販系ビジネスでは起こっている問題の代表例です。


それでは、各カテゴリを深掘りしていきましょう。

例として、コートについて取り上げてみます。

コートは全カテゴリの中では、売上が減少しておらず、比較的堅調なカテゴリとなっています。

しかし、売上を分解していくと、懸念点が浮かび上がってきます。

先ほどの表でお見せした全カテゴリの33期の傾向として挙がっていた、品番数を増やしている一方で、一品番当り数量が減少しているという、「商品当たりの力」が弱くなってしまってきている問題が、売上としては増加しているコートのカテゴリにおいても如実に表れていることがわかります。

品番数を増やすということは、管理する商品が増えるため煩雑になります。日々の在庫

図7-13：コートの売上推移の分解

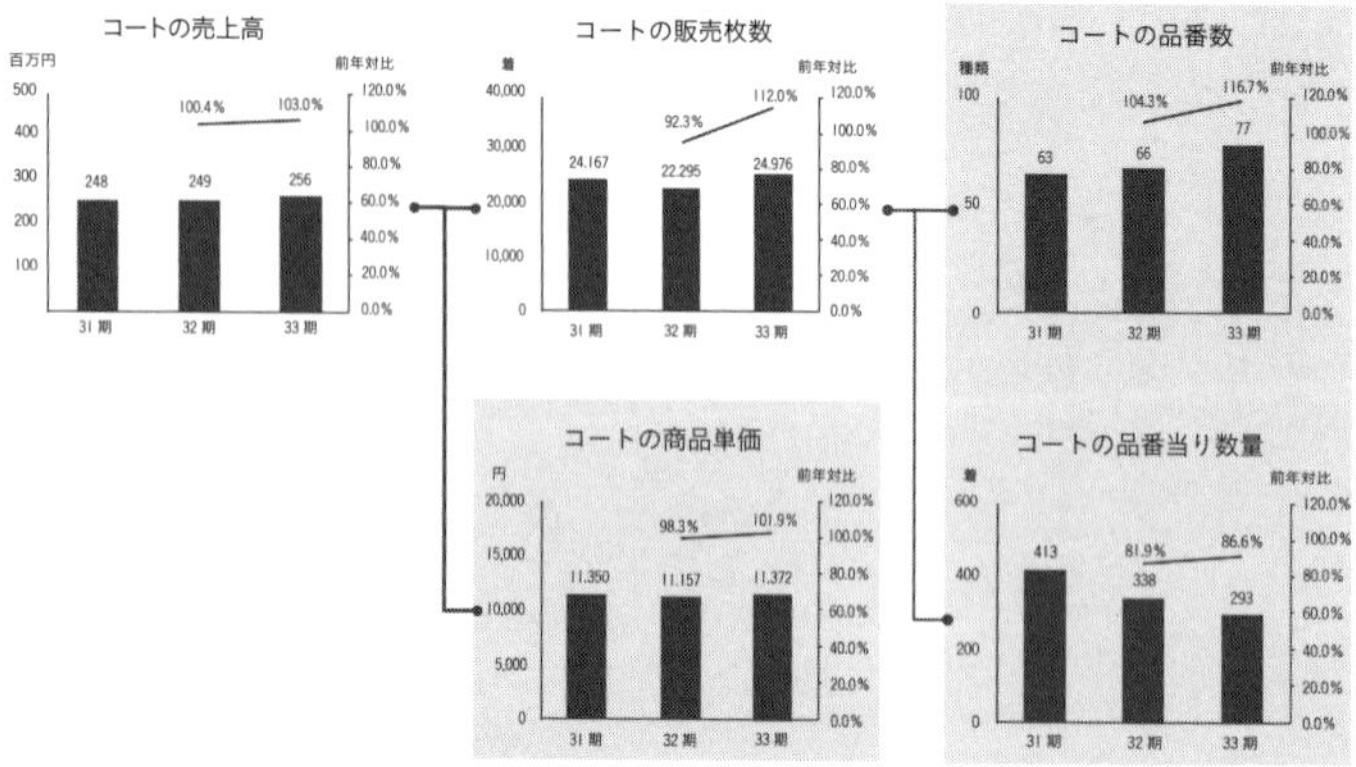

管理、販売管理のボリュームが増すため、品番数を増やすという「とにかく取り扱う商品数を増やせば売上が上がるだろう」という施策には限界があります。

従って、コートもこれ以上品番数を増やすことで売上を上げていくことはリスクがあるため、このままいくと他のカテゴリ同様、売上の減少に転じてしまう可能性が高いと言えるでしょう。

事実、A社では社員ヒアリングをしていくと、そのような事実が浮かび上がってきていました。

では、どうすれば良いのかをさらにデータ分析を深掘りしていくことで把握していきます。

図7-14：コートカテゴリの各商品の売上降順での31期と33期の比較

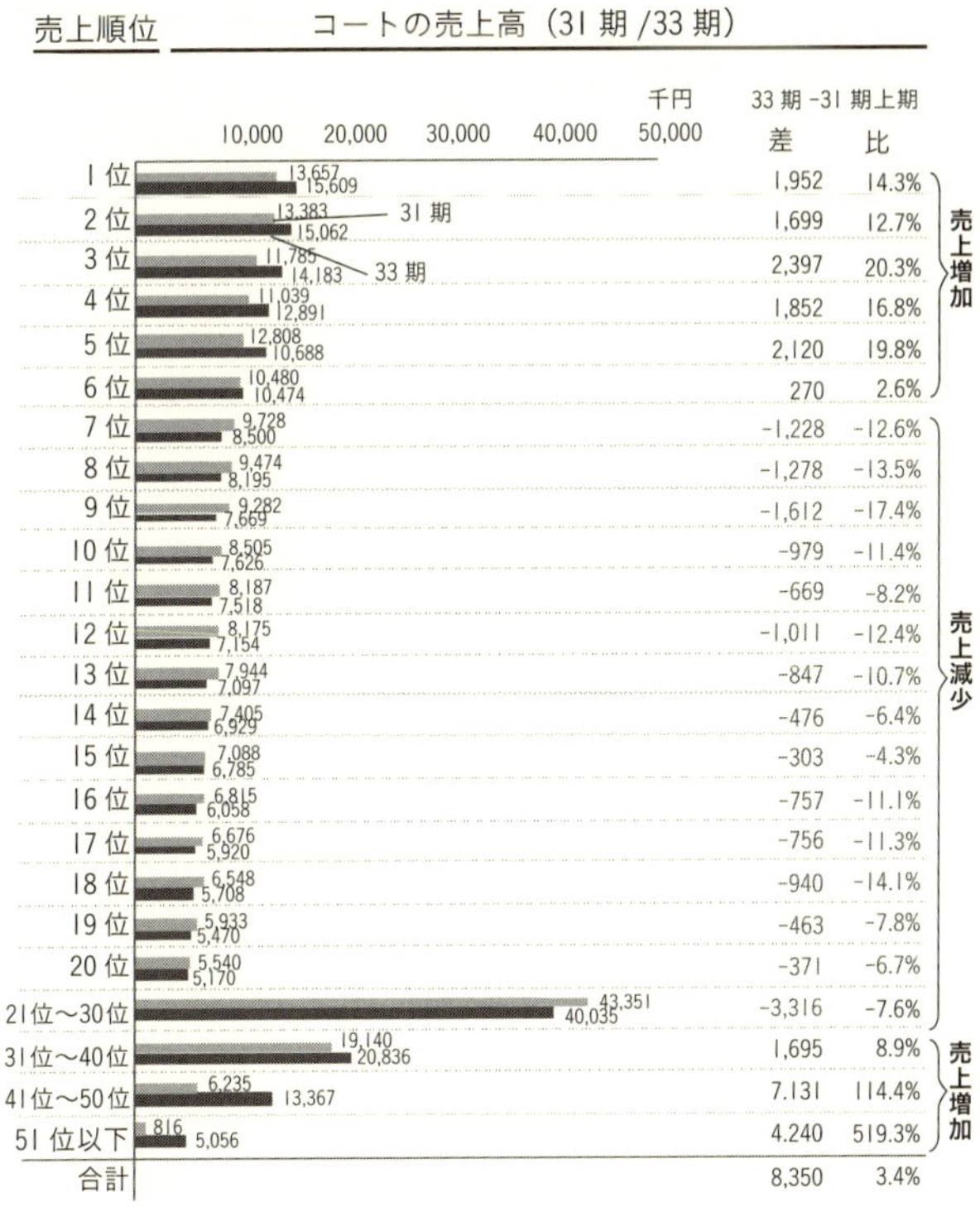
売上順位
コートの売上高（31 期 /33 期）
千円
10,000 20,000 30,000 40,000 50,000
33 期 -31 期上期
差
比
1 位 13,657 15,609 1,952 14.3%
2 位 13,383 15,062 1,699 12.7%
31 期
33 期
3 位 11,785 14,183 2,397 20.3%
4 位 11,039 12,891 1,852 16.8%
5 位 12,808 10,688 2,120 19.8%
6 位 10,480 10,474 270 2.6%
売上増加
7 位 9,728 8,500 -1,228 -12.6%
8 位 9,474 8,195 -1,278 -13.5%
9 位 9,282 7,669 -1,612 -17.4%
10 位 8,505 7,626 -979 -11.4%
11 位 8,187 7,518 -669 -8.2%
12 位 8,175 7,154 -1,011 -12.4%
13 位 7,944 7,097 -847 -10.7%
14 位 7,405 6,929 -476 -6.4%
15 位 7,088 6,785 -303 -4.3%
16 位 6,815 6,058 -757 -11.1%
17 位 6,676 5,920 -756 -11.3%
18 位 6,548 5,708 -940 -14.1%
19 位 5,933 5,470 -463 -7.8%
20 位 5,540 5,170 -371 -6.7%
21位～30位 43,351 40,035 -3,316 -7.6%
売上減少
31位～40位 19,140 20,836 1,695 8.9%
41位～50位 6,235 13,367 7.131 114.4%
51 位以下 816 5,056 4.240 519.3%
売上増加
合計 8,350 3.4%

前ページの図7-14は、売上規模の大きい商品から順番に上から並べて、31期と33期の売上規模の違いを比較した分析グラフになります。

これを見ると、売上上位の品番については、売上増加しているため、しっかりと企画が練られて実績にも反映されていることがわかります。

また、売上下位の品番についても増加していますが、これは品番数を増やしたことで増加しています。

問題となっているのは、売上中位の品番です。

会社としては最も注力していくような商品ではないが、比較的売上構成比を占めているような商品になります。

実は、この中位品番にこそキャッシュの源泉があるというのを私は経験上感じます。

売上が取れる商品（売筋商品）と売れずに在庫が余っている商品（死筋商品）については、数字としても目立つため、日々の業務の中で必ずチェックされ、何かしらの対策を施される場合が多いです。

しかし、その間の商品というのは、なかなか細かい数字まで分析されることがありません。

この中位の品番まで（要はすべての商品）一つ一つ数字を見ていくことで、売上基盤が強

図7-15：コートカテゴリTOP10品番の週次売上推移

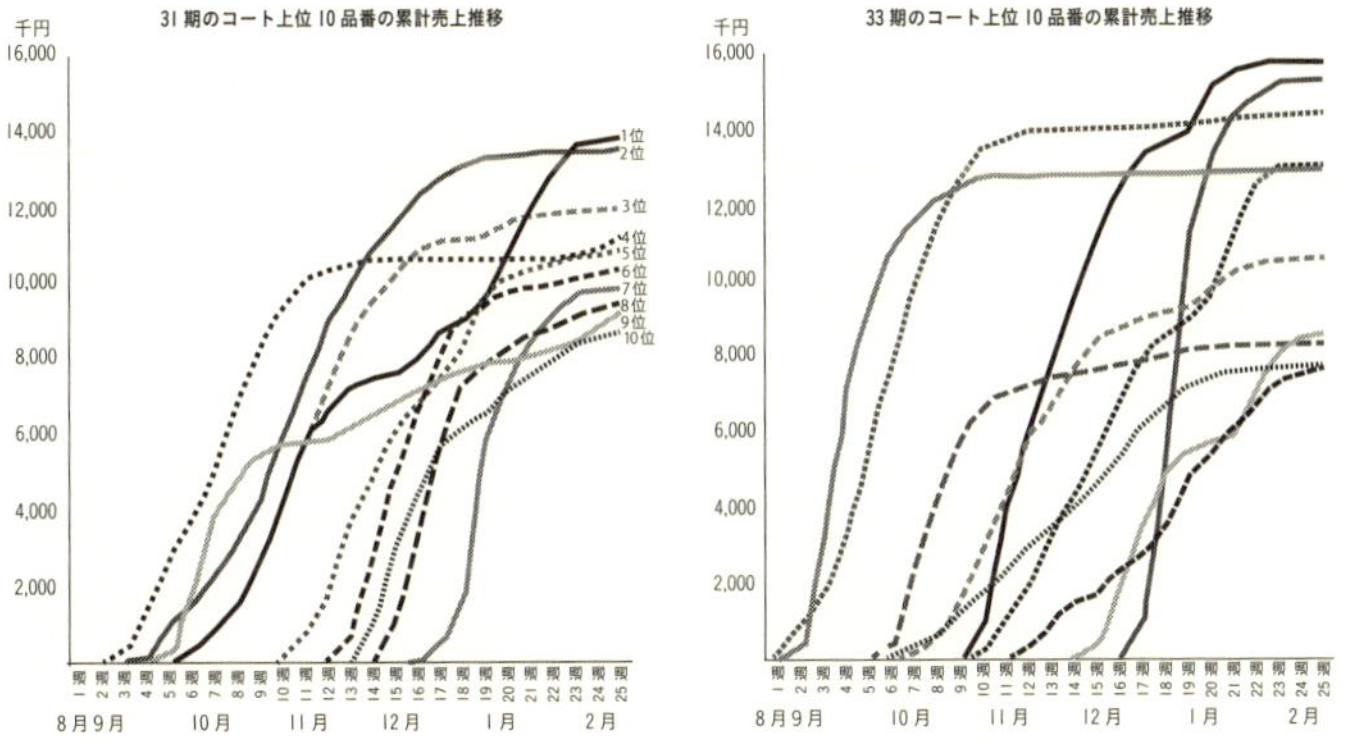

固なものになっていくのです。

次にコートの売上上位10品番の累計売上推移が図7-15です。物販系ビジネスにおいて、多くの企業が陥っている代表的な問題の一つ、「売り逃し」の実態になります。

TOP10の品番なので、A社のコートの中でも売れている、すなわちお客様の評価の高い商品になります。

しかし、分析グラフを見ると、31期も33期も線が平行になっている期間があることがわかります。

本来であれば累積売上推移なので、そのまま右上の方に伸びていくはずなのに、一定期間販売実績がない、ということになります。

もちろん期間限定の商品もありますが、店舗にあれば売れるはずのものが在庫切れのた

図7-16：A社における近年の売上減少メカニズム

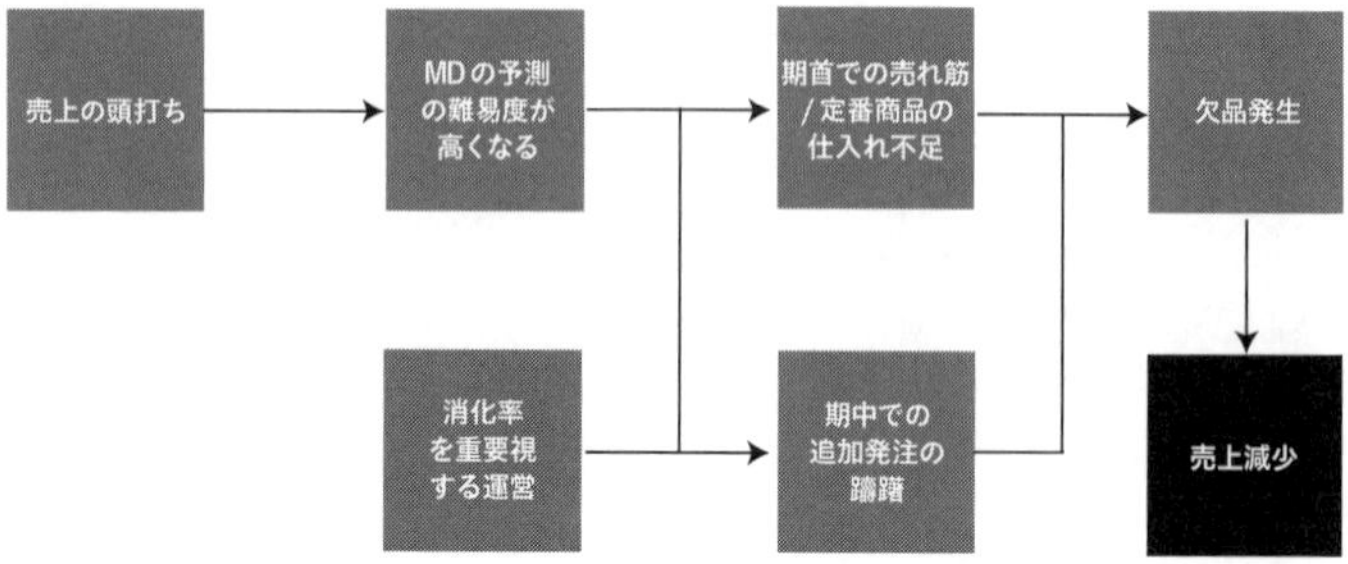

め売れない、という状態ほどもったいないことはありません。

図7-15はTOP10品番のみになりますが、これを中位~下位の品番すべてにおいて実施することで、売れる商品を売り逃しなく販売することができ、その一方で売れない商品を早めに見極めて値下げなどして少しでも現金化する、ということで収益性を高めることができるようになります。

実際、A社においては、図7-16のような、消化率を重視し過ぎる事業運営が欠品を発生させて売上減少を引き起こすメカニズムに陥っていました。

このように、商品視点でのデータ分析をすることで、特に「なぜ売上が減少しているのか、あるいは「なぜ売上が思うように上がらないのか」の要因が導き出されます。

また、日々の業務にすぐに落とし込める問題発見が出てくるのが、商品視点でのデータ分析になります。

③顧客視点でのデータ分析

最後は顧客視点でのデータ分析です。

顧客視点でのデータ分析も同じく、大きい視点からブレイクダウンをしていきます。

店舗ビジネスに限らず、B to CもB to Bもどんな事業形態であれ、「お客様」は存在します。

ただひとくくりに「お客様」と言っても、一見のお客様もいれば、毎月のように購入してくれるようなロイヤリティの高いお客様もいます。

お客様と企業の関係性によって傾向は変わってくるので、それぞれがどのような状態になっているのか、増えているのか減っているのかを把握する必要があります。

まずは全体傾向を俯瞰して把握します。

図7-17：A社の会員・非会員別の売上分解における前年対比

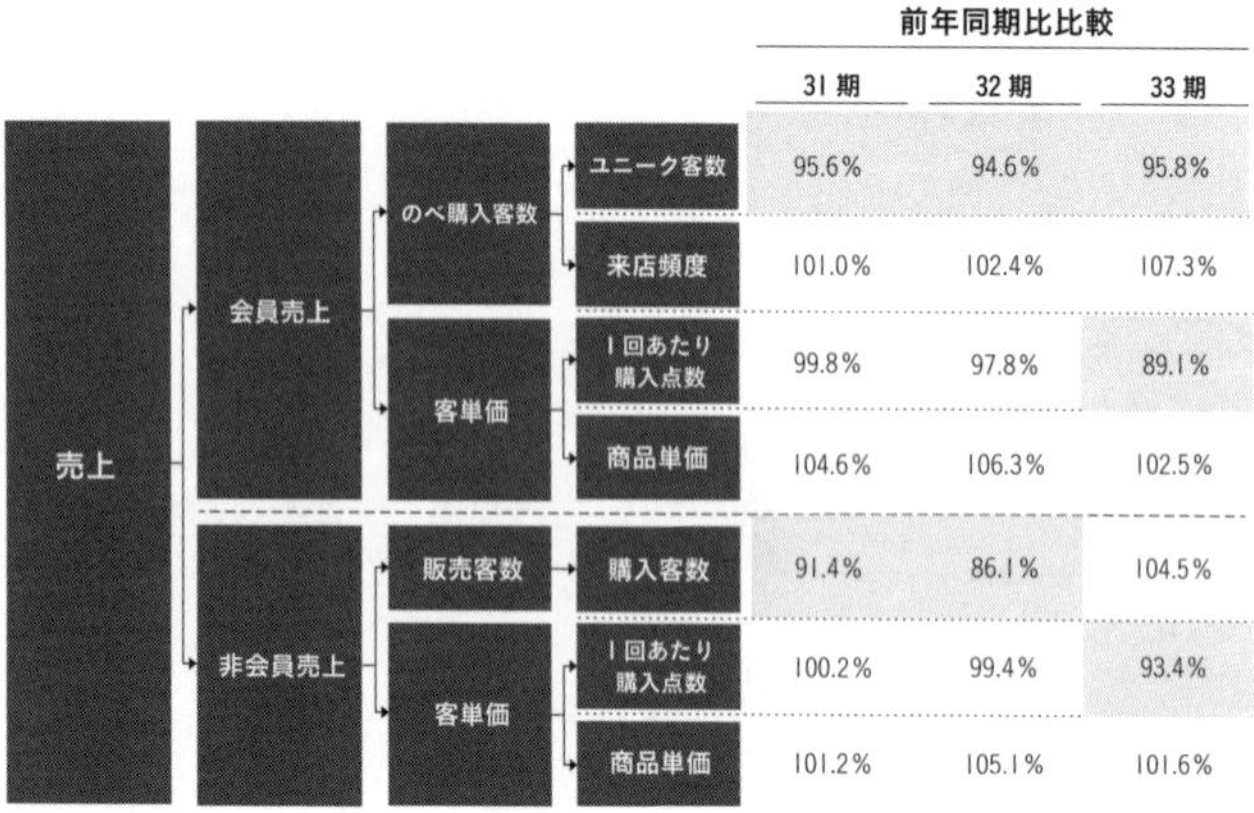

前年同期比比較

		31期	32期	33期
会員売上 のべ購入客数	ユニーク客数	95.6%	94.6%	95.8%
	来店頻度	101.0%	102.4%	107.3%
会員売上 客単価	1回あたり購入点数	99.8%	97.8%	89.1%
	商品単価	104.6%	106.3%	102.5%
非会員売上 販売客数	購入客数	91.4%	86.1%	104.5%
非会員売上 客単価	1回あたり購入点数	100.2%	99.4%	93.4%
	商品単価	101.2%	105.1%	101.6%

A社は売上の7割を会員で占めている企業です。

アパレルの中では会員比率が高く、顧客情報をしっかりと取れていることは一つの強みでもあります。

他社にはない特徴を持った商品企画が差別化要素としてあり、現場（店舗スタッフ）の中では、「うちは固定ファンに支持されています」という言葉がよく聞こえてくる状態でした。

しかし、図7-17を見てみると、特徴的な部分としては、会員のユニーク客数が年々減少していることが見て取れます。

一方で、その下の来店頻度は年々増加していることがわかります。

会員においては、購入する会員数自体は減

図7-18：A社会員における年間購入回数別の構成推移

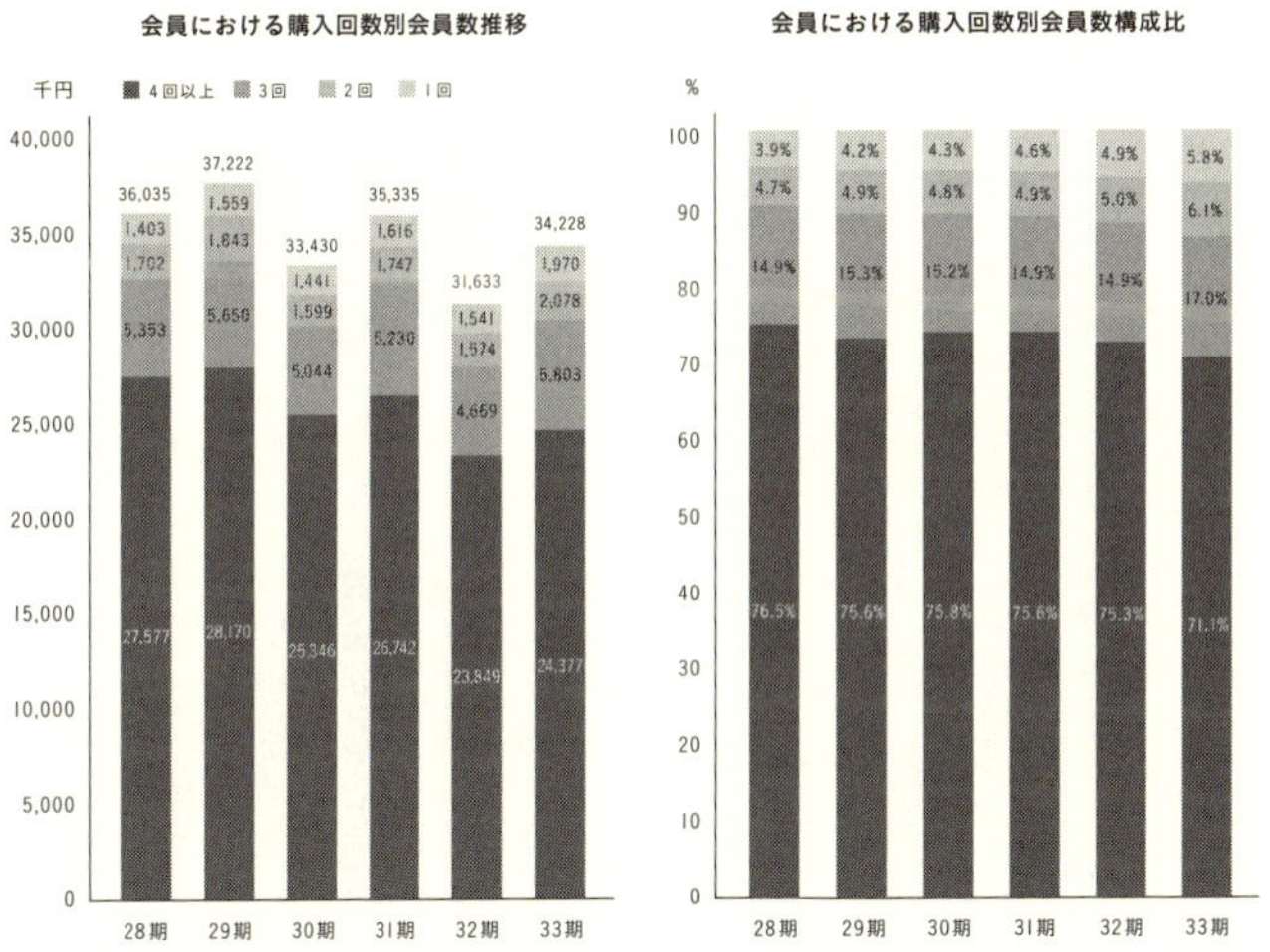

少しているものの、会員一人が購入する頻度は増えているということになります。

非会員については、31期と32期については購入客数が減少していましたが、33期については増加させることができています。

このように、A社においては会員と非会員とで傾向が異なることがわかりました。

では、会員をもう少し深掘りしていきます。

年間の購入回数別に人数および構成比（図7-18）を見てみると、購入頻度の高い会員（年間2回以上）の人数および構成比は増加していることがわかります。

その一方で、年間1回だけ購入する会員は人数、構成比ともに減少しています。

購入頻度の高いロイヤルカスタマーについい

図7-19：A社の会員における登録年度別推移

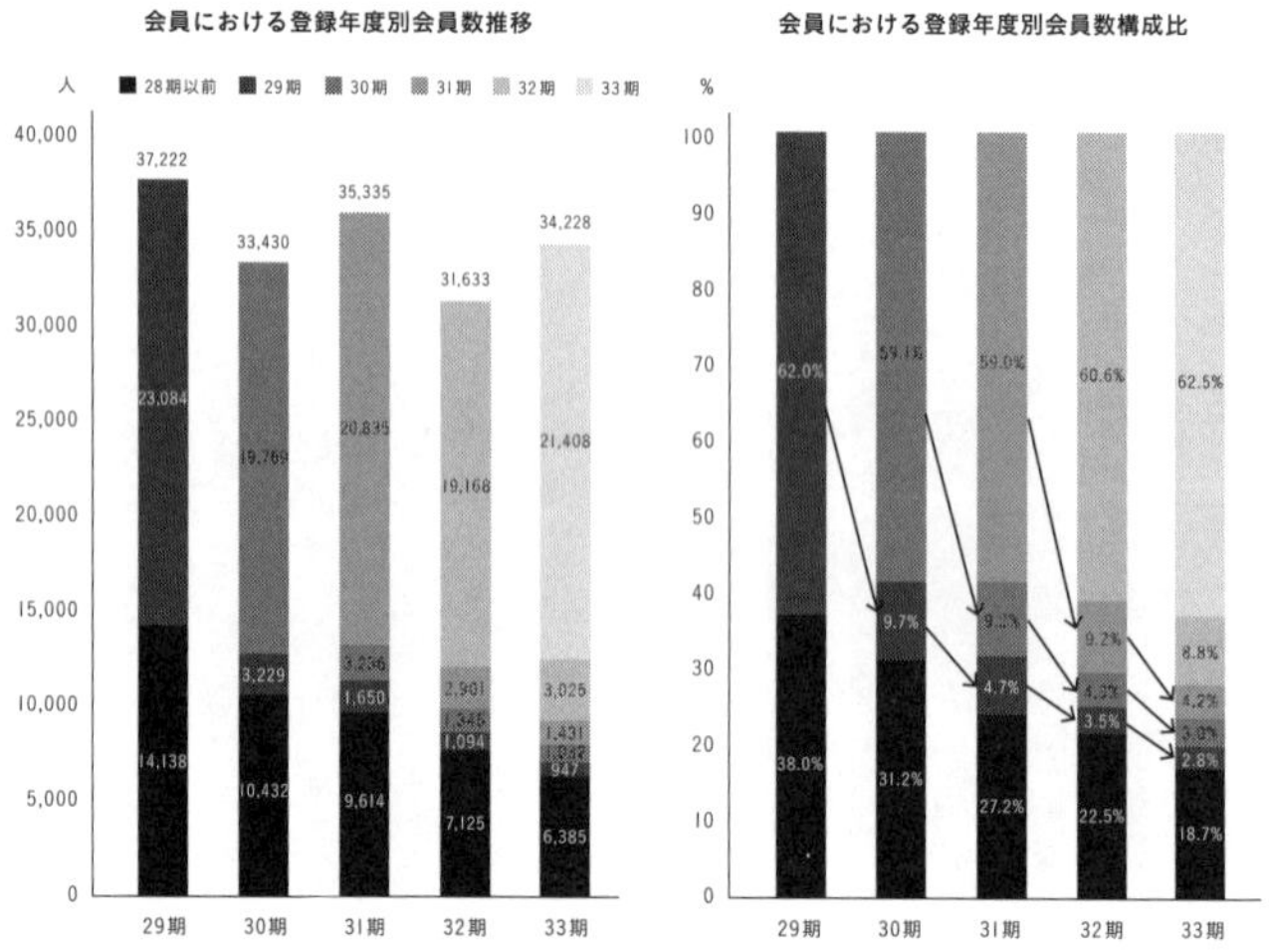

ては、増加できていますが、その一方でまだコミュニケーションの薄いライトユーザーについては減少しています。

図7-19は同じように会員を登録年度別で人数及び構成比の推移を図示したデータ分析グラフになります。

毎年新たに会員になった顧客が次の年にはほとんど購入していない状況になっていることがわかります。

A社における顧客視点での問題は、頻度高く購入してくれるようなロイヤルカスタマー以外の顧客層を獲得できていないことにあります。

応用編：消費者調査から導き出される問題

自社に蓄積されたデータだけでも、このように理想の姿と現状のギャップを埋めるための根本的な問題が何なのか、何をすべきなのかが明確になりました。

しかし、自社に蓄積されたデータだけでは限界があるのも事実です。

それは、自社に蓄積されたデータから導き出されるのは、あくまでも「売れた」結果からの分析となるからです。これは既に自社のことを知っていて、かつ購入しているお客様の集合体のデータなのです。

従って、「自社のことを知っているけど購入していない」層や「そもそも自社のことを知らない」層などの結果は入っていません。

また、あくまでも自社の状況のみであるため、他社と比較した状況も把握することは困難です。

消費者調査は、例えば、自社のことを「知らない」「知っているけれど来店したことはない」「来店したことはあるけれど購入したことはない」「一度購入したけれどその後行っていない（以前は購入していたけれど今は購入していない）」「今も購入している（リピートしている）」といった購入プロセス別の顧客の人数構成や、それぞれの顧客層が普段何を購入しているのかや、どんなところから情報収集しているのか、などのライフスタイルを把握

図7-20：ブランド別の認知度（知っている人の割合）

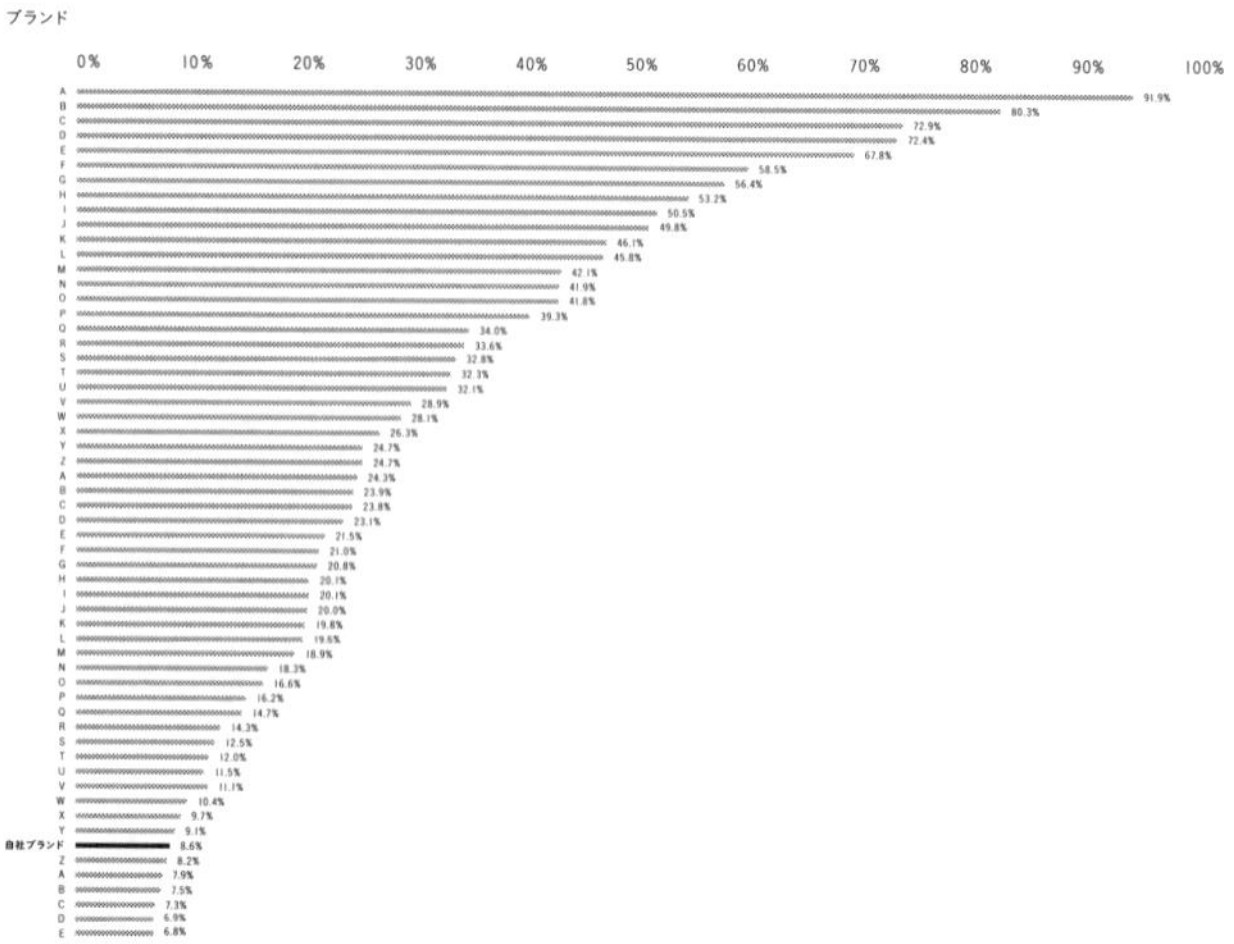

図7-21：A社ブランドを知ったきっかけと、A社広告宣伝費の推移

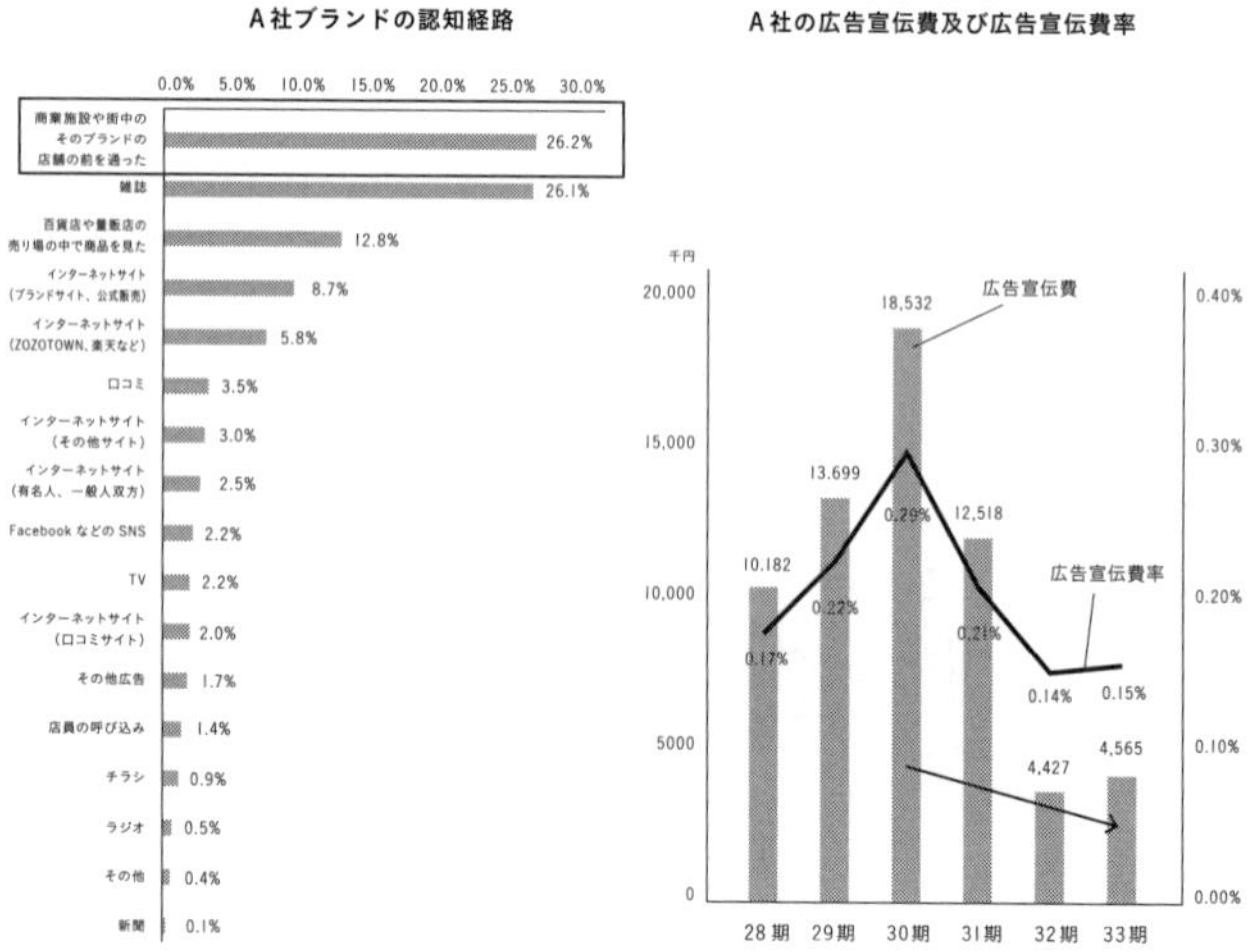

することができます。

また、自社と他社を比較した際に、何が評価を得ているのかなども聞くことで、今後強化してくべき部分もより鮮明にすることができます。

このように、消費者調査をすることで、自社の強みや弱みをより詳細に把握して改善施策へと繋げることができるのです。

それでは、A社で実施した消費者調査から明確になった問題を見ていきましょう。

消費者調査から導き出されたA社の問題の一つは、圧倒的な認知度の低さです。

そもそも「知らない」人が多いことが分かりました。(図7-20)

これは裏を返せば、A社ブランドを「知る」人が増えれば、それだけ売上のパイが増えるということになります。

実際にA社ブランドを知っている層は、商業施設等の店舗の前を通った際及び雑誌からが多かったが、31期より雑誌広告も辞め、またA社の広告宣伝費の比率も低い状況でした。(図7-21右)

他にも購入経験者にはなぜ購入に至ったのかの理由や、リピートしなくなった層には他

図7-22：ブランド別のリピート購買意向の比較

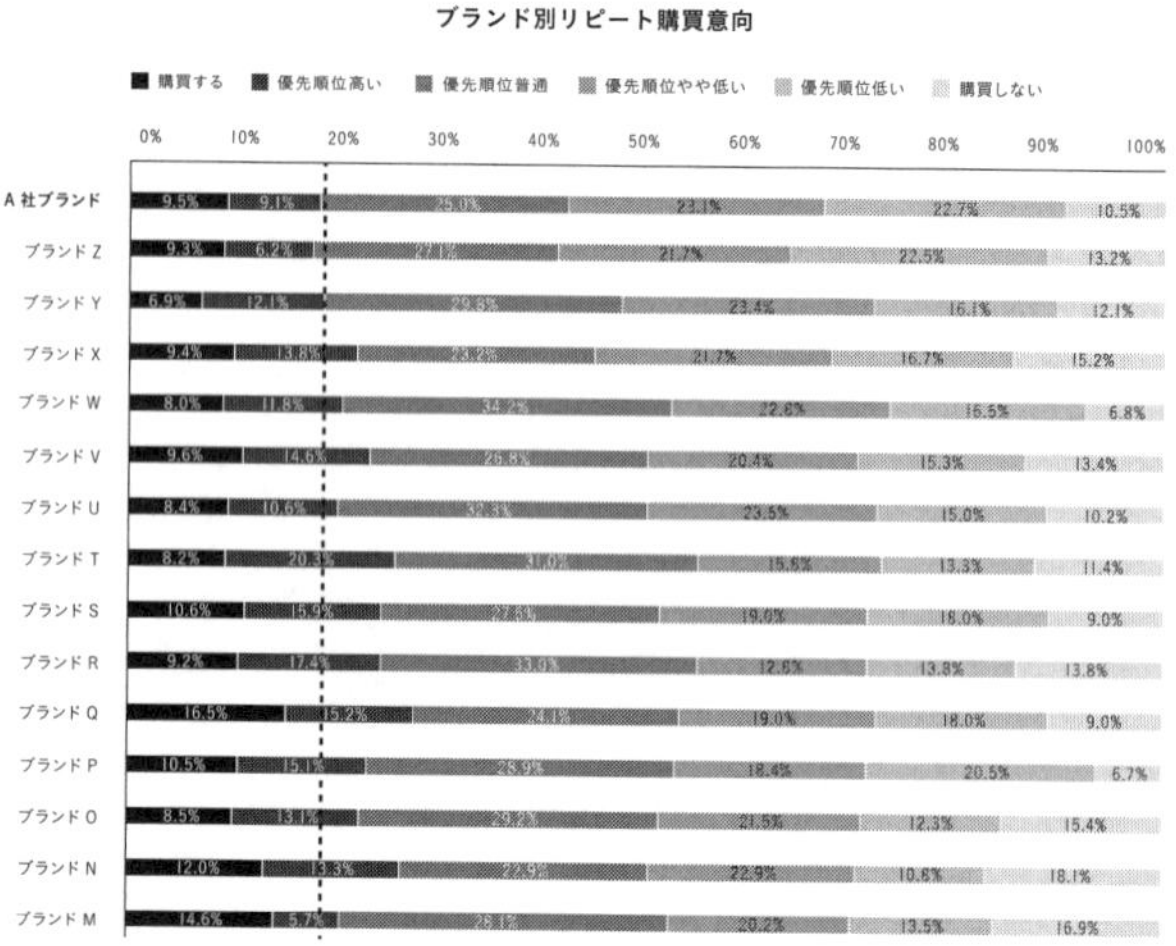

のどのブランドへとスイッチしてしまったのかなど、様々なアンケートをA社向けにしました。その中でも最も問題として大きかったのが、先ほどの「認知」層をいかに増やすか、というポイントが導き出されたのです。

また、競合と比較するとリピート意向も低いことがわかりました。

これは、自社に蓄積されたデータ分析で出てきたA社の会員の継続率の低さからもわかりましたが、ロイヤルカスタマー以外の顧客層へのブランド力が弱いことが把握されました。

このように、消費者調査をすることで、自社に蓄積されたデータだけでは把握することのできない深い顧客動向が見えてきます。

図7-23：A社における問題と改善方法

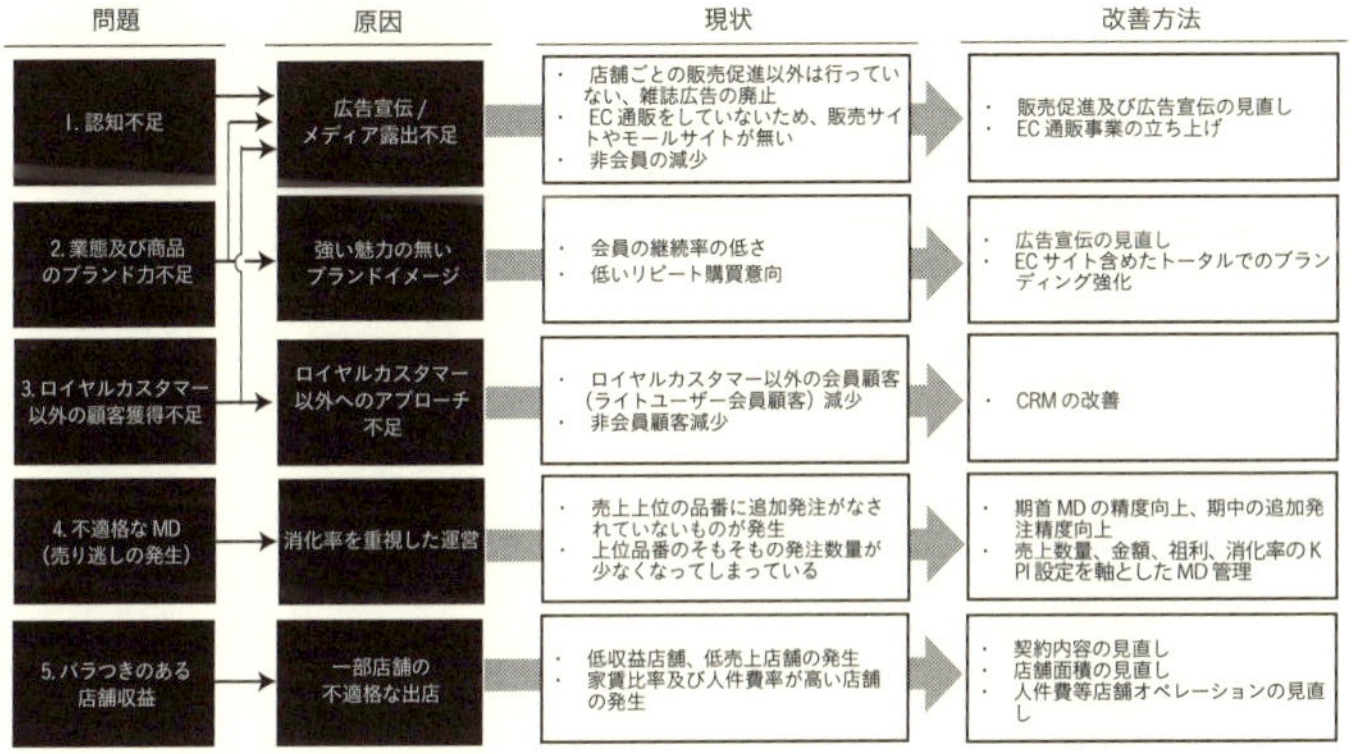

理想の姿を実現させるためには、将来のお客様をどれだけ取っていけるのかがとても重要で、そのためには何をすべきなのかを直接お客様から聞くことができるのが消費者調査です。

以上の分析からA社の根本的な問題と改善方法をまとめたのが図7-23です。

❻課題設定

最後に、理想の姿を実現させるために必要な課題を設定します。

先ほどの改善方法をベースに、具体的な計画に落とし込むために課題と打ち手の全体像を整理します。

A社において、そもそも5年後に20億円の

図7-24：A社における打ち手の全体像

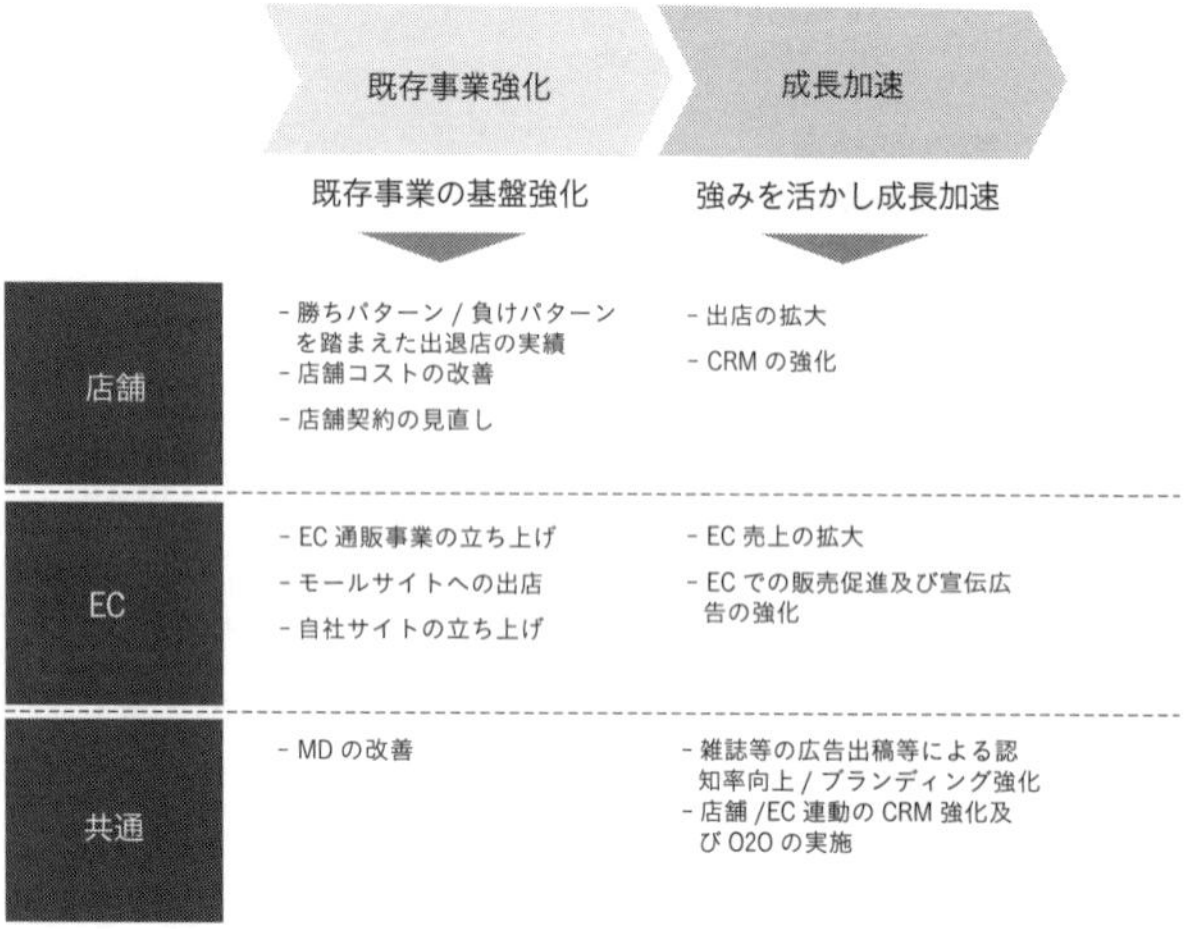

	既存事業強化 既存事業の基盤強化	成長加速 強みを活かし成長加速
店舗	- 勝ちパターン/負けパターンを踏まえた出退店の実績 - 店舗コストの改善 - 店舗契約の見直し	- 出店の拡大 - CRMの強化
EC	- EC通販事業の立ち上げ - モールサイトへの出店 - 自社サイトの立ち上げ	- EC売上の拡大 - ECでの販売促進及び宣伝広告の強化
共通	- MDの改善	- 雑誌等の広告出稿等による認知率向上/ブランディング強化 - 店舗/EC連動のCRM強化及びO2Oの実施

売上増加を理想の姿として描きました。

そのために、まずは現状において洗い出された根本的な問題を解決していくことで既存事業の強化を図ることとしました。

その上で、その後成長を加速していくために出店の拡大やEC強化など、大きく売上拡大できる施策を実施していきます(7-24)。

データ分析することで、このように理想の姿を実現させるためには具体的に何をしていくべきかまで落とし込むことができるのです。

具体的なアクションプランへ落とし込む

次に、具体的にどのようにアクションプランへと落とし込んでいくのか説明していきます。

まずは、アクションプランを整理していきます。

次ページの図7-25は先ほど事例で説明したA社の課題および具体的な施策になります。

このように、「課題の明確化」で導き出された施策内容をより具体化していきます。

例として、1．新規出店についてアクションプランを具体化していきましょう。


店舗ビジネスにおいて、売上・利益ともに大きく成長させていくためには、新たな場所に出店していくことが一番です。

しかし、その前にしっかりと自社なりの勝ちパターンを定義する必要があります。

（今まで説明したデータ分析により導き出された既存店舗の改善が前提となります）

図7-25

課題	概要	具体的な施策内容
1. 新規出店	・一定以上の利益水準を達成できる地域への出店	・カバーしきれていない地域への出店 ・都心部への出店 ・既存店で収益性が悪い店舗の退店と近く良い商業施設への出店
2. 既存店収益向上	・既存店の業務改善等による、収益改善	・家賃の見直し ・店舗人員の適切な配置
3. EC 事業立ち上げ	・インターネット事業による販売を実施	・自社 EC 通販サイトにより販売を実施 ・ZOZOTOWN 等 EC モールへ出店
4. CRM の強化	・会員の中の低頻度購買顧客のロイヤルカスタマー化	・現在紙で発行している会員カードの電子化 ・既存のロイヤルカスタマーのフォローの維持及び低頻度購買顧客へのアプローチ強化
5. ブランディング強化 / 広告宣伝強化	・広告宣伝活動を強化することにより認知を広め、ブランド力も強化	・雑誌出稿及び雑誌への商品貸し出しの強化 ・EC サイトの活用等も含めた O2O の強化
6. MD 改善	・欠品した場合の追加発注や店間移動等による売り逃しの防止	・期首の MD 精度の向上 ・期中の追加発注精度の向上

新規出店する際にA社においては、以下3つの視点について検討しました。

①低利益率店舗の出店し直し

低利益率の負け組店舗をスクラップし、別の商業施設へ出店したり、導線が良い場所や家賃等の条件交渉をする

②勝ちパターンでの新規出店

地方の地域を独占している商業施設への出店や、商圏で比較優位になっている商業施設への出店をする

③都心部への出店

利益率が低くなるが、ブランディングも含めて出店する余地がある

その上で、全国の出店候補先商業施設をリストアップします。

A社の場合、まずは地方都市については、半径15㎞もしくは施設面積大きい場合は25㎞に、大きな競合が無い施設や、競合があった場合にはその中でも商業施設としての売上や感度の高い商業施設をピックアップしました。

その結果、A社の場合は51の商業施設が出店候補先としてリストアップされました。

また、それ以外に東京圏、関西圏の都心部においても今後の出店候補先としてリストアップもしていきました。

A社の場合、地方都市、都心部合わせると200以上の候補商業施設がリストアップされました。

リストアップの数は企業によって異なりますが、店舗ビジネスの場合、売上成長の肝はいかに収益の取れる場所へ新規出店できるかになってきますので、かなり重要な要素となります。

その精度を高める上で、データ分析による既存店舗の問題を正確に把握し、勝ち店舗となるルールを明確にすることが必要なのです。

各アクションプランを事業計画に落とし込む

最後は各アクションプランを事業計画に落とし込んでいきます。

実行するアクションプランによって「どの程度の売上・利益が見込めるのか」「どのようなスケジュールで進めていくのか」を計画に落とし込むことで、理想の姿を実現させるための「地図」が出来上がります。

事業計画は、各アクションプランを実行するために月次で計画を立てていきます。

そうすることで、理想の姿を実現させるための、毎年・毎月の数値計画、それを達成させるための具体的な施策・行動が鮮明にイメージできるようになり、まっすぐ未来へ向けて進むことができるのです。

先ほど例にあげたA社のアクションプランのうち、新規出店については、次のように事業計画として数字に落とし込んでいきました。

図7-26：A社における店舗フォーマット選定

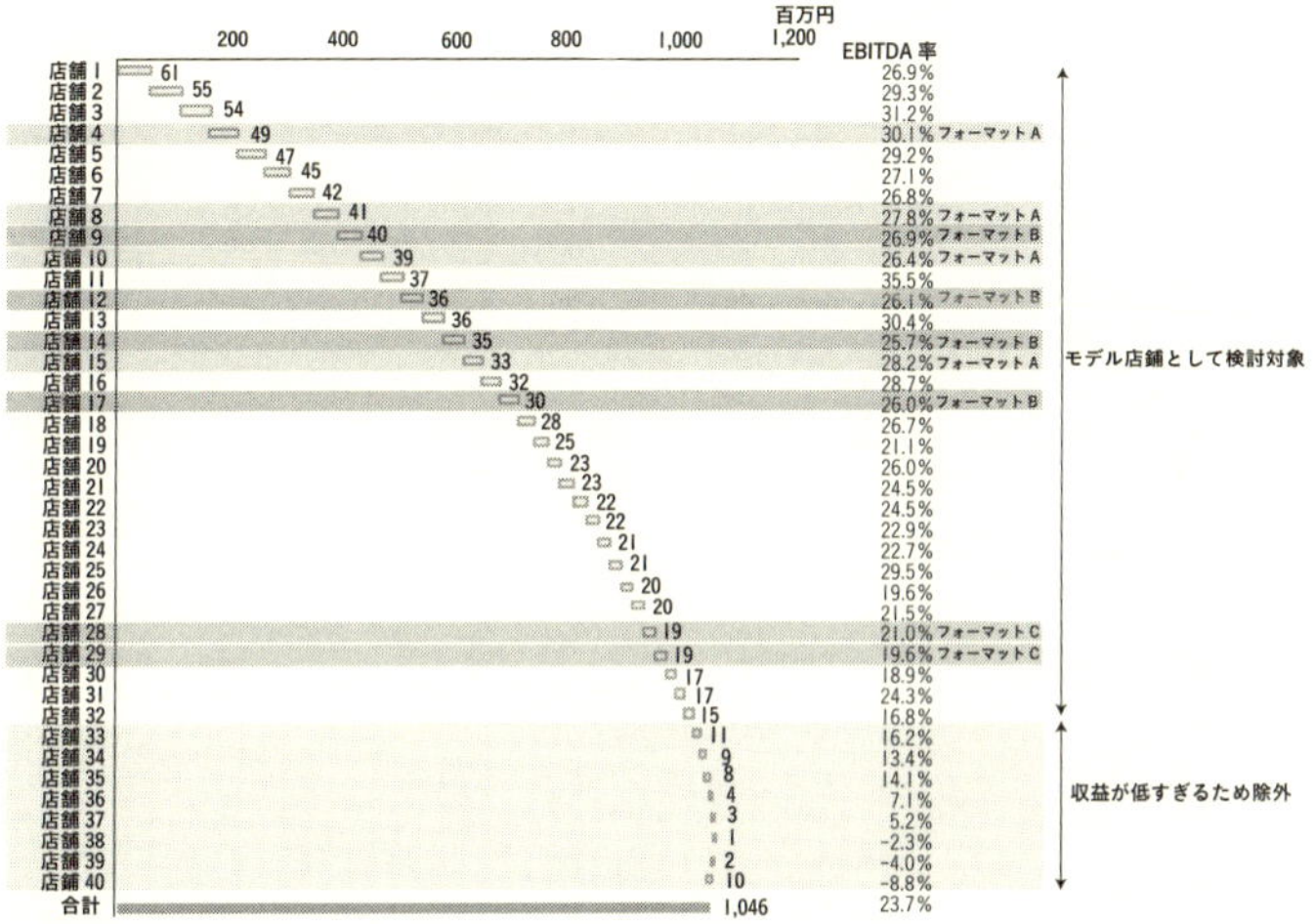

1．店舗フォーマットの作成

新規出店する際には、勝ち店舗となる条件の揃った商業施設への出店となるため、データ分析から導き出された勝ち店舗の条件に合った既存店舗から今後新規出店した際の店舗当りの収益計画を立てます。

図7-26は、A社既存店舗から、今後新規出店した際にどんな収益性となるか計画を立てる際に選定した店舗となります。

A社の場合は、出店形態から3つのフォーマットを作成しました。

新規出店店舗のフォーマットAは「地域独占商業施設への出店」、フォーマットBは「比較優位商業施設への出店」、フォーマットCは「過当競争地域への出店」として、この図の各店舗をモデル店舗として選定して、数字を

図7-27：フォーマットAの店舗当り数値計画

		店舗4	店舗8	店舗10	店舗15	フォーマットA
店舗面積（坪）		60.43	39.76	35.84	52.73	50
売上	年商（百万円）	161	148	147	115	132
	月坪効率（円／坪）	222,212	310,039	342,844	182,364	220,000
月額家賃	変動比率	9.0%	9.0%	9.0%	8.0%	9.0%
	固定費（円／月坪）	10,400	11,900	12,000	7,500	12,000
コスト	原価率	40.0%	39.2%	39.5%	40.5%	39.8%
	家賃比率	14.1%	7.4%	13.6%	13.9%	14.5%
	人件費比率	12.7%	15.7%	16.3%	15.4%	16.2%
	販売費比率	1.7%	1.7%	1.4%	0.7%	1.4%
	その他販管費比率	1.3%	8.1%	2.8%	1.3%	1.7%
EBITDA 上段（百万円）／下段：比率		49 30.1%	41 27.8%	39 26.4%	33 28.2%	35 26.4%
投資	投資金額（千円）	22,479	23,098	20,400	13,900	20,000
	敷金（千円）	6,043	5,169	4,658		5,000

作っています。

例えば、フォーマットAについては、図7-27のように算出しています。

同じようにしてフォーマットBとフォーマットCについても店舗当り数値計画を立て、いつどの店舗を出店していくのか、事業計画に出店計画として数字とアクションプランを落とし込んでいきます。

他のアクションプランについても同様に、施策を事業計画に落とし込んでいくことで、理想の姿を実現するための、計画となるのです。

第8章

問題解決プロジェクト

事業計画はPDCAを回すための道しるべ

理想の姿を実現させるための確実性の高い事業計画を作成しても、実行しなければ意味がありません。描いた計画を基にPDCAを回していくことが重要です。

その際も、定量的な振り返りと定性的な振り返りの両方をお勧めしています。

定量的な振り返りについては、計画通りに実行できているのか、実行した施策が計画通りの結果に結び付いているのかなどを検証し、計画と実績にギャップがある場合に都度改善を繰り返していく手法となります。一方、定性的な振り返りとは、ビジョンアプローチにより上手くいったことを共有していきます。

最も重要なことは「理想の姿」であり、それは「出来た状態」のことです。

従って、定期的な振り返りにおいても第2章や第3章でお話ししたような「出来た状態」すなわち上手くいった状態を常に共有することで未来を常にイメージしていく、未来を起点として考える癖付けが大切となるのです。

PDCAを回すための4つの武器

明確なビジョンを描き、それを実現するための緻密な計画書が出来上がったとしても、それを実行しなければ意味がありません。

とは言え、PDCAにおいてははじめのPであるPlanが最も重要であり、このPlanがPDCAの成否を担っていると言っても過言ではありません。

もちろん、残りをDCA(Do,Check,Action)の精度により成り立つことでもあります。

そこで、PDCAを回すために必要な4つの武器について説明していきます。

キーワードは「プロジェクトチーム」「役割」「会議体」そして「可視化」です。

①実行するためのプロジェクトチームをつくる

作成された計画には、様々な施策が入っているかと思います。

それらすべてを回していくためには、マンパワーがどうしても必要になってきます。

しかし、新たに人材を採用しましょう、と言っているわけではありません。各施策は「理想の姿」と「現状」ギャップから導き出された具体的なアクションプランであり、経営実務に直結する内容となります。

もちろんその中には今までにない新しい取り組みもあるかもしれませんが、そのほとんどは既存事業の改善に当るもので、既存業務の中で成り立っていると思います。

例えば、7章で挙げたA社の実行すべき課題の「新規出店」「既存店収益向上」「EC事業立ち上げ」「CRMの強化」「ブランディング強化／広告宣伝強化」「MD改善」これら6項目のうち、全く新たに始めなければならないことは「EC事業立ち上げ」のみです。その他は今まで業務としては行ってきた範囲となります。

従って、既存のリソース（今いる社員）で十分に施策実行が出来ます。

施策ごとに最適な部署なり担当者がいるはずなので、社長であるあなたがプロジェクト全体のプロジェクトオーナーとして担い、各施策ごとにプロジェクトチームをつくってください。

このときに、施策内容によっては一つの部署でおさまるかもしれませんが、内容によってステークホルダーが複数に渡ることで横断的に考える必要が出てくる可能性があります。

これも今までの定量的な分析によって何が必要なのか具体的に洗い出されているので、

施策推進する上での必要な部署や最適な人員も自然とイメージできているかと思います。施策ごとにプロジェクトチームをつくり、各プロジェクトチームの責任者とあなたとで目線を合わせて進めていきましょう。

②各施策を実行するための役割分担とTo Do Listの作成

プロジェクトチームを作ったら、各メンバーにて役割分担を決めます。そして、詳細スケジュール、すなわちTo Do Listにまで落し込んでいくことが必要です。

個々人のスキルセットにもよりますが、施策の目標に向かって何をすべきかまでは具体的に落し込まれていると思いますので、それを日々どのように進めていくのか、それぞれの行動は誰が担っていくのかを決めることで、実行力が格段に上がります。

To Do Listについては、いつまでに誰が実施するのかを、プロジェクトメンバー全員が常に進捗確認できるように作成することが大切です。

こちらの図は、とあるメーカーにおいて、施策の一つとして「新商品開発」が必要と挙げられ、その新商品開発を担うプロジェクトチームにおけるTo Do Listの一部となります。

図8-1：施策のTo Do List例（新商品開発プロジェクトチームの場合）

実施事項				詳細アクションプラン	担当	開始	終了
No	大分類	No	中分類				
1	新商品開発	1.0	新商品コンセプトを決める	全社コンセプトに基づき 商品コンセプトを決定	商品企画部全体	2019/9/1	2019/9/30
		1.1	効果的な展開期間・受注目標・ 消化率・在庫設定を決める	前期と今期の実績をもとに、 新商品の数値目標の作成	営業部全体	2019/9/1	2019/9/30
				消化率と在庫設定を 商品企画部が算出、決定	佐藤	2019/10/1	2019/10/15
		1.2	新商品のテーマを決める	計画に基づき、各新商品のテーマ決定	佐藤・井上	2019/10/1	2019/10/31
				決定したテーマをもとに、すり合わせ	商品企画部、 営業部	2019/11/1	2019/11/14
				商品テーマの決定	佐藤	2019/11/1	2019/11/14
		1.3	コンセプト・テーマを元に 開発可能な取引先の選定	商品テーマ・規模に応じて 取引先のリストアップ、打診	桜井	2019/10/1	2019/10/31
				全ての商品制作の取引先決定	桜井	2019/11/1	2019/11/30
		1.4	メーカーとの商品制作	デザイン作成	井上	2019/12/1	2019/12/15
				色、柄等のデザイン案決定	井上	2019/12/15	2019/12/16
				見本の制作	井上・桜井	2019/12/16	2019/12/31
				修正・確定	佐藤	2019/12/16	2019/12/31
		1.5	色柄等のチェック・SKU数の選定	見本完成	井上・桜井	2020/1/1	2020/1/6
		1.6	色柄等の最終チェック	新商品の色柄等の 最終チェック・決定	佐藤	2020/1/1	2020/1/6
		1.7	商品生産	計画の量に応じた 生産量を決定、発注	佐藤	2020/1/6	2020/1/10
				進捗確認	佐藤	2020/1/10	2020/3/15
		1.8	新商品をセンターへ納品・ 出荷準備	検品	駒場	2020/3/1	2020/3/15
				新商品の納品・出荷準備	駒場	2020/3/1	2020/3/15
		1.9	店舗用の商品説明資料の制作・ 内容の配信	商品説明（マニュアル）作成	井上	2020/3/1	2020/3/15
				POP、什器等ディスプレイ制作、 店舗勉強会	営業部全体	2020/3/1	2020/3/15

新商品をいつまでにどれだけ作る、といった大きな施策プランから、このように詳細なアクションプランにまで落していくことで、誰がいつまでに何をしていくのかがチーム全体で把握されるので、各自の行動の効率性が上がり、結果目標達成率も上がってくるのです。

③検証・改善の意思決定をするための会議体

日々様々な会議を行っていると思います。

日本企業の会議は長いとよく言われますが、その多くは「何のための会議」なのかが不明瞭であったり、「今日は何を決めるのか」などといった会議自体のゴールが定まっていないためです。

しかし、先ほどまでのようにTo Do Listまで落し込まれているると、基本的にはList通りの進捗となっているのかどうかの確認さえ週次で行っていけばプロジェクトがスケジュール通りに進んでいるのかどうか、滞っているとすると何が原因なのかもすぐにわかり、検証・改善のスピードと精度が上がります。

第2章で説明したOKRに先ほどのTo Do Listが付加されることで、基本的には月曜日と金曜日のそれぞれ30分〜1時間程度でプロジェクト推進するための共有・検証・改善は十分成り立ちます。

どうしても大きく改善が必要となってしまった場合にのみ、別途議論する場を設けて、基本的に会議体は目標達成に向けての進捗共有および次に進むための意思決定の場、とすることが良いでしょう。

④意思決定スピード・質を格段に上げるための可視化

さて、理想の姿を実現するために、年次での数値目標や具体的な課題が把握され、そして月次での施策が作成されます。

そして、施策ごとにプロジェクトチームを組み、週次・日次での詳細なアクションプランにまで落し込まれることで、そもそもの「理想の姿」という目的に対して、「今から何をすべき」なのかが明確になりました。どのようにそれをチームとして共有し、ＰＤＣＡを回していくのかもイメージされたと思います。

最後に必要となってくるのは、定期的に実行した施策とそれによる結果を確認する、ということです。

実際、日々業務はしており、毎日のようにその業務の結果として売上が立っていきます。その積み重ねが、1年後の数値目標となります。

従って、日々の業務の結果、実際に数字が目標に近づいているのかの、進捗状況を可視化することで、意思決定スピードと精度が高まります。

例えば、事例でも多く取り上げてきた店舗ビジネスであれば、次のような可視化とそれに基づいた効果が得られます。

・店舗別に商品ごとの売上・在庫状況を可視化
→週次でどの商品をどの店舗に移動させるのか（店間移動）や、在庫切れしそうな商品の追加発注や、このままだと売れ残ってしまう商品の早めの値下げ指示などに活用できる

・商品ごとの週次での売れ行きを可視化
→次の商品開発・企画検討する際に、どの商品をどの程度つくれば良いのかある程度の予測が立つ

・顧客ランクごとの人数や売上、購買商品などの推移が可視化
→顧客ランクごとの増減や特徴に基づき、どの顧客層に対してどんなアプローチをし

ていけば良いかの判断に繋がる

・**実施したマーケティング施策と売上や客数等の推移を可視化**

↓施策ごとの効果が把握されるため、今後のマーケティング施策の効率性を高めることに繋がる

これはＢtoＣに限らずＢtoＢの業態においても同様です。

・**各営業担当者のアタック〜受注に至るプロセスにおける結果を可視化**

↓営業担当者別の強みや弱みが把握できるため（例：Ａさんはたくさんアタックできているが商談に繋がる率が低い、Ｂさんは一度商談したら50％の確率で受注に至る、など）、各自の改善策や会社としてのマーケティング・営業改善へと活用できる

・**顧客別にランク分けして、受注頻度や金額、訪問等のアプローチ内容を可視化**

↓顧客ごとのコミュニケーションの効率性の向上や、顧客ランクごとにどのようなアプローチをするのが適切なのかなど、営業施策に活用できる

など、目標達成に向かうための日常業務にとても有効なのです。

ＢtoＣ企業、ＢtoＢ企業ともに最近では欠かすことの出来ないＷｅｂ施策についても、

ＨＰやＥＣサイト、ＳＮＳ関連のデータをもとに、サイトへのアクセス状況～受注（Ｂ to ＣであればＥＣサイトでの注文情報、Ｂ to ＢであればＨＰからの問合せ～商談・受注までの情報）までのデータおよび実施施策を一元管理して可視化することで、売上を上げていくためには何をしていけば良いのかの意思決定へと繋がります。

このように、データが可視化されることで、ＰＤＣＡを回していく上での精度やスピードが飛躍的に上がり、その結果そもそもの目的である「理想の姿」への実現可能性も高まるのです。

また、データの可視化と言っても、そのベースとなるものは第5章～第7章で説明してきたデータ分析となるため、理想の姿を実現するために把握された課題を定点観測していく仕組みを作るだけです。これは、エクセルでも良いですし、Tableau（タブロ）やPower BI（パワービーアイ）を代表とするセルフサービス型のＢＩ（ビジネス・インテリジェンス）ツールを使っても簡単に実現できます。

ＰＤＣＡを回す上でも、データをしっかり活用していくことが重要です。

ビジョンアプローチとギャップアプローチを組み合わせる

理想の姿を実現するためにＰＤＣＡを回していく上で、ビジョンアプローチとギャップアプローチを組み合わせていくことが重要です。

各施策を実行していくのは社員であり、この「人」をマネジメントしていくのにはビジョンアプローチが大切です。

一方で、日々理想の姿に近づいているのかの進捗状況や、新たな問題は発生していないかのチェックも必要です。これはしっかりデータを見ていきましょう。

データを見なければ実施した施策に対する結果が分からず、描いた計画通りに進んでいるのかが分かりません。しかし、データばかり見てしまうとそれこそギャップアプローチのドツボにはまってしまいます。

重要なのは、常に定量的に状況は把握しながらも、人のマネジメントについては、理想の姿にどれだけ近づいたのか、未来を起点に進んでいくことなのです。

齋藤氏のアドバイスに基づき、自社のデータ分析を行い、5年後の理想の姿を実現するための根本的な問題が把握され、必要な課題が設定され、その手始めとしてこの1年何をすべきなのか具体的に落し込まれたA社。

代表の望月氏は、全社員を集めてこれからの方向性、具体的な方法を説明し、そして施策ごとにプロジェクトチームを結成した。

半年後……

まだまだ道半ばで、稀に各プロジェクトチームの責任者と意見がぶつかることもあるが、すべてデータに基づいた議論となり、生産性が飛躍的に向上。

何よりも、データ分析に基づいて、各施策の進捗状況が可視化されたことにより、計画通りに進んでいることはもちろん、進んでいないことについてもその原因がはっきりと分かり、意思決定スピードと精度が格段に上がり、検証・改善のPDCAも大きく向上されていることを望月氏は感じている。

また、社員マネジメントもビジョンアプローチを活用することで、以前よりもイキイキと働きコミュニケーションを取る姿が見られ、それが何よりも望月氏自身のモチベーションを高めている。

おわりに

最後までお読みいただきありがとうございます。

本書は、エグゼクティブコーチングのプロで企業のビジョンやパーパスを鮮明に描き切る永井恒男と、ひたすら企業のデータ分析をして経営やマーケティングのコンサルティングをしてきた齋藤健太による共著となります。

日々経営に勤しんでいる経営者にとって、企業の存続は絶対であり、そのために企業成長は不可欠です。

本書でお伝えしたように、そもそも「理想の姿」をしっかりと経営者自身が鮮明に描き切る、ということが出発点となります。

そして、それを実現させるための材料は、すでに持っているのです。

そう、何度も何度も繰り返し説明してきた「データ」です。

会社に蓄積されたデータを正確に分析することは、会社の成長において確固たる基盤を作ります。

このように、経営力を高めるためのデータ分析、これこそが今の日本の特に中小・中堅企業に必要なことだと思っています。

ぜひ一度、本書に則ってあなたの会社に蓄積されているデータを分析してみてください。

蓄積されているデータを整理し、理想の姿と現状とのギャップの根本的原因を分析によって明確にしてみてください。

そうすることで、必ず会社の成長に必要な課題が見つかります。

あとは意思決定をするだけなのです。

今後の著者2人のセミナー・講演情報、並びに動画セミナーなど読者特典については、次のページで随時情報発信していきます。ぜひチェックしてみてください。

https://cm-consulting.jp/tokuten/book3/

【著者略歴】
永井恒男（ながい・つねお）
Midwestern State University にて MBA 取得後、（株）野村総合研究所に入社。経営コンサルタントとして活動後、社内ベンチャー制度を活用し、エグゼクティブコーチングと戦略コンサルティングを融合した新規事業イデリア を立ち上げ、10 年間事業を推進。2015 年、Ideal Leaders 株式会社を設立し、代表取締役に就任。経営者や企業の Purpose やビジョンを再構築するプロジェクトを数多く手がける。また上場企業の取締役、執行役員に対するエグゼクティブコーチングの提供数は日本随一の実績を持つ。ソーシャルセクターの活動としては特定非営利活動法人日本紛争予防センターの理事を務める。

齋藤健太（さいとう・けんた）
慶応義塾大学理工学部卒業後、（株）船井総合研究所の戦略コンサルティング部（当時）に属し、幅広い業種において、事業計画策定やマーケティング支援、ビジネスデューデリジェンス等に携わる。2012 年に独立し、製造業や小売業、サービス業など、主に中小〜中堅企業の支援に従事し、売上向上等の成果を上げる。特にデータ分析においては、他のコンサルティングファームやビッグデータ解析を行う AI ベンチャー、大手教育関連企業からも相談依頼が多く集まる実績を持つ。2018 年に（株）クロスメディア・コンサルティングを設立、現在に至る。

会社《かいしゃ》の問題《もんだい》発見《はっけん》、課題《かだい》設定《せってい》、問題《もんだい》解決《かいけつ》

2019年10月21日　初版発行
2020年 1月24日　第2刷発行

発行　**株式会社クロスメディア・パブリッシング**

発行者　小早川 幸一郎
〒151-0051　東京都渋谷区千駄ヶ谷 4-20-3 東栄神宮外苑ビル
http://www.cm-publishing.co.jp
■本の内容に関するお問い合わせ先 …………………… TEL (03)5413-3140 ／ FAX (03)5413-3141

発売　**株式会社インプレス**

〒101-0051　東京都千代田区神田神保町一丁目105 番地
■乱丁本・落丁本などのお問い合わせ先 ……………… TEL (03)6837-5016 ／ FAX (03)6837-5023
service@impress.co.jp
（受付時間　10:00 〜 12:00、13:00 〜 17:00　土日・祝日を除く）
※古書店で購入されたものについてはお取り替えできません

■書店／販売店のご注文窓口
株式会社インプレス　受注センター ……………………… TEL (048)449-8040 ／ FAX (048)449-8041
株式会社インプレス　出版営業部 ………………………………………………… TEL (03)6837-4635

ブックデザイン　金澤浩二（cmD）
DTP　荒好見（cmD）
図版作成　小曽川美香・内山瑠希乃（cmD）
印刷　株式会社文昇堂 / 中央精版印刷株式会社
製本　誠製本株式会社
ISBN　978-4-295-40353-1　C2034